ALEXIS DE TOCQUEVILLE.
LIBERTAD, IGUALDAD, DESPOTISMO

Este libro es fruto de las jornadas «Libertad, igualdad, despotismo. En el bicentenario del nacimiento de Alexis de Tocqueville» organizadas por el Instituto Cánovas del Castillo de la Fundación FAES los días 12 y 13 de diciembre de 2005 en el Hotel Miguel Ángel de Madrid.

El fin primordial del Instituto Cánovas del Castillo es la investigación y difusión de la historia del pensamiento liberal-conservador y, dentro de ese objetivo, organizó unas jornadas de reflexión y homenaje a este gran pensador de la libertad y la democracia.

Consejo Asesor del Instituto Cánovas del Castillo (Fundación FAES)

Presidente:
Carlos Robles Piquer

Vocales:
Benigno Pendás García, Juan Velarde Fuertes, José Antonio Escudero, José María Marco, José María Lassalle

FAES Fundación para el Análisis y los Estudios Sociales no se identifica necesariamente con las opiniones expresadas en los textos que publica.

© FAES Fundación para el Análisis y los Estudios Sociales

ISBN: 978-84-89633-44-5
Depósito Legal: AV-16-2007
Impreso en España / Printed in Spain
MIJÁN. Industrias Gráficas Abulenses. Ávila

Alexis de Tocqueville.
Libertad, igualdad, despotismo

James T. Schleifer
Jeremy Jennings
Christine Dunn Henderson
José María Marco
Darío Roldán
Eduardo Nolla
Agapito Maestre
João Carlos Espada
Alejandro Muñoz-Alonso
Pierre Manent
José María Lassalle
José Manuel Romay Beccaría
Florentino Portero
Benigno Pendás

Editor: Eduardo Nolla
Coordinador: Oscar Elía

fundación para el análisis y los estudios sociales
INSTITUTO CÁNOVAS DEL CASTILLO

Sumario

	Páginas
PRESENTACIÓN.	9
UN MODELO DE DEMOCRACIA: LO QUE TOCQUEVILLE APRENDIÓ EN AMÉRICA . . . . *James T. Schleifer*	15
TOCQUEVILLE, AMÉRICA Y LA LIBERTAD . . . . *Jeremy Jennigs*	57
BEAUMONT Y TOCQUEVILLE. . . . . *Christine Dunn Henderson*	73
L'AMERICAIN. TOCQUEVILLE Y LA FELICIDAD EN AMÉRICA. . . . . *José María Marco*	101
TOCQUEVILLE Y LA TRADICIÓN LIBERAL. . . . . *Darío Roldán*	125
TEORÍA Y PRÁCTICA DE LA LIBERTAD EN TOCQUEVILLE. . . . . *Eduardo Nolla*	179
EL LIBERALISMO DE TOCQUEVILLE: LIBERTAD, DEMOCRACIA Y RELIGIÓN . . . . *Agapito Maestre*	201
LA LIBERTAD EN TOCQUEVILLE . . . . *João Carlos Espada*	215

TOCQUEVILLE Y LOS RIESGOS DE LAS DEMOCRACIAS   223
Alejandro Muñoz-Alonso

TOCQUEVILLE, FILÓSOFO POLÍTICO   269
Pierre Manent

DE CREPÚSCULOS Y AURORAS:
UNA LECTURA PICTÓRICA SOBRE TOCQUEVILLE   289
José María Lasalle

TOCQUEVILLE:
HUMANISTA EN AMÉRICA, NACIONALISTA EN ARGELIA   305
José Manuel Romay Beccaría

VIGENCIA DE TOCQUEVILLE EN EL DIÁLOGO ATLÁNTICO   321
Florentino Portero

TOCQUEVILLE, EN EL ESPACIO Y EL TIEMPO   329
Benigno Pendás

BIBLIOGRAFÍA   355

PRESENTACIÓN

Eduardo Nolla[*]

> «El problema del presente no es que esta u otra familia dirija el país, si tenemos una monarquía o una república, el principal problema de nuestra época es si los hombres van a ser libres o esclavos».
>
> *Alexis de Tocqueville*

Para Tocqueville no hay cuestión más importante que la de la libertad.

Al celebrar los doscientos años de su nacimiento, el Instituto Cánovas del Castillo de la Fundación FAES ha querido ver en él sobre todo a ese defensor implacable de la libertad en la democracia.

Alexis de Tocqueville descubrió hace más de siglo y medio que los hombres iban progresivamente siendo más iguales, pero no necesariamente más libres. Su objetivo al estudiar la democracia

---

[*] Editor. Profesor de Teoría Política en la Universidad San Pablo-CEU.

en América no era simplemente describir el sistema político americano, sino elaborar una teoría sobre la democracia moderna.

Por eso en su libro se habla tanto de la democracia americana como de la francesa, de la inglesa, del despotismo democrático o de la democracia ideal. Esa confusión de conceptos es una de las razones de su fama. Todo el mundo encuentra algo que citar en Tocqueville, con propósitos opuestos.

Los americanos vieron en el libro la primera obra de un europeo que alababa su forma de gobierno. Los ingleses leyeron al principio en él un ataque a la antigua colonia. Los franceses, hasta hace relativamente poco tiempo, no han descubierto que Tocqueville había escrito un libro sobre Francia en cuyo título aparecía, sin embargo, la palabra América.

Se ha tardado tiempo en descubrir que Tocqueville había escrito *La democracia en América* como una advertencia, una alarma.

La Revolución Francesa había querido un mundo de hombres iguales, libres y solidarios, pero la realidad le mostraba a Tocqueville el peligro de que los hombres prefiriesen ser iguales a ser libres y de que, embotados en sus mezquinas vidas materiales, prefiriesen ser esclavos siempre y cuando pudieran gozar en paz de sus bienes.

Estos días, en los que la libertad se ve amenazada constantemente con la excusa de la seguridad, el orden, la salud, o la economía, la obra de Alexis de Tocqueville (1805-1859) es lectura indispensable para el lector contemporáneo. Nadie mejor que él ha sabido explicar cómo bajo las apariencias de la democracia puede ocultarse un tipo nuevo de despotismo blando, pacífico, muelle, aparentemente racional, en el que los apáticos habitantes salen de su sopor consumista un instante cada cierto número de años para elegir a sus tiranos.

No existe mejor alegato a favor de una democracia de ciudadanos iguales, libres y responsables, conscientes de los peligros de un poder político cada vez más inquisitorial, protector y previsor que *La democracia en América*. En sus páginas se describe el ideal de una democracia que conjuga la igualdad y solidaridad con la necesidad del debate, la discusión, el desorden que provoca la búsqueda permanente de la libertad.

Para Tocqueville, lo más trágico es la tendencia a que los seres humanos, cada vez más individualistas, inmersos en sus quehaceres diarios, abandonen ellos mismos espontáneamente sus libertades a la mayoría renunciando a defenderlas.

Alexis de Tocqueville nos ha enseñado que la libertad no puede obtenerse más que a través de la acción diaria de los ciudadanos en la vida política y social, de la constante vigilancia y control de la acción de un Estado que se pretende eterno vigilante y protector, omnisciente y paternal y que considera a sus súbditos en una eterna infancia.

Este y otros temas afines se estudian en este volumen que es, en su mayor parte, el resultado de las jornadas «Libertad, igualdad, despotismo. En el bicentenario del nacimiento de

Alexis de Tocqueville», que la Fundación FAES, a través de su Instituto Cánovas del Castillo, celebró en Madrid los días 12 y 13 de diciembre de 2005.

Además de las ponencias leídas en dichas jornadas, incluimos en este volumen dos trabajos de autores que no pudieron estar presentes en esas fechas en Madrid. Se trata de los trabajos de Pierre Manent, gran experto francés en Alexis de Tocqueville y de Christine Dunn Henderson, que investiga la figura de Gustave de Beaumont.

James T. Schleifer, discípulo de George W. Pierson y el gran experto americano en la elaboración de la obra de Tocqueville, ha identificado aquellas cuestiones relacionadas con la democracia americana que los borradores del libro de Tocqueville indican que más sorprendieron al francés. Jeremy Jennings se enfrenta a la cuestión, siempre debatida, del liberalismo de Tocqueville estudiando sus ideas, desde la Democracia hasta el final de sus días, describiendo su carácter y originalidad. Christine Dunn Henderson aborda una cuestión novedosa, la relación de la obra de Tocqueville con la de su amigo, tantas veces olvidado, Gustave de Beaumont. Partiendo de un proyecto de obra común, los dos amigos acabaron escribiendo cada uno su propio libro, pero los paralelismos e influencias entre los dos son indiscutibles. Partiendo de la novela de Henry James, *The American*, José María Marco lleva a cabo una reflexión sobre la felicidad de los americanos vista por Tocqueville así como de aquellos elementos que distinguen la vida de los americanos de los europeos, entrando en el análisis del llamado excepcionalismo americano.

PRESENTACIÓN

Darío Roldán se enfrenta a la posición del liberalismo de Tocqueville dentro de la tradición liberal francesa de la época, dominada por los doctrinarios, Constant y Guizot. Agapito Maestre indaga en la idea de la libertad de Tocqueville y sus consecuencias políticas. Este misma preocupación por la idea de la libertad en Tocqueville está en el centro del trabajo de Joao Carlos Espada, que indaga en las características de un liberalismo que difiere del de Mill y que rectifica los excesos de Rousseau. Alejandro Muñoz-Alonso investiga si, siguiendo las líneas del análisis de Tocqueville, se puede llegar a unas conclusiones que ayuden a la reforma de la democracia liberal contemporánea y su asentamiento en todo el mundo. Pierre Manent sitúa a Tocqueville dentro de la tradición de la filosofía política, vinculando su teoría más con la tradición de la filosofía política griega clásica que simplemente con la de precursor de la sociología política, como se hace con frecuencia.

José María Lasalle se enfrenta a la sutileza del pensamiento de Tocqueville a través de varias obras pictóricas que tienen para él las mismas cualidades de la obra de Tocqueville. José Manuel Romay Beccaría analiza las contradicciones entre el humanismo tocquevilliano y las acciones del Tocqueville diputado francés cuando debe tratar la cuestión del nacionalismo y la intervención francesa en Argelia. Florentino Portero trae la obra de Tocqueville a la actualidad de los conflictos entre liberalismo y religión, el modelo americano o la crisis de valores. Por último, Benigno Pendás investiga los rasgos principales de la teoría de Tocqueville y su originalidad, siguiendo los pasos del maestro Luis Díez del Corral.

Tanto el seminario como este volumen deben mucho al esfuerzo y dedicación de Oscar Elía, que ha hecho fácil lo que era difícil.

UN MODELO DE DEMOCRACIA: LO QUE TOCQUEVILLE APRENDIÓ EN AMÉRICA

James T. Schleifer[*]

INTRODUCCIÓN

Esta ponencia supone un intento de explorar, una vez más, la importancia de la experiencia americana en el pensamiento y en los escritos de Tocqueville en general y para *La Democracia en América* en particular. No voy a volver sobre el viaje en sí mismo; intentaré no volver al trabajo clásico de George Pierson ni tampoco repetir mi propio esfuerzo anterior para recrear el «segundo viaje» a América de Tocqueville, la creación de *La democracia*[1].

---

[*] Profesor de Historia y Dean of Gill Library del College of New Rochelle. (Nueva York) Miembro de la Comisión internacional para la edición de las obras completas de Alexis de Tocqueville. Autor de *Cómo nació «La democracia en América»* (1985) y *Tocqueville's Democracy in America Reconsidered* (2006. coed.).

[1] George Wilson Pierson, *Tocqueville and Beaumont in America*, (New York: Oxford University Press, 1938). Y James T. Schleifer, *The Making*

En su lugar, voy a basarme casi totalmente en lo que podríamos aprender del texto y de la amplia selección de borradores relativos a éste y de otros materiales de trabajo que se han presentado en la edición crítica de La democracia en América, de Tocqueville, editada por Eduardo Nolla[2]. En 1990, esta contribución a los estudios sobre Tocqueville, de un valor incalculable, se publicó en primer lugar en una traducción al castellano y más tarde en el francés original. El trabajo de Nolla fue el primero y sigue siendo, con diferencia, la edición crítica más completa de La democracia de Tocqueville[3]. Presenta una amplia selección de los primeros esquemas, de borradores, de manuscritos con variantes, de notas al margen, de fragmentos no publicados y de otros materiales relacionados con la redacción

---

of Tocqueville's «Democracy in America», (Chapel Hill: The University of North Carolina Press, 1980); ha aparecido una segunda edición revisada: (Indianapolis: The Liberty Fund, 2000); de aquí en adelante se citará como Making.

[2] La democracia en América, edición y traducción de Eduardo Nolla, 2 vols., (Madrid: Aguilar, 1990). La edición en francés se publicó en el mismo año: De la Démocratie en Amérique, Première édition historico-critique, edición de Eduardo Nolla, 2 vols., (París: J. Vrin, 1990). Todas las citas en esta ponencia se han hecho a partir de la edición en francés; de aquí en adelante citada como DA (Nolla). El año próximo se publicará una traducción completa al inglés, editada por Eduardo Nolla, y traducida por James T. Schleifer, (Indianapolis: The Liberty Fund, 2006).

[3] La otra edición crítica de La Democracia, editada conjuntamente por Jean-Claude Lamberti y James T. Schleifer, bajo la dirección de André Jardin, se publicó en un único volumen, en una serie de tres volúmenes de Pléiade de los trabajos de Tocqueville, Oeuvres de Tocqueville, Bibliothèque de la Pléiade, (Paris: Gallimard, 1992). Este volumen incluye una selección importante de los papeles de trabajo de Tocqueville pero está mucho más limitada en escala que la edición de Nolla. El texto está traducido al inglés, pero no el aparato crítico.

del libro de Tocqueville. La edición crítica de Nolla incluye notas del editor, una gran cantidad de apéndices importantes, extractos y/o referencias cruzadas de los apuntes de viaje de Tocqueville, su correspondencia y sus fuentes impresas, así como extractos importantes de los comentarios críticos de su familia y sus amigos, escritos en respuesta a su lectura de los manuscritos de Tocqueville. En resumen, la edición de Nolla permite que el lector interesado siga el proceso desde 1832 hasta 1840, según iban desarrollándose las ideas de Tocqueville y *La democracia* iba tomando forma; recrea una gran parte del largo proceso de reflexión (y nueva reflexión), de redacción (y nueva redacción) de Tocqueville. Con la aparición de la traducción al inglés de la edición de Nolla, todos estos materiales estarán, por primera vez, al alcance de los eruditos y de otras personas interesadas en Tocqueville que trabajan principalmente en inglés. Como traductor de la versión completa en inglés de la edición de Nolla que saldrá próximamente, me he visto inexorablemente abocado a una relectura minuciosa y a realizar un nuevo examen del gran libro de Tocqueville[4]. Todos los materiales que se presentan más abajo forman parte de la edición de los volúmenes de Nolla en inglés de próxima publicación, y las traducciones son todas mías.

Según releía *La Democracia* con ojos de traductor, tomé nota especialmente de los momentos en que Tocqueville seña-

---

[4] Véase *Cambridge Companion to Tocqueville*, edición de Cheryl Welch, que publicará próximamente Cambridge University Press; de aquí en adelante se citará como *Cambridge Companion*. He participado en esa obra con un ensayo sobre la forma en que mi trabajo como traductor me ha llevado a nuevas perspectivas, a una nueva comprensión y a una forma distinta de leer la obra maestra de Tocqueville.

la descubrimientos o sorpresas durante su viaje americano. En distintos lugares, indica algo que «le llamó la atención sobre todo», que «fue lo primero que le llamó la atención» o que sería curioso o sorprendería a un visitante europeo. En otros lugares llama la atención del lector hacia algo que es nuevo u original acerca de América. He supuesto, quizá a mi propio riesgo, que esta forma de expresarse no es simplemente retórica vacía por parte de Tocqueville: un tipo de convención literaria necesaria cuando se escribe un libro que, en parte, es el relato de un viaje a unas tierras distantes y misteriosas por parte de un viajero. Tomo las palabras de Tocqueville al pie de la letra.

Mi premisa de trabajo es, por supuesto, que Tocqueville llegó al Nuevo Mundo con ciertas ideas y preocupaciones ya en mente. Alcanzó las costas americanas llevando mucho del bagaje histórico y cultural francés de principios del siglo XIX. Llegó con ideas preconcebidas sobre las características fundamentales y la orientación de la sociedad moderna. Ya estaba pensando en la revolución, en la centralización, en la marcha de la democracia, en conseguir la igualdad, en el republicanismo, en el tema de la soberanía, en los posibles abusos de un poder incontestado, y en el futuro de la libertad. Pero el propio lenguaje de Tocqueville indica que América le dio lecciones que él no esperaba y que cambiaron su manera de pensar de forma importante.

Este análisis de cómo la experiencia americana modificó sus ideas también ha tenido su origen en mi inclinación y mis esfuerzos anteriores, como historiador americano y como miembro de lo que se ha denominado «Yale school» de especialistas en Tocqueville, por confirmar la importancia del viaje americano en Tocqueville. Este ensayo refleja mi esfuerzo para llamar la atención, una vez más, sobre lo que Tocqueville aprendió en América. ¿Cuál fue, al fin y al cabo, la importancia del viaje de nueve meses por el Nuevo Mundo? ¿En qué sentido le sirvieron de modelo (o contra-modelo) a Tocqueville los Estados Unidos? ¿De qué manera configuró (o reconfiguró) su forma de pensar? Yo defiendo que el viaje dio nuevas orientaciones a su forma de pensar sobre algunos temas; que en determinados asuntos, América modificó el patrón de pensamiento de Tocqueville y le sugirió nuevos enfoques y nuevas ideas.

LAS SORPRESAS Y LOS DESCUBRIMIENTOS

Comencemos por el principio. Tocqueville inició su libro declarando qué era lo que más le había sorprendido de América. «Entre las cosas nuevas que han atraído mi atención durante mi estancia en los Estados Unidos, nada me ha sorprendido más que la igualdad de condición»[5]. En el manuscrito de trabajo original, que aquí difiere del texto publicado, Tocqueville fue más específico; comenzó la tarea de enumerar las muchas clases de igualdad que existían en los Estados Unidos. «Existe un hecho que atrae la atención del europeo a su llegada a las costas del Nuevo Mundo más que ningún otro: Reina una igualdad sorprendente entre las fortunas; a primera vista, incluso las

---

[5] *DA* (Nolla), I, p. 3.

mentes parecen iguales. Me sorprendió, igual que a otros, apreciar esta igualdad extrema en la condición...»[6].

En el genial capítulo tercero de *La democracia* de 1835, titulado «Situación social de los Anglo-Americanos», desarrolló un extenso catálogo de las variedades de igualdad que caracterizaban a América[7]. En unas pocas páginas notables, presentó la siguiente lista:

- Igualdad material o igualdad de fortuna, lo que significaba igualdad aproximada de propiedades y riquezas y propiedad generalizada de la tierra.

- Igualdad intelectual o igualdad de mente, lo que significaba una educación básica ampliamente compartida y un nivel de conocimientos intermedio casi general.

- Igualdad política, lo que significa derechos políticos y civiles iguales y soberanía del pueblo.

- Igualdad social, que significaba la desaparición (o al menos la decadencia gradual) de los privilegios hereditarios, del rango y de las distinciones, y el rechazo casi total de las deferencias a los grandes nombres o a las grandes riquezas. A Tocqueville le impresionó especialmente la creencia de que todo el mundo tenía que trabajar y la costumbre americana de dar la mano y la conversación repentina en la calle

---

[6] *DA* (Nolla), I, p. 3, nota «d».
[7] *DA* (Nolla), I, pp. 37-44.

entre un hombre de negocios y un trabajador, como si fueran iguales.

- Igualdad como movilidad, o la circulación constante de riquezas y propiedades, y el incesante ascenso y caída de los individuos y de las familias.

- Igualdad entendida en términos de costumbres. Es decir, actitudes y creencias igualitarias entre las que se encontraban el profundo amor por la igualdad y lo que Tocqueville describía como ideas democráticas, costumbres y pasiones, incluidas las convicciones y las formas religiosas democráticas.

En otra parte, en *La Democracia* continuará analizando los muchos significados de esta notable igualdad de condición que le había sorprendido de América. Por ejemplo, se maravillará de la extrema igualdad que existía entre los americanos al establecer las fronteras. Y observará que el sentimiento o la percepción de igualdad, el hecho de que asuman la igualdad esencial entre los individuos, conformaba la relación entre los amos y los sirvientes, así como entre los miembros de una familia.

Cuando Tocqueville llegó al Nuevo Mundo, la idea de mejorar la igualdad no le era desconocida, pero el enfoque y la perfección de la igualdad de la que fue testigo en los Estados Unidos fueron asombrosos, a pesar de que tal igualdad no abarcara a otras razas, ni siquiera a las mujeres angloamericanas. La extrema igualdad que vio en América convirtió a la república del Nuevo Mundo en el símbolo de aquello a lo que se encaminaban las sociedades democráticas contemporáneas; ampliar constantemente la igualdad serviría como «generador» que influiría en todos los demás aspectos, no sólo de los Estados Unidos, sino también de todo el mundo moderno.

El viaje a América también enseñó a Tocqueville lecciones importantes sobre una segunda característica fundamental de las sociedades democráticas. Se asombró del ritmo de cambio y de la actividad en la república americana. «Lo que más llama la atención cuando uno llega a los Estados Unidos», declaró, «es el tipo de movimiento tumultuoso en el que está inmersa la sociedad política»[8]. Pero esta agitación no era solamente política.

«Apenas has llegado a pisar el suelo americano y ya te encuentras en mitad de una especie de tumulto; un clamor confuso surge de todas partes; mil voces llegan a tus oídos al mismo tiempo; cada una expresa distintas necesidades sociales. Todo se agita a tu alrededor...»[9]. Y cuando comenta la futura grandeza comercial de los Estados Unidos, observa: «El americano vive en una tierra de maravillas, todo a su alrededor se mueve constantemente, y cada movimiento parece ser una mejora. De esta forma, la idea de lo nuevo en su forma de pensar se relaciona íntimamente con la idea de lo mejor. No ve por ninguna parte que la naturaleza haya puesto límites a los esfuerzos del hombre; a sus ojos, lo que no existe es lo que todavía no se ha intentado»[10].

---

[8] *DA* (Nolla), I, p. 303.
[9] *DA* (Nolla), I, p. 190.
[10] *DA* (Nolla), I, p. 308.

Este movimiento constante, esta constante agitación, la movilidad social y económica que Tocqueville observó en la república americana también resultó ser una parte esencial de su definición de democracia. «Un pueblo, una sociedad, una época democrática», escribió en un borrador «no quiere decir un pueblo, una sociedad o una época en los que todos los hombres sean iguales, sino un pueblo, una sociedad y una época en los que ya no existan castas, ni clases fijas, ni privilegios, ni derechos privados y exclusivos, ni riquezas permanentes, ni propiedades fijas en manos de las familias, es aquella en la que todos los hombres pueden ascender o bajar constantemente, y mezclarse de todas las formas posibles».

«Cuando hablo en sentido político, quiero decir *democracia*.

«Cuando quiero hablar de los efectos de la igualdad, digo *igualdad*»[11].

Si el viaje americano amplió la forma que tenía Tocqueville de entender algunas características democráticas fundamentales como la igualdad y la movilidad, sus viajes también le proporcionaron lecciones sobre cómo salvaguardarse de los excesos democráticos. Quizá la lección más importante de la República del Nuevo Mundo supuso el descubrimiento, por parte de Tocqueville, de algunos de los mecanismos claves para moderar la democracia. Algunas eran salvaguardas institucionales (lo que Tocqueville denominaba leyes en sentido amplio); otras se referían a ciertas creencias, actitudes o costumbres americanas (lo que él denominaba *costumbres*).

---

[11] *DA* (Nolla), II, p. 14, nota «g».

Entre los mecanismos constitucionales que Tocqueville encontró en América, reconoció algunos como nuevos y originales; la mayoría de estos principios y disposiciones, desarrollados por primera vez en los Estados Unidos, se convirtieron en partes esenciales del propio programa político de Tocqueville, en soluciones para los peligros democráticos[12]. Dos de los comentarios más perspicaces de *La democracia* reflejan estos descubrimientos. En su análisis de la Constitución Federal dijo que el federalismo americano era «una teoría totalmente nueva que debe sobresalir como gran descubrimiento de la ciencia política actual»[13] y en su análisis del sistema judicial americano señaló la originalidad del derecho de los tribunales de justicia americanos de declarar las leyes inconstitucionales y señaló la forma en que los asuntos políticos difíciles en América acababan ante los tribunales para que los resolviesen los jueces[14].

La independencia y el papel activo del sistema judicial americano servían para controlar los peligros potenciales tanto del despotismo legislativo como de la tiranía de la mayoría. Esta independencia también era esencial para el equilibrio de poderes, como se indica en la Constitución Federal. Tocqueville no consideró que el sistema americano fuese infalible pero sí admirable. En sus borradores escribió: «El poder judicial. La parte más original y más difícil de entender de toda la Consti-

---

[12] Tocqueville también hizo hincapié en la experiencia americana y la práctica del bicameralismo; vid. *DA* (Nolla), I, pp. 66-67.

[13] Vid. *DA* (Nolla), I, pp. 119-121; también, p. 48. Es importante recordar que, aunque Tocqueville pensase que la teoría del federalismo era fascinante e innovadora, no creía que fuese aplicable a Francia.

[14] *DA* (Nolla), I, p. 211.

tución americana. En otros lugares han existido confederaciones, un sistema representativo, democracia; pero en ningún sitio se ha organizado el poder judicial como en la Unión»[15]. Y en otro borrador declaró: «A mi parecer, la constitución de nuevas formas de poder judicial conforma la parte más novedosa y más original de todo el sistema político de los americanos»[16].

Quizá la disposición institucional más sorprendente que Tocqueville observó fuese la extrema descentralización americana o, a la inversa, la fuerza y la responsabilidad de las ciudades americanas y de otras instituciones locales. «Lo que más extraña al europeo que viaja por los Estados Unidos», escribió en *La democracia* de 1835, es «la ausencia de lo que entre nosotros llamamos gobierno o administración. En América ves leyes escritas; ves cómo se cumplen diariamente; todo está en movimiento a tu alrededor, y no se ve por ninguna parte el motor. La mano que mueve la máquina social escapa a cada momento»[17].

Una vez más, Tocqueville ya estaba luchando con el tema de la centralización antes de llegar al Nuevo Mundo. Lo que le asombró en los Estados Unidos fue la extrema descentralización que existía, una descentralización tan completa que no parecía existir un gobierno, en el sentido europeo. Sin embargo, la nación funcionaba y crecía. Y, como Tocqueville señalaba en *La democracia*, los efectos sociales y políticos generales de

---

[15] *DA* (Nolla), I, p. 81, nota «b».
[16] *DA* (Nolla), I, p. 81, nota «c».
[17] *DA* (Nolla), I, p. 56.

la descentralización eran muy ventajosos. De esta forma, el viaje americano le proporcionó un testimonio de primera mano para defender que no había que tener tanto miedo a la descentralización en Francia. Con el debate abierto en su país, él se convirtió en testigo presencial de lo que era posible.

Pero Tocqueville no se convirtió en el abogado de una ideología rígida de descentralización. En algunos papeles de trabajo, afirmaba que la centralización administrativa, con ciertos límites, era un hecho necesario en las sociedades modernas. Los americanos, observó, estaban tan descentralizados administrativamente, y tan temerosos de la centralización que no conocían algunas ventajas de la centralización. La prosperidad de una nación, sostenía, exige la realización de grandes empresas nacionales; y estos trabajos costosos y de gran volumen eran fundamentales para el bien público y, a su vez, requerían un Estado centralizado[18]. También recurrió al Estado que apoyase activamente, e incluso fundase sociedades académicas y científicas; este apoyo garantizaría la investigación constante en las ciencias teóricas y en otros campos que no resultan atractivos para los intereses inmediatos y a menudo con poca visión de futuro, de la sociedad democrática[19]. Pero el Estado no debe actuar en solitario.

---

[18] Vid., sobre el miedo americano a la consolidación: *DA* (Nolla), I, pp. 293-294; p. 279, nota «o»; p. 280, nota «q»; y sobre la centralización y el papel adecuado del gobierno: *DA* (Nolla), II, p. 57, nota «c»; pp. 106-107, texto y nota «s»; p. 139, nota «j»; y pp. 245-249, texto y notas «a», «b», «f», «g», «k», «m» y «p». Vid. también *DA* (Nolla), II, p. 243, nota «c» y p. 268, nota «p».

[19] Sobre el necesario apoyo del gobierno a las academias y a la investigación, vid. *DA* (Nolla), II, p. 47, nota «a»; y p. 90, nota «h».

Aquí, una vez más, América ayudaba a configurar el pensamiento de Tocqueville sobre cómo los grandes proyectos podían gestionarse de forma que se salvaguardase la libertad y se evitase el peligro de una centralización excesiva. Tocqueville observó que en los Estados Unidos las iniciativas más importantes necesarias para el bienestar económico de la nación eran, en muchas ocasiones, empresas conjuntas. Observó que el método que se prefería en los Estados Unidos para llevar a cabo «mejoras internas» era armonizar el apoyo privado, estatal y federal –ésta era otra ventaja del federalismo del Nuevo Mundo–. El sistema americano evitaba tanto el riesgo de que la mayoría (o todos) los avances económicos más importantes estuvieran únicamente en manos privadas (el peligro de la aristocracia industrial) y la amenaza de que fuese el gobierno principalmente quien llevase a cabo las empresas más importantes –o todas– (el modelo francés de finales de la década de 1830 al que Tocqueville se oponía porque llevaba a la centralización administrativa y al despotismo burocrático). Tocqueville se dio cuenta de que los americanos habían descubierto un sistema mixto que equilibraba la implicación pública y privada, la responsabilidad pública y la privada. Su enfoque conjunto permitía a los americanos hacer maravillas[20].

Por eso, Tocqueville encomiaba el modelo mixto americano. Y para Francia, decía en *La democracia* que si la administración se implicase seriamente en las grandes iniciativas industriales,

---

[20] Vid. *DA* (Nolla), II, pp. 106-107, texto y notas, especialmente p. 106, nota «s»; p. 249, nota «p»; pp. 257-260, texto y notas. Vid. también *DA* (Nolla), I, p. 266, nota «36».

la legislatura y los tribunales tendrían que supervisarlo. Si el Estado actuase en solitario, la libertad estaría en peligro[21]. El verdadero problema, según Tocqueville, no era si el Estado debía o no participar, sino dónde y cómo se fijaban los límites a la participación del Estado. La no implicación ponía en peligro la prosperidad y el progreso nacionales. La implicación excesiva suponía una amenaza para la libertad y se corría el riesgo del despotismo burocrático[22]. Para Tocqueville, el modelo mixto americano servía de valioso ejemplo.

Pasando de los rasgos institucionales americanos a las creencias y comportamientos característicos que servían de remedio contra una democracia excesiva, quizá nada fascinó a Tocqueville tanto como la costumbre americana de la asociación. Tocqueville comenzó su descripción definiendo las asociaciones de forma amplia, para que incluyesen las libertades locales, que estaban centradas en grupos sociales legalmente constituidos tales como pequeñas poblaciones, ciudades y condados. Desde este punto de vista especialmente, las asociaciones quizá fueron la causa más importante de la constante agitación que observó en los Estados Unidos. «De todos los países del mundo», escribió Tocqueville en 1835, América ha sido el país que ha aprovechado mejor las asociaciones y ha aplicado este medio tan poderoso a los objetivos más diversos»[23].

---

[21] Vid *DA* (Nolla), II, p. 254, nota «k»; p. 255, nota «o»; p. 256, notas «p» y «4»; pp. 258-259, nota «5» e «y».

[22] *DA* (Nolla), II, pp. 258-259, nota «y».

[23] *DA* (Nolla), I, p. 146.

En *La democracia* de 1840, señaló: «Las asociaciones políticas que existen en los Estados Unidos son sólo un detalle en el inmenso panorama general de asociaciones existentes. Los americanos de todas las edades, de todas las condiciones, de todas las formas de pensar, se unen constantemente. No tienen sólo asociaciones comerciales e industriales en las que toman parte, sino también miles de otras clases: religiosas, morales, [intelectuales,] serias, inútiles, muy generales y muy específicas, inmensas y muy pequeñas»[24].

De este escenario tumultuoso surgió una verdadera teoría de la asociación. En el famoso capítulo del texto de 1840 titulado «Del uso que los americanos hacen de las asociaciones en la vida civil» escribió: «De esta forma [los Estados Unidos] el país más democrático de la tierra es, de todos, aquel en el que los hombres de hoy día han perfeccionado más el arte de perseguir en grupo el objeto común de sus deseos comunes y han aplicado esta nueva ciencia al mayor número de cosas... En los países democráticos, la ciencia de la asociación es la ciencia madre; el progreso de todas las demás depende del progreso de la primera»[25].

Las asociaciones, especialmente cuando se consideran en sentido amplio para incluir las libertades locales, constituían organismos sociales intermedios que, en tiempos democráticos, podrían ocupar el lugar de las clases y las familias aristocráticas. Como organismos aristocráticos artificiales, las asociaciones eran una salvaguarda clave no sólo contra la tiranía

---

[24] *DA* (Nolla), II, p. 103.
[25] *DA* (Nolla), II, pp. 104 and 107.

de la mayoría y el despotismo del Estado, sino también contra el excesivo individualismo. Las asociaciones se convirtieron en una especie de defensa contra los peores riesgos democráticos. «Creo firmemente» dijo Tocqueville en 1840, «que no se puede establecer una aristocracia de nuevo en el mundo; pero creo que los simples ciudadanos, al asociarse pueden convertirse en personas muy ricas, muy influyentes, en seres muy fuertes; en una palabra: en aristócratas. [Así, a donde quiera que miro, descubro que la asociación es el remedio más poderoso contra los males con los que nos amenaza la igualdad]. De esta forma, se conseguirían muchas de las ventajas políticas más importantes de la aristocracia sin sus injusticias ni sus peligros. Una asociación política, industrial, comercial o incluso científica y literaria es un ciudadano ilustrado y poderoso que no se puede doblegar a capricho o tener oprimido en la sombra y que, defendiendo sus derechos particulares contra las demandas del poder, salva las libertades comunes»[26].

El tema de la ciencia o el arte de la asociación es una de las ideas más constantes de Tocqueville. Su enfoque cambió de las asociaciones políticas en 1835 a las asociaciones civiles en 1840, pero esta modificación, que es parte de la estructura planificada de su trabajo, se realiza de forma muy consciente, participándolo claramente al lector. Y en su discusión de 1840 admitió que no tomaba suficientemente en serio a ciertos tipos de asociaciones americanas: a las que perseguían objetivos morales[27].

---

[26] *DA* (Nolla), II, pp. 273-274; y véase p. 273, nota «o». Consúltese también *DA* (Nolla), I, p. 148, nota «h».

[27] *DA* (Nolla), II, p. 107.

Sin embargo, su tratamiento de las asociaciones, su explicación de por qué son tan importantes en las sociedades democráticas no cambia en lo esencial. En los capítulos de 1840 sobre la asociación citó incluso dos veces sus propias palabras de los volúmenes de 1835 para hacer hincapié en su afianzada convicción sobre el papel de las asociaciones[28]. Mucha de la inspiración y de las pruebas de esta teoría de la asociación son, una vez más, lo que él había visto en América.

Tocqueville descubrió en los Estados Unidos otros dos rasgos inesperados de las costumbres americanas: la doctrina del interés bien entendido y el papel de la religión como compañera de la libertad. En contraste con esta teoría de la asociación, el concepto de Tocqueville de *interés bien entendido* se desarrolló de forma gradual durante un periodo de varios años, desde 1831, cuando estuvo en América, hasta finales de la década de 1830, cuando estaba terminando La democracia de 1840[29]. Pero la idea surgió claramente de lo que había aprendido cuando viajaba por los Estados Unidos.

Tocqueville descubrió muy rápidamente lo que él denominaría el principio básico de la sociedad americana, «... la máxima de que el individuo es el mejor y el único juez de su interés privado... Esta doctrina está aceptada universalmente en los Estados Unidos». Sirvió como cimiento de la libertad en las poblaciones, pero también ejerció una influencia general sobre «incluso los actos habituales de la vida»[30]. Todavía era más sor-

---

[28] *DA* (Nolla), II, pp. 112-113.
[29] Para la discusión completa, vid. *Making*, cap. 17 y 18.
[30] *DA* (Nolla), I, p. 53; y véase pp. 286-287 y p. 287, nota «b».

prendente la forma en que los americanos mezclaban este interés privado con el interés público. Ya en mayo de 1831, Tocqueville se dio cuenta de que lo que estaba viendo en el Nuevo Mundo suponía un reto a algunas de las categorías tradicionales con las que él estaba familiarizado.

En su libro de viaje escribió: «El principio de las antiguas repúblicas era el sacrificio del interés particular al bien general. En este sentido, podemos afirmar que eran *virtuosos*. El principio de esta república me parece que es hacer que el interés particular sea parte del interés general. Toda la máquina parece pivotar sobre cierto egoísmo refinado e inteligente. Este pueblo no se preocupa de averiguar si la virtud pública es buena, sino que dicen haber demostrado que es útil. Si este último punto es verdad, como creo que lo es en parte, esta sociedad puede pasar por ilustrada, pero no por virtuosa. Pero, ¿hasta qué grado pueden unirse el principio de bien individual y el de bien general? ¿Hasta qué grado logrará la consciencia que podría denominarse consciencia de reflexión y cálculo controlar las pasiones políticas que todavía no han surgido, pero que no dejarán de hacerlo? Esto es lo que sólo el futuro dirá»[31].

Y cuando estaba redactando el borrador de *La democracia de 1835* se dio cuenta de que el ejemplo americano exigía una revisión o redefinición del concepto de Montesquieu «de la virtud de las repúblicas», pues los americanos no son virtuosos y sin embargo son libres. Esto no demuestra completamente que la virtud, como pensaba Montesquieu, no sea esencial para la

---

[31] *DA* (Nolla), I, p. 243, primera parte de la nota «a».

existencia de las repúblicas. La idea de Montesquieu no debe considerarse en sentido estricto. Lo que este gran hombre quería decir es que las repúblicas podían subsistir sólo por la acción de la sociedad sobre sí misma. Lo que entiende por virtud es el poder moral que ejerce cada individuo sobre sí mismo y que evita que viole los derechos de los demás.

«Cuando este triunfo del hombre sobre la tentación es el resultado de la debilidad de la tentación o de un cálculo del interés personal, no constituye virtud a los ojos del moralista; pero está incluida en la idea de Montesquieu que habló del efecto mucho más que de la causa. En América no es que la virtud sea grande, es que la tentación es pequeña, lo que viene a ser lo mismo. No es el desinterés lo que es grande, es que el interés es bien entendido, lo que una vez más vuelve a ser casi lo mismo. Así, Montesquieu tenía razón aunque él se refería a la virtud antigua, y lo que dice de los griegos y los romanos todavía es aplicable a los americanos»[32].

En otro borrador Tocqueville enumeraba algunos de los nexos intelectuales que unían a los americanos: «Ideas compartidas. *Ideas filosóficas y generales*. Ese interés bien entendido es suficiente para guiar a los hombres a hacer el bien. Que cada hombre tiene la capacidad de gobernarse a sí mismo»[33].

Obsérvese que en éste (y en otros) borradores para los volúmenes de 1835, Tocqueville ya estaba utilizando el término

---

[32] *DA* (Nolla), I, p. 243, segunda parte de la nota «a».
[33] *DA* (Nolla), I, p. 286, nota «z»; y véase p. 287, nota «b».

interés bien entendido; era una idea que había surgido mucho antes de que empezase a escribir *La democracia* de 1840. Pero en el texto de 1840 este egoísmo refinado e inteligente, esta nueva clase de virtud se etiquetaría explícitamente como la doctrina del interés bien entendido y se presentaría como un importante remedio para el individualismo democrático tal como Tocqueville lo entendía[34].

«Ya he indicado, en varios momentos de este trabajo, cómo los habitantes de los Estados Unidos casi siempre sabían combinar su propio bienestar con el de sus conciudadanos. Lo que quiero resaltar aquí es la teoría general por la que consiguen hacerlo».

«No temo decir que la doctrina del interés bien entendido me parece, de todas las doctrinas filosóficas, la más adecuada para las necesidades de los hombres de nuestro tiempo, y veo en ella la mejor garantía que les queda contra ellos mismos. Así, es hacia esta doctrina principalmente hacia donde los moralistas de hoy deberían dirigirse. Incluso si la consideran imperfecta, aún así tendría que adoptarse como necesaria».

«No creo, en términos generales, que exista mayor egoísmo entre nosotros que en América; la única diferencia es que allí es ilustrada y aquí no. Cada americano sabe cómo sacrificar una parte de su interés particular para salvar el resto. Nosotros queremos tenerlo todo, y a menudo todo se nos escapa»[35].

---

[34] Vid. *DA* (Nolla), II, parte 2, cap. VIII y IX.
[35] *DA* (Nolla), II, pp. 114 y 115.

... «[Los] americanos» señalaba en otra parte del texto, «por decirlo de alguna forma, han reducido el egoísmo a una teoría política y social...»[36]. Lo que es importante que reconozcamos son las raíces americanas de su doctrina sobre el interés bien entendido, uno de los elementos más famosos y originales del pensamiento y de los textos de Tocqueville.

Uno más de los descubrimientos claves de Tocqueville en el Nuevo Mundo lo presentó a sus lectores en otro de los brillantes capítulos introductorios de *La democracia* de 1835, «Del punto de partida y de su importancia para el futuro de los Angloamericanos». Donde Tocqueville compara Europa y América según eran en 1650, se siente embargado por «un profundo asombro». «Ya he dicho bastante», resumía, «para mostrar a la civilización angloamericana en su verdadero ser. Es el producto (y este punto de partida debe tenerse en cuenta siempre) de dos elementos perfectamente diferenciados que se han unido con éxito, de alguna forma, y se han combinado maravillosamente. Me refiero *al espíritu de la religión y al espíritu de la libertad*»[37]. Aquí, una vez más había algo nuevo y completamente inesperado, especialmente para un visitante francés que venía de una nación donde estos mismos elementos estaban en guerra. Tocqueville también se asombró del poder externo de la religión en una sociedad tan profundamente democrática. La observancia del domingo, por ejemplo, cerraba las ciudades en América[38].

---

[36] *DA* (Nolla), II, p. 148.
[37] *DA* (Nolla), I, p. 34.
[38] *DA* (Nolla), I, p. 318, Nota (E); y vid. II, pp. 128-129.

«Los filósofos del siglo XVIII» observaba sarcásticamente, «explicaban el debilitamiento gradual de las creencias de una forma muy simple. El celo religioso, decían, se apagará a medida que aumenten la libertad y la ilustración. Es lamentable que los hechos no estén de acuerdo con esta teoría... Cuando llegué a los Estados Unidos, fue el aspecto religioso el primero que me impresionó»[39].

En los borradores de *La democracia* escribió incluso con más énfasis: «He oído que en Europa se dice que es una lástima que estos pobres americanos tengan religión. Cuando has estado en los Estados Unidos, adquieres la convicción de que la religión es más útil en las repúblicas que en las monarquías, y en las repúblicas democráticas más que en ningún otro sitio. Es un error desastroso el que comete Francia»[40].

La forma especial en que la religión y la libertad se unían en América fue un principio básico para Tocqueville que insistía en que las sociedades democráticas necesitaban basarse en la fe religiosa para que sobreviviese la libertad. «Cuando llega la democracia con sus costumbres y creencias, conduce a la libertad. Cuando llega con anarquía moral y religiosa, conduce al despotismo»[41]. Este principio, del que fue testigo en los Estados Unidos, se convirtió más tarde en uno de los fundamentos de las nuevas agrupaciones políticas que Tocqueville, político francés, trabajó para establecer (sin éxito) en Francia.

---

[39] *DA* (Nolla), I, p. 229.
[40] *DA* (Nolla), I, p. 229, nota «q».
[41] *DA* (Nolla), I, p. 57, nota «d».

Pero, ¿cómo hacer que la religión se mantenga fuerte en tiempos democráticos? A Tocqueville le sorprendió una profunda paradoja. Una de las causas fundamentales de la enorme influencia que la religión continuaba teniendo en América era la cuidadosa separación entre la Iglesia y el Estado en los Estados Unidos[42]. Incluso los fervientemente fieles sacerdotes católicos que Tocqueville conoció en América eran no sólo demócratas políticos convencidos, sino que también creían firmemente en el principio americano de la separación de la Iglesia y el Estado. Una vez más, la república del Nuevo Mundo daba una lección inesperada y un poderoso ejemplo.

La causa principal de la debilidad del cristianismo en Europa, escribiría Tocqueville, era «la íntima unión de la política y la religión... En Europa, la cristiandad se ha permitido estar íntimamente unida a los poderes terrenales. Actualmente esos poderes están cayendo y el cristianismo parece estar enterrado bajo sus escombros. Es un ser vivo que alguien quisiera unir a los muertos; cortemos los lazos que los unen y volverá a surgir»[43].

Volvió repetidamente a este tema en *La democracia* de 1840 de forma más explícita cuando declaró: «... [En lo que se refiere] a las religiones del Estado, siempre he pensado que si a veces podían servir a los intereses del poder político, más tarde o más temprano acabarían siendo nocivas para la Igle-

---

[42] *DA* (Nolla), I, part 2, cap. IX, pp. 222-234; vid. también II, parte 1, pp. 16-17.

[43] *DA* (Nolla), I, p. 233.

sia... Estoy tan convencido de los daños casi inevitables que las creencias ocasionan cuando sus intérpretes se implican en los asuntos públicos, y estoy tan convencido de que el cristianismo debe mantenerse a toda costa en las nuevas democracias que preferiría encadenar a los sacerdotes dentro del santuario antes que dejarlos salir de él»[44].

Ya había resumido su postura en una carta anterior, fechada el 19 de junio de 1836 a Basil Hall. Tocqueville escribió: «[En] general, creo que la unión de la Iglesia y el Estado, no es perjudicial para el Estado pero es dañina para la Iglesia. He visto demasiado de cerca, entre nosotros, las consecuencias fatales de esta unión para no temer que algo análogo ocurra entre vosotros [en Inglaterra]. Ahora, esto es un resultado que debéis intentar evitar a toda costa porque la religión es, desde mi punto de vista, la primera garantía política...»[45]. La certeza de Tocqueville acerca de estos dos puntos esenciales –la necesidad de la religión y la mejor forma de fortalecerla– si no se había forjado, al menos sí se había fortalecido de forma muy importante en América.

En el Nuevo Mundo Tocqueville había descubierto una clase de democracia diferente. Se dio cuenta de que la república americana estaba marcada por una profunda igualdad más allá de cualquiera que pudiese existir en el Viejo Mundo, y mostraba un nivel increíble de actividad y de cambio. Al mismo tiempo, América presentaba una batería asombrosa de mecanis-

---

[44] *DA* (Nolla), II, p. 132; y véase p. 132, nota «m».
[45] *DA* (Nolla), II, p. 68, nota «d».

mos institucionales y de creencias culturales que servían para regular esa democracia extrema y tumultuosa. A pesar de sus persistentes imperfecciones y debilidades que Tocqueville señaló cuidadosamente a sus lectores, los Estados Unidos se convirtieron para Tocqueville en un modelo de república democrática bien regulada.

«Lo que se entiende por república en los Estados Unidos», declaró, «es la acción lenta y tranquila de la sociedad por sí misma. Es un Estado ordenado que en realidad se basa en la voluntad ilustrada del pueblo. Es un gobierno conciliador, en el que las decisiones se maduran durante mucho tiempo, se debaten lentamente y se llevan a la práctica con madurez».

«Los republicanos en los Estados Unidos valoran las costumbres, respetan las creencias, reconocen los derechos. Profesan esta opinión, de que un pueblo debe ser moral, religioso y moderado en la proporción en que es libre. Lo que se denomina república en los Estados Unidos es el gobierno tranquilo de la mayoría. La mayoría, tras haber tenido tiempo de reconocerse a sí misma y tomar nota de su existencia, es la fuente común de los poderes. Pero la mayoría en sí misma no es omnipotente. Por encima de ella, en el mundo moral están la humanidad, la justicia y la razón; los derechos adquiridos en el mundo político. La mayoría reconoce estas dos barreras, y si las cruza es porque la mayoría tiene pasiones, como cualquiera; y como cualquiera, puede hacer el mal aunque perciba el bien». (...)

«Pero en Europa hemos hecho descubrimientos extraños... [Se] ha descubierto en nuestros días que existen tiranías legítimas e injusticias sagradas en el mundo, con la condición de que sean ejercidas en nombre del pueblo».

«Las ideas que los americanos se han formado sobre la república facilitan su uso de forma excepcional y garantizan que durará. Entre ellos, si la práctica del gobierno republicano a menudo no es buena, por lo menos la teoría sí es buena...»[46].

Para Tocqueville, esta imagen de la república americana se convirtió en el símbolo de lo que podía ser una democracia bien ordenada. A lo largo de *La democracia*, cuando quería describir una democracia sana, acababa describiendo lo que había presenciado en el Nuevo Mundo. En su Introducción, por ejemplo, presentaba el retrato de tres sociedades: una sociedad aristocrática tradicional (que ya no es posible en el mundo actual); una sociedad democrática con disturbios e inestable; y una democracia tranquila y bien ordenada[47]. Este tríptico se basa en una sociedad aristocrática idealizada en Francia; la Francia post-revolucionaria de principios del siglo XIX (una sociedad muy descentrada e incluso en guerra consigo misma); y la nación democrática que emergería si se restaurase la armonía interna. El tercer retrato, en el que tenía sus esperanzas, casi es un duplicado de la descripción de la república americana que acabamos de examinar y de otras imágenes de los Estados Unidos que seguiría desarrollando en su libro.

---

[46] *DA* (Nolla), I, pp. 301 y 302.
[47] Vid. DA (Nolla), I, pp. 10-12; para el tercer retrato, vid. p. 11.

Esta imagen de una democracia sana no era, debemos señalar brevemente, una variación de las repúblicas de Grecia o Roma. En uno de sus borradores, Tocqueville declaró con algo de exasperación: «No sé cuándo se cansará la gente de comparar la democracia de nuestros tiempos con la que llevaba el mismo nombre en la antigüedad. La diferencia entre las dos queda de manifiesto constantemente»[48]. Y en otro borrador observaba: «Me encantaría que la gente dejase de citarnos, en relación con cualquier cosa, el ejemplo de las repúblicas democráticas de Grecia e Italia. Demostrarles cómo lo que se llamó democracia en la antigüedad y en la Edad Media no tenía una analogía real con lo que vemos en nuestros tiempos»[49]. El modelo que Tocqueville obtuvo de su observación de la república americana era algo profundamente distinto.

Por supuesto, Tocqueville no suponía que todo estaba bien en la república del Nuevo Mundo, ni propugnaba una imitación al pie de la letra de las leyes y costumbres americanas. «No digo», declaraba en un borrador, «que debamos hacer lo que hacen los americanos, pero podemos llegar a los mismos resultados por otros caminos, y su ejemplo puede arrojar una luz muy útil»[50]. En el texto de 1835 escribió: «Las costumbres y las leyes de los americanos no son las únicas que pueden ser adecuadas para los pueblos democráticos; pero los americanos han demostrado que no debemos perder la esperanza de regular la democracia con la ayuda de las leyes y las costumbres...

---

[48] *DA* (Nolla), II, p. 56, nota «k».
[49] *DA* (Nolla), II, p. 215, notas «n» y «p».
[50] *DA* (Nolla), I, p. 245, nota «m».

La organización y el establecimiento de la democracia entre los cristianos es el gran problema político de nuestro tiempo. Los americanos no resuelven este problema, sin duda, pero dan lecciones útiles a los que quieren resolverlo»[51]. Y en una variante que luego descartó, fue incluso más directo: «[Los] americanos, a pesar de sus errores y sus fallos, merecen nuestra alabanza. Se han ganado con creces la gratitud de la humanidad. Han demostrado que el Estado social democrático y las leyes democráticas no tenían necesariamente como resultado la degeneración de la raza humana»[52].

Años más tarde, Tocqueville reafirmaría esta lección que daba América y relacionaba explícitamente sus esperanzas de una Francia mejor con lo que había visto en el Nuevo Mundo cerca de quince años antes. En su introducción a la edición de 1848 de *La democracia*, escribiría: «En la actualidad [la realeza] está destruida. Las instituciones americanas que eran sólo objeto de curiosidad para una Francia monárquica, deben ser objeto de estudio para la Francia republicana... Nos queda saber si tendremos una república agitada o tranquila, una república regular o irregular, una república liberal u opresiva, una república que amenace los derechos sagrados de la propiedad y de la familia o una república que los reconozca y los consagre. Un terrible problema cuya solución es importante no sólo para Francia, sino para todo el mundo civilizado...

---

[51] *DA* (Nolla), I, p. 241; consúltese además toda la sección, pp. 236-241.

[52] *DA* (Nolla), II, p. 248, nota «k».

Ahora, este problema que acabamos únicamente de plantear, América lo resolvió hace más de sesenta años. Durante sesenta años, el principio de soberanía del pueblo que ayer entronizamos entre nosotros, ha reinado allí sin divisiones. Se ha puesto en práctica de la forma más directa, sin ningún límite, de la forma más absoluta... [El pueblo] se ha sentido, durante este periodo, no sólo el más próspero, sino también el más estable de todos los pueblos de la tierra... [La] República allí no alteró, sino que conservó todos los derechos...

Volvamos nuestra atención hacia América para copiar servilmente las instituciones que se ha creado pero, para entender mejor cuáles son las adecuadas para nosotros, en lugar de copiar ejemplos de América y no lecciones, tomemos prestados los principios, en lugar de los detalles de sus leyes... [Los] principios sobre los que descansan las constituciones americanas, esos principios de orden, de equilibrio de poderes, de verdadera libertad, de respeto sincero y profundo hacia las leyes son indispensables para todas las repúblicas...»[53].

Aquí se esconde algo más que simplemente el papel de América como imagen de una democracia tranquila y armoniosa. Claramente, la república del Nuevo Mundo también servía como fuente de esperanza para Tocqueville. El ejemplo americano, en el mejor de los casos, le demostraba que la democracia sí podía regularse y equilibrarse de forma que las sociedades democráticas podían ser sanas, prósperas y libres; él, a su vez, intentaba utilizar a América para convencer a sus lectores

---

[53] *DA* (Nolla), II, pp. 324-325, Apéndice VI.

de que este resultado deseable era posible para las naciones democráticas.

En distintos borradores del Prólogo de *La democracia* de 1840 escribió: «Objetivo principal. En alguna parte. Quiero hacer que *todos* entiendan que un Estado social democrático es una necesidad inevitable en nuestros tiempos. Dividiendo a mis lectores en enemigos y partidarios de la democracia, quiero hacer que los primeros entiendan que para que un Estado social democrático sea tolerable, para que sea capaz de producir orden, progreso, en una palabra: para evitar todos los males que ellos prevén, al menos los mayores, por encima de todo tienen que apresurarse a dar al pueblo que ya tiene ese estado social *ilustración y libertad*. A los segundos quiero hacerles entender que la democracia no puede dar los frutos positivos que esperan si no se compagina con moralidad, espiritualidad y creencias... así quiero unir a todas las mentes honradas y generosas con unas cuantas ideas comunes. Y en cuanto a la cuestión de saber si un estado social así es o no es lo mejor que la humanidad puede tener, quiera Dios decirlo. Sólo Dios sabe»[54].

Y «Estoy totalmente convencido de que podéis hacer de los pueblos democráticos naciones prósperas, libres, poderosas, morales y felices. Por eso no pierdo la esperanza en el futuro, pero pienso que los pueblos, como los hombres, para sacar el máximo partido de su destino, tienen que conocerse a sí mis-

---

[54] *DA* (Nolla), II, p. 8, nota «f».

mos y para dominar los acontecimientos, tienen que saber dominarse a sí mismos... Idea de hacer que la democracia se modere a sí misma. Idea del libro»[55].

Discutiblemente, el programa político que presentaba Tocqueville tanto en la parte de 1835 como en la de 1840 de su libro se inspiraba en gran medida en lo que había visto en el Nuevo Mundo. En América él había sido testigo no de la estructura detallada, pero sí de las líneas maestras del tipo de democracia que deseaba: una sociedad marcada por ciudadanos ilustrados, por instituciones libres y por la moralidad y la fe religiosa. En gran medida, estos elementos más importantes eran precisamente las cosas que le habían sorprendido durante su viaje. Incluso podríamos decir que en *La democracia* de 1840 se desvanecieron de la mente de Tocqueville, como ocurrió con su confianza en el futuro; a medida que retrocedía la república del Nuevo mundo, crecieron sus miedos, sus dudas y su pesimismo. Quizá, más que cualquier otra cosa, América fue para Tocqueville una especie de talismán de la esperanza.

OTRAS DOS PERSPECTIVAS

Otra forma de demostrar lo que Tocqueville aprendió de América es observar lo que corregía o revisaba de escritores que habían hecho comentarios anteriores. Ya hemos visto tres

---

[55] *DA* (Nolla), II, p. 8, nota «g».

ejemplos importantes. Más de una vez, en *La democracia*, Tocqueville observó con sarcasmo que las afirmaciones de ciertos pensadores europeos sólo ponían de manifiesto que no habían visitado América. La ocasión más importante tuvo lugar cuando Tocqueville desarrollaba el papel de la religión y de las creencias en las nuevas sociedades democráticas ilustradas[56]. Y el texto y los papeles de trabajo de *La democracia* contienen una especie de diálogo entre Tocqueville y Montesquieu en el que Tocqueville algunas veces no está de acuerdo o enmienda a su predecesor. Como hemos observado, algunos de los temas principales en los que Tocqueville corrige cuidadosamente a Montesquieu es el tema de la virtud en las repúblicas. Tocqueville señaló que para explicar el concepto del propio interés ilustrado, no se podía entender la virtud republicana en sentido demasiado estricto. La teoría de Montesquieu sobre la virtud republicana redefinida por Tocqueville con mayor amplitud seguía siendo válida[57]. Finalmente, aunque el propio Tocqueville citó el ejemplo de las antiguas repúblicas, repetidamente criticó a otros teóricos europeos por seguir comparando las sociedades democráticas modernas con ejemplos sacados del mundo antiguo o de la Italia del Renacimiento[58]. Insistía en que en muchas cosas fundamentales, los viejos puntos de comparación, que muchos apoyaban tanto, ya no eran importantes. El mundo moderno ha cambiado demasiado en lo fundamental.

---

[56] *DA* (Nolla), I, p. 229; ya citado más arriba.

[57] Un ejemplo del desacuerdo de Tocqueville con Montesquieu es su insistencia en que la religión y no el miedo es lo que sustenta el despotismo.

[58] *DA* (Nolla), II, p. 56, nota «k»; y p. 215, notas «n» y «p»; ya citadas más arriba.

Sorprendentemente, lo que llevó a Tocqueville a nuevas perspectivas o a nuevas posturas y lo que le condujo a muchos de estos ejemplos de desacuerdo o de corrección fue, una vez más, el viaje americano. Contrariamente a Tocqueville, la mayoría de los pensadores europeos, especialmente los del siglo XVIII, no habían sido testigos de una sociedad que era a la vez muy ilustrada y profundamente religiosa. Ni Montesquieu había imaginado una interpretación del propio interés especialmente sofisticada que, uniendo el interés público y privado, pudiera ocupar el lugar de la virtud republicana del sacrificio propio en aras de un bien mayor. Y las democracias modernas, como la de los Estados Unidos, con características sociales profundamente diferentes y un mecanismo constitucional recién creado no podían ya compararse de forma útil con las democracias de la antigüedad.

Debido a que Tocqueville había viajado al Nuevo Mundo y había observado un tipo nuevo de sociedad, se encontraba a menudo en otro espacio intelectual. La experiencia americana había transformado, al menos, algunas de sus ideas preconcebidas.

Y queda el asunto de la famosa carta de Tocqueville a su amigo Charles Stoffels, escrita en abril de 1830, dos años antes del viaje americano; la carta se incluye como apéndice a la edición de Nolla[59]. Si América enseñó a Tocqueville tantas lecciones notables y redefinió sus ideas de forma sustancial, ¿Cómo podemos explicar esta carta tan importante que parece

---

[59] *DA* (Nolla), II, pp. 322-324, Apéndice V.

resumir los conceptos fundamentales de Tocqueville sobre la dirección de la sociedad moderna, sobre los beneficios y peligros probables de ese camino, y sobre el programa político que se recomienda seguir a los gobiernos y a los hombres honorables como respuesta? La carta especialmente anticipa la elocuente introducción de Tocqueville a *La democracia* de 1835 así como la sección final de su trabajo de 1840.

Sin embargo, si se lee la carta con atención, se encontrarán quejas sobre la pérdida de la fe, pero no se verá el reflejo de la combinación especial del espíritu de libertad y el espíritu de la religión, ni referencias al papel de la fe en el sostenimiento de la democracia, que Tocqueville encontraría en América. No se descubre la doctrina del interés bien entendido, del propio interés ilustrado, del nuevo principio social y político que los americanos habían desarrollado para sustituir a la virtud republicana clásica. Y no se ven imágenes de una sociedad democrática moderna, dinámica y vital y, sin embargo, ordenada y bien regulada. Los retratos de la sociedad moderna que Tocqueville dibujó en su carta son bien de una sociedad plana, sin nervio y adormecida, o de una sociedad rota y dislocada. Pero falta el retrato adicional, más esperanzador, de una sociedad que fuera, a la vez, ordenada y llena de energía, bien regulada y viva, con movimiento y actividad. Como hemos observado, esta tercera imagen de una sociedad democrática sana y estable se extrae de su experiencia americana. Leída así, la carta a Stoffels se convierte en el negativo de la copia. Por lo que falta, pone de manifiesto lo que Tocqueville aprendería en América.

CONCLUSIÓN

¿Qué conclusión podemos sacar de este estudio? En primer lugar, siempre tenemos que recordar que el viaje de Tocqueville a América dejó una impronta en su mente. Su experiencia en el Nuevo Mundo contribuyó esencialmente a modificar su definición de democracia y de las sociedades democráticas. Hemos visto que América le ayudó a ampliar su manera de entender la igualdad y la movilidad como rasgos esenciales de la democracia. Los Estados Unidos también tenían instituciones y doctrinas que eran nuevas y que para Tocqueville se convirtieron en importantes salvaguardas contra algunos peligros de la democracia.

De esta forma, para Tocqueville y los lectores para los que él escribía, América sirvió como modelo o como un espejo. Mirando a la república del Nuevo Mundo los europeos podían verse mejor. En cierta forma, ese espejo incluso revelaba el futuro. Observando a América, los europeos podían ver lo que llegarían a ser. Al hablar sobre el tema de la poesía en las sociedades democráticas, por ejemplo, Tocqueville declaró que él «citaba este ejemplo de América no sólo porque América es el tema de mi tratado, sino también... porque me ofrece la perspectiva de lo que debe ocurrir en los pueblos democráticos en general»[60].

Como modelo, la república del Nuevo Mundo servía especialmente para sugerir cómo dirigir el futuro democrático. Ya

---

[60] *DA* (Nolla), II, p. 75, nota «k».

hemos observado que muchas de las leyes, instituciones, costumbres y creencias de América ofrecían valiosas lecciones a Europa y eran ejemplos que podían seguirse al menos en líneas generales. Pero América también proporcionaba importantes lecciones de lo que no debe hacerse y era ejemplo de diferentes peligros democráticos que había que evitar entre los que estaba, por ejemplo, la tiranía de la mayoría, una psicología democrática nacional marcada por el excesivo desasosiego, ansiedad, materialismo, y el riesgo persistente de un liderazgo político mediocre.

Permítanme ser más explícito sobre dos ejemplos especiales de Estados Unidos como modelo de lo que no debe ser. En la república del Nuevo Mundo –marcada por gran libertad y una amplia igualdad– persistía la grave anomalía de la esclavitud. Y Tocqueville, viendo los efectos de la esclavitud tanto en los esclavos como en los amos, señaló que quizá América mostraba mejor las ventajas de la igualdad por los horrores de la esclavitud que por tantas libertades políticas que los americanos disfrutaban[61].

El segundo ejemplo se refería a la vida cultural. Tocqueville señaló con mucho éxito que «hasta ahora América ha tenido únicamente un corto número de escritores notables; no tiene ningún gran historiador y no tiene un solo poeta. Sus habitantes ven la literatura, entendida en sentido estricto, con una especie de desaprobación»[62]. ¿Era éste un argumento contra

---

[61] *DA* (Nolla), I, p. 268.
[62] *DA* (Nolla), I, p. 234; y véase pp. 199-201.

la democracia? ¿Eran incompatibles democracia y civilización? ¿Las sociedades democráticas estaban condenadas a una nueva Edad Bárbara? La solución de Tocqueville a esta lección de lo que no debe hacerse en particular era insistir en la situación excepcional. La república del Nuevo Mundo era joven, lejana de los centros culturales del Viejo Mundo y, sin embargo, capaz de absorber el alimento cultural de Inglaterra (y del resto de Europa). Los americanos no estaban obligados a desarrollar su propia cultura elevada; podían tomarla prestada del extranjero y concentrarse en las tareas primarias de colonizar y someter un continente[63]. Así, para Tocqueville, los fallos culturales americanos no demostraban nada en contra de la democracia en general. (Hay otros ejemplos importantes de cómo Tocqueville insistió en la situación excepcional americana en las ocasiones en que su ejemplo era desalentador)[64].

Tanto como modelo a seguir y también como modelo de lo que no debe hacerse, los Estados Unidos aportaban testimonios importantes para contraatacar muchos de los argumentos de los que en Europa se resistían a la democracia. Una gran parte de *La democracia* sirvió de alguna forma como un largo ejercicio tranquilizador. En los borradores el propio Tocqueville se declaraba «partidario de la democracia» y afirmaba que «mis

---

[63] *DA* (Nolla), II, vid. el capítulo principal sobre la literatura pp. 58-64.

[64] Otros ejemplos muy conocidos son el federalismo americano; la extrema descentralización que existía en los Estados Unidos, y la capacidad de la república del Nuevo Mundo para subsistir únicamente con un pequeño ejército. Incluso el peligro del individualismo era contraatacado en los Estados Unidos por asociaciones y por la doctrina del interés bien entendido.

tendencias son siempre democráticas»[65]. En su libro, intentó explícitamente transmitir confianza a aquellos que estaban preocupados por la llegada de la democracia, especialmente a sus compatriotas franceses. Dijo en repetidas ocasiones, según iba tratando distintos temas en su trabajo, que la democracia no destruye sino que transforma; que conforma otro carácter; que da a las cosas un sesgo nuevo. La democracia no tiene que socavar necesariamente la cultura ni llevar a una nueva Edad Bárbara, sino que una civilización democrática será, con seguridad, diferente. La democracia multiplicará el número de los que se dedican a las artes y a las ciencias y conducirá al florecimiento cultural –pero a un florecimiento cultural distinto–. La democracia no erradica el honor; conlleva un tipo nuevo de honor. La democracia no destruye a la familia, pero las relaciones familiares se modificarán profundamente (obsérvese la república americana). La democracia no conduce necesariamente a la anarquía; una sociedad democrática, aunque tenga una gran actividad, puede ser ordenada y respetuosa de las leyes (una vez más, obsérvese la república americana). La democracia no estará necesariamente en guerra con la religión; puede ser profundamente moral y religiosa (y otra vez, obsérvese la república americana).

Repetidas veces, enfrentándose a las acusaciones más habituales que se hacían contra la democracia, especialmente aquéllas de sus compatriotas, Tocqueville hacía su defensa y se basaba en gran medida en lo que había aprendido en América. En un sentido, su libro, especialmente la parte de 1840, es un

---

[65] *DA* (Nolla), II, p. 186, nota «m».

catálogo de las críticas más frecuentes contra la democracia y su refutación punto por punto.

Este nuevo examen de ciertos temas de *La democracia* también nos dice mucho, una vez más, sobre la forma de pensar de Tocqueville. Nos recuerda, primero de todo, la estrecha interrelación entre las ideas más importantes de Tocqueville. Si se sigue la trayectoria de un concepto básico, pronto se encontrará que está enlazado con otro. El entramado de su pensamiento es tan intrincado que es casi imposible tirar de un solo hilo sin que afecte a todo el tejido. O, para utilizar otra metáfora, el elegante móvil del pensamiento de Tocqueville está tan delicadamente equilibrado que, al tocar una parte, todo el mecanismo se pone en movimiento[66].

La constante consideración de América como ejemplo a seguir y también como ejemplo de lo que no debe hacerse, sirve asimismo para ilustrar otra característica de su metodología intelectual. Repetidamente vuelve a temas que había examinado anteriormente, dando vueltas y vueltas a sus ideas y considerando sus temas favoritos desde muchos puntos de vista. Esta costumbre mental ayuda a explicar la riqueza y la complejidad (y a veces casi la contradicción) del pensamiento y de los escritos de Tocqueville.

Un importante resultado de su constante vuelta sobre sus pensamientos es que evitaba los absolutos. Como hemos visto, su preferencia fundamental era el punto medio. Temperamen-

---

[66] La metáfora del móvil es idea de Roger Boesche.

talmente, buscaba con ahínco la postura de equilibrio, matizada. En los borradores de *La democracia* de 1840 escribió: «Es necesario encontrar en alguna parte del trabajo, en el prólogo o en el último capítulo, la idea del *punto medio* que está tan denostada en nuestro tiempo. Mostrar que existe una manera firme, clara, voluntaria de ver y captar la verdad entre dos extremos. Concebir y decir que la verdad no existe en un sistema absoluto». Añadió al margen: «No me gusta que se considere el punto medio entre la grandeza y la bajeza, entre el valor y el miedo, entre el vicio y la virtud; sino el punto medio entre dos excesos contrarios»[67].

Nuestro análisis sirve también como poderosa demostración de la consciencia de Tocqueville como pensador y escritor. En los borradores de *La democracia* registró con exactitud el impacto de América sobre sus ideas. Este catálogo pone de manifiesto su consciencia perspicaz y su constante autoanálisis que son otros rasgos de su patrón intelectual.

Este ensayo es también, en parte, una respuesta a aquellos que, como el historiador americano y crítico Garry Wills, rechazan a Tocqueville y le atacan por no haber «captado» América[68]. Le acusan de haber hecho una lectura equivocada de los Estados Unidos y de ofrecer un retrato de América que no se ajusta a la realidad. Yo defiendo, por el contrario que, a lo largo del libro de Tocqueville, se percibe una presencia de América inten-

---

[67] *DA* (Nolla), II, p. 280, nota «e».
[68] Garry Wills, «Did Tocqueville Get America?», *The New York Review of Books*, 51:7 (Abril 29, 2004), 52-56.

sa e ineludible. Creo que Tocqueville comprendió América de una forma casi visceral y es por esa presencia casi tangible de América en sus páginas por lo que pudo retratar las dimensiones sociales, políticas, culturales y económicas de los Estados Unidos de forma tan perspicaz y convincente[69].

Este trabajo asimismo insiste en la importancia del contexto para entender las ideas y los escritos de Tocqueville. Aquí me he centrado en el contexto americano, en la experiencia del Nuevo Mundo. Pero no niego la importancia del entorno francés, inglés u otros europeos. Obviamente, otros especialistas en Tocqueville tienen razón cuando insisten en lo que Tocqueville había aprendido del contexto francés de principios del siglo XIX (y de la década de 1820 en particular), o de la larga serie de grandes pensadores políticos franceses y no franceses, o lo que aprendió de sus viajes a Inglaterra y de su experiencia personal como figura política. A pesar de poner el énfasis en puntos distintos, compartimos la insistencia en colocar a Tocqueville y a sus libros en su contexto, en leerlos dentro de un ambiente determinado de experiencias biográficas e históricas.

Sólo he citado y he desarrollado aquí brevemente cada uno de los temas que he descrito como descubrimientos en el

---

[69] Para más datos sobre la presencia de América en *La democracia* vid. mi ensayo en *Cambridge Companion*; se pueden encontrar dos ejemplos de la intensa percepción de Tocqueville del ambiente Americano en *DA* (Nolla), I, p. 219, y II, p. 316, Apéndice II; estas dos citas se refieren a la frontera y al movimiento hacia el oeste. Otros muchos ejemplos se refieren a la psicología americana o al comportamiento americano; véanse tres ejemplos: *DA* (Nolla), I, pp. 306-307; y II, pp. 75 y 123-124.

Nuevo Mundo que pusieron a prueba las ideas preconcebidas de Tocqueville, que hicieron que su pensamiento se orientase en nuevas direcciones y que hicieron de América un modelo y un espejo. Un desarrollo más concienzudo implicaría un largo recorrido por las lecciones diarias de su viaje y por la creación de su texto paso a paso. Por ello, lo que he hecho aquí es incompleto y puede que no sea satisfactorio[70]. Pero espero que esta ponencia nos haya animado a reconsiderar el impacto del modelo americano en el pensamiento y en la forma de escribir de Tocqueville. Los nueve meses en el Nuevo Mundo sí marcaron la diferencia.

---

[70] Existen otros temas importantes que sorprendieron o fueron nuevos para Tocqueville durante su viaje. El enfoque limitado de esta ponencia no me permite desarrollarlos aquí. En su lugar, los trataré en ensayos sucesivos. Pero un panorama completo incluiría, por ejemplo, la frontera americana (quién la estableció y lo que revela sobre las fases de la civilización); la educación y el papel de las mujeres americanas y de la familia americana en general; y el carácter americano. (En *La democracia*, Tocqueville presentó un retrato psicológico perspicaz y rico en matices del americano y, de forma importante, muchos rasgos se convirtieron en elementos de su retrato más general del hombre democrático; una vez más, América sirvió de modelo.)

TOCQUEVILLE, AMÉRICA Y LA LIBERTAD

Jeremy Jennings[*]

En este artículo desearía someter a consideración brevemente el punto de vista de Tocqueville sobre la naturaleza de la libertad y su relación con sus apreciaciones sobre América. Como introducción, comenzaré señalando lo que Tocqueville entendía por libertad. En *El Antiguo Régimen y la Revolución* es donde Tocqueville ofreció su definición más sucinta de libertad. Libertad, escribió, es «el placer de poder hablar, actuar, respirar sin coacción, bajo el único gobierno de Dios y de sus leyes»[1]. En segundo lugar, no había que confundir la libertad con perseguir el propio interés y tenía que valorarse como fin en sí

---

[*] Profesor de Teoría Política en la School of Social Sciences de la Universidad de Birmingham. Director del departamento de Ciencia Política de la Queen Mary, Universidad de Londres. Autor de *Intellectuals in Twentieth-Century France* (1993), *Intellectuals in Politics, Socialism: Critical Concepts in Political Science* (2003, ed.).

[1] «le plaisir de pouvoir parler, agir, respirer sans contrainte, sous le seul gouvernement de Dieu et des ses lois», Tocqueville, *Oeuvres Complètes* (Gallimard: París: 1952) II, pág. 217.

misma. «Quien busca en la libertad otra cosa que no sea ella misma», escribió, «está hecho para obedecer»[2]. En tercer lugar, la libertad no puede confundirse con «un individualismo estrecho en el que se asfixia cualquier virtud pública», que se describe como «el ansia de enriquecerse por encima de todo, el placer de hacer negocios, la satisfacción del beneficio, la búsqueda del bienestar y de los goces materiales»[3]. A continuación, como él precisó en *De la Democracia en América*, «el afán que sienten los hombres por la libertad y el que sienten por la igualdad son, en efecto, dos cosas distintas»[4].

Las ventajas que implica la igualdad eran evidentes mientras que «los bienes que proporciona la libertad sólo aparecen a largo plazo»[5]. Finalmente, deberíamos entender, como ha puesto de manifiesto Alan Kahan[6], que Tocqueville siempre ha dejado más claras las razones por las que los hombres renunciaban a la libertad que aquellas por las que la perseguían. En 1789, Tocqueville pensaba que los franceses habían deseado una reforma

---

[2] «Qui cherche dans la liberté autre chose qu'elle même est fait pour servir», ibid., pág. 217.

[3] «un individualisme étroit où toute vertu publique est étouffée», «l'envie de s'enrichir à tout prix, le goût des affaires, l'amour de gain, la recherche du bien-être et des jouissances matérielles», ibid., 74.

[4] «le goût que les hommes ont pour la liberté et celui qu'ils ont pour l'égalité sont, en effet, deux choses distinctes», *Oeuvres Complètes* (Gallimard: París: 1961) I (2), pág. 102.

[5] «les biens que la liberté procure ne se montrent pas qu'à la longue», ibid., pág. 103.

[6] Alan Kahan, «Tocqueville's Two Revolutions», *Journal of the History of Ideas* (46) 1985, pág. 592.

antes de desear la libertad. Era en los fisiócratas donde podía encontrarse lo más esencial de la revolución, porque no habían querido destruir sino transformar el poder absoluto para que sirviese a sus propios fines. Por todo ello, Tocqueville entendía que sólo la libertad era capaz de apartar a los hombres de «el culto al dinero y a los pequeños afanes diarios»[7].

Para dar una respuesta a las preguntas sobre la relación entre la visión que tenía Tocqueville de la libertad y sus consideraciones sobre América, dividiré mi respuesta en tres partes: Su opinión sobre América cuando escribió *De la Democracia en América* (1835,1840); su opinión sobre América en la época de la revolución de 1848 y, finalmente, su opinión sobre América en la década final de su vida (en los años cincuenta).

En primer lugar tenemos que admitir la profunda ambivalencia de las opiniones de Tocqueville sobre América. Si América era el futuro y si América nos revelaba las máximas esenciales de una nueva ciencia política, también era América la precursora de una gran revolución democrática que traía consigo la posibilidad de una nueva forma de tiranía: la de la mayoría. Esta tiranía iría más allá del terreno político e incluiría todos los aspectos de la sociedad y de la moral americanas (afectando a aspectos tan distintos como la familia y la religión). Asimismo, debemos admitir que la nostalgia aristocrática por una sociedad perdida también impregna la consideración de América que tiene Tocqueville.

---

[7] «le culte de l'argent et aux petits tracas journaliers», *Oeuvres Complètes* II, op. cit., pág. 75.

Sin embargo, Tocqueville creía ver en América la posibilidad de mitigar los riesgos de esta tiranía de forma que se mantuviese la existencia de la libertad individual, protegiendo así todo lo que resultaba de valor para la vida.

Por lo tanto, podríamos empezar preguntándonos: ¿Qué hizo de Tocqueville un liberal? ¿Cuáles eran sus principales creencias? Creo que pueden resumirse de la siguiente forma: Tocqueville creía en un gobierno representativo y moderado, creía en la libertad de prensa y de asociación, en el derecho a la propiedad, en la igualdad ante la ley y, podría decirse, en la igualdad de oportunidades. Desde este punto de vista, el objetivo principal del gobierno era que los ciudadanos pudieran valerse sin su ayuda. Mi opinión a grandes rasgos es que lo que Tocqueville admiraba de América era precisamente que, más que ningún otro país, América daba expresión institucional y legal a estas creencias.

LA DEMOCRACIA EN AMÉRICA

Según Tocqueville, el principio que guiaba al gobierno americano era el de la soberanía del pueblo que corría el riesgo de producir un gobierno arbitrario y caprichoso. La mayoría, nos dijo Tocqueville, tiene los gustos e instintos de un déspota, pero en América carecía de los instrumentos de la tiranía. En pocas palabras, el acierto de los padres fundadores fue haber organizado las instituciones políticas de forma que protegiesen la libertad. ¿Cómo se consiguió esto?

Aquí necesitaremos resumir y examinar las opiniones de Tocqueville en líneas generales. Primero, la propia Constitución federal. No carecía de debilidades, pero servía para combinar los puntos fuertes que podían encontrarse en los gobiernos tanto de territorios pequeños como grandes. Permitía encontrarse la libertad en países pequeños y concedía al poder ejecutivo la fuerza suficiente para llevar a cabo acciones decisorias cuando fuera necesario. A continuación, Tocqueville quedó impresionado por la naturaleza del poder legislativo en América. En especial, admiraba el sistema bicameral porque proporcionaba equilibrio y un gobierno moderado. Desconocido para las repúblicas de la antigüedad, este principio se consideraría un axioma de la ciencia política del mundo moderno. En tercer lugar, Tocqueville admiraba el sistema americano de administración descentralizada. ¿Por qué? Principalmente porque permitía que la democracia prosperase a nivel local. Aquí, tenemos que llamar la atención sobre el entusiasmo que Tocqueville sentía por el autogobierno local del que fue testigo de primera mano en las poblaciones de Nueva Inglaterra. Las instituciones municipales, creía Tocqueville, constituían la fuerza de las naciones libres. Las reuniones de los ayuntamientos eran a la libertad lo que las escuelas a la educación. El autogobierno local era una escuela de democracia. Se permitía que los individuos practicasen el arte del autogobierno y, a través de él, que trascendiesen la estrechez de sus propios intereses y llegasen a valorar las exigencias del bien común. Lo que sorprendía a Tocqueville era que todos los aspectos de la vida local contribuían a esta democracia local llena de vitalidad.

Existían otras medidas institucionales que Tocqueville admiraba de América. Una era la libertad de prensa y rápidamente percibió que una prensa libre era fundamental para el buen funcionamiento de la democracia. La segunda eran las características del poder judicial porque «los tribunales sirven para corregir las desviaciones de la democracia». Y una más era la profesión legal que, incluso en América, conservaba un espíritu aristocrático y actuaba en contra de cualquier tiranía potencial de la mayoría.

Sin embargo, quiero centrarme en el aspecto de la sociedad americana que Tocqueville creía que actuaba de forma que disminuía el impacto de lo que él denominaba individualismo, o lo que nosotros podríamos definir como puro interés personal y materialismo, dos de los grandes peligros que amenazan a la libertad en tiempos de igualdad: «El individualismo», explicaba Tocqueville, «es un sentimiento meditado y apacible que pone a todos los ciudadanos en disposición de aislarse de la masa de sus semejantes y apartarse con su familia y sus amigos»[8]. Una vez más, la inteligencia de América iba a caer en la cuenta de que las instituciones libres podían combatir el individualismo y la primera de ellas era el principio de asociación. El arte de la asociación fue la ciencia madre de la democracia y lo que llamó la atención de Tocqueville fue que todos los americanos, en todas partes, se reunían para formar asociaciones para defender sus propósitos y objetivos comunes.

Claramente, el arte de la asociación tuvo como origen las prácticas de autogobierno local que Tocqueville había observa-

---

[8] «L'individualisme est un sentiment réflechi et paisible qui dispose chaque citoyen à s'isoler de la masse de ses semblables et à l'écart avec sa famille et ses amis», *Oeuvres Complètes*, I (2), op. cit., pág. 104.

do en los municipios de Nueva Inglaterra. A través de las asociaciones políticas los hombres aprendieron la importancia de ayudarse unos a otros a realizar sus objetivos comunes, incluso los más nimios. Pero los principios de asociación se extendían más allá de los confines de la política a la construcción de iglesias, posadas, fundación de hospitales, escuelas, prisiones, etc. A través de todo esto los americanos adquirieron el sentido de comunidad y el espíritu público, así como el respeto por la ley.

Otros factores de la vida americana funcionaban de forma similar para combatir el individualismo. Uno de ellos era la institución de la familia, la «familia democrática» de América que actuaba como su antepasado aristocrático, lo que suponía una ruptura con el propio interés. El tercer elemento importante de la sociedad que actuaba para disminuir el impacto del individualismo era la religión. La opinión de Tocqueville sobre este asunto merece un desarrollo más extenso pero creía firmemente que la religión convertía en obediencia la libre elección de una moral y de un ser independiente[9]. La religión regula nuestro gusto exclusivo por el bienestar. Si la religión no les da a los americanos el gusto por la libertad, «no hay duda de que les facilita notablemente su puesta en práctica». Otra vez, lo que llamó la atención de Tocqueville fue que en América a los sacerdotes les importaba tanto la rectitud de nuestras acciones en este mundo como el más allá. Estaban menos preocupados por el dogma teológico que por cómo vivía la gente en el aquí y ahora. Como

---

[9] Vid. Agnès Antoine, *L'Impensé de la Démocratie: Tocqueville, la Citoyenneté, et la Religion* (Fayard: París: 2003).

tales, los americanos actuaban inspirados por el trabajo como opuesto al consumo, por una ética y una forma de pensar no del disfrute del presente sino de la contribución que podían realizar al bienestar futuro.

En resumen: el temor de Tocqueville fue que la era de democracia e igualdad desembocase en una política del propio interés, que debilitase a la ciudadanía y que condujera a un nuevo tipo de despotismo. Creía, sin embargo, que las instituciones políticas y sociales de América estaban tan bien estructuradas que fortalecían lo que podemos llamar los hábitos de la libertad.

Para concluir esta parte de la disertación quisiera señalar tres cosas. Primero, Tocqueville atribuía este importante logro a las circunstancias y no solamente a la inteligencia de los que elaboraron la Constitución. América era un vasto continente con infinita riqueza y un país que no sufría la amenaza de enemigos extranjeros. En segundo lugar, se infiere de lo anterior que Tocqueville no creía que las instituciones americanas se pudiesen trasponer fácilmente a Europa. Europa tenía que encontrar sus propias soluciones, pero podía aprender de América. En tercer lugar, Tocqueville estaba menos seguro de los méritos de América en su segundo volumen (publicado en 1840) de lo que lo estaba en el primer volumen publicado en 1835. En especial, Tocqueville señaló una nueva forma de despotismo que las naciones democráticas tenían que temer. Sería un despotismo más suave, menos severo pero más extendido:

«Degradaría a los hombres sin atormentarlos». Sería una servidumbre regulada y pacífica bajo la cual las naciones se verían reducidas a «convertirse en un mero rebaño de animales tímidos y laboriosos, pastoreados por el gobierno»[10]. La causa de esta nueva expansión del poder soberano era el auge de la industria. No sólo tenía que regularse y supervisarse la clase trabajadora más que ninguna otra clase sino que el mismo estado inevitablemente se convirtió en el mayor industrial[11]. Sin embargo, podemos llegar a la conclusión de que Tocqueville creía que América era una democracia segura y digna de admiración.

TOCQUEVILLE Y LA REVOLUCIÓN DE 1848

Con la llegada de la Segunda República Tocqueville se encontró inmerso en discusiones acaloradas acerca de la redacción de la nueva Constitución republicana. Su temor, como el de muchos de sus colegas liberales, era que el movimiento republicano, dirigido por hombres como el socialista Louis Blanc y el anarquista Piere-Joseph Proudhon, consiguiera forjar una Constitución que amenazase los cimientos mismos de la libertad y de la propiedad. Los debates que tuvieron lugar

---

[10] «Il dégraderait les hommes sans les tourmenter... à n'être plus qu'un troupeau d'animaux timides et industrieux, dont le gouvernement est le berger» *Oeuvres Complètes*, I (2), op.cit., págs. 322-9.

[11] Vid. Jean-Louis Benoit y Eric Keslassy (eds), *Alexis de Tocqueville: Textes Economiques* (Pocket: Paris: 2005) y Roger Boesche, 'Why did Tocqueville fear abundance? Or the tension between commerce and citizenship', *History of European Ideas* (9)1988, págs. 25-45.

en la comisión constitucional merecen con creces un análisis detenido[12].

Sin embargo, fue en estos debates y en algunos otros contextos donde Tocqueville utilizó de nuevo el ejemplo americano con la intención de enseñar a sus compatriotas franceses cómo salvaguardar la libertad y evitar caer en el caos. Como he indicado, lo observamos en distintos momentos durante los primeros años de la Segunda República. En 1848, por ejemplo, Tocqueville publicó un prefacio nuevo para la duodécima edición de *De la democracia en América*, en la que escribió: «Las instituciones de América, que sólo eran un asunto curioso para la Francia monárquica, deben ser objeto de estudio para la Francia republicana». Continuaba sugiriendo que: «En muchos casos, las leyes de la República francesa pueden y deben ser diferentes de las que rigen en los Estados Unidos, pero los principios en los que residen las constituciones americanas, esos principios de orden, de ponderación de los poderes, de verdadera libertad, de respeto sincero y profundo a la ley, son indispensables en todas las Repúblicas, deben ser comunes a todas, y se puede predecir que la República que carezca de ellos no tardará en desaparecer»[13]. Con esta idea en mente,

---

[12] Vid. *Oeuvres Complètes* III (3) (Gallimard: Paris: 1990), pp. 55-228. Vid. también Sharon B. Watkins, *Alexis de Tocqueville and the Second Republic, 1848-1852: A Study in Political Practice and Principles* (University Press of America: Lanham: 2003) y Marc Lahmer, *La Constitution Américaine dans le débat français* (L'Harmattan: Paris: 2001), págs. 289-382.

[13] «Les institutions de l'Amérique, qui n'étaient qu'un sujet de curiosité pour la France monarchique, doivent être un sujet d'étude pour la France républicaine. Les lois de la République française peuvent et doivent,

Tocqueville hizo todo lo posible para asegurarse que la Constitución de la Segunda República se pareciese a la de la República Federal americana. Por supuesto, ni él ni sus compañeros liberales lo consiguieron, con consecuencias desastrosas para la libertad individual. Sin embargo, lo que yo quería decir aquí es que Tocqueville intentó utilizar el ejemplo de la república americana para demostrar que república no quería decir necesariamente radicalismo y agitación social.

En 1848 Tocqueville utilizó América como ejemplo de república moderada, y aquí se anticipa a los que más tarde defendieron una *república conservadora*, tan presentes en Francia en la década de 1870. Por ejemplo, esto es lo que Tocqueville le dijo a la gente en Cherburgo:

> «En América, la República no es una dictadura que se ejerce en nombre de la libertad, es la libertad en sí misma, la libertad real, verdadera de todos los ciudadanos; es el gobierno sincero del país por el país, el imperio indiscutible de la mayoría, el reino de la ley. Bajo la protección de las leyes de América, la propiedad está asegurada, el orden se mantiene con firmeza, la industria es libre, los gravámenes públicos reducidos, no se conoce la tiranía ejercida por una persona o por varias, y hace sesenta años

---

en bien des cas, être différentes de celles qui régissent les Etats-Unis, mais les principes sur lesquels les constitutions américaines reposent, ces principes d'ordre, de ponderation des pouvoirs, de liberté vraie, de respect sincère et profond du droit sont indispensables à toutes les Républiques, ils doivent être communs à toutes, et l'on peut dire à l'avance que là où ils ne se recontreront pas, la République aura bientôt cessé d'exister», *Oeuvres Complètes* I (1), op.cit., págs. XLIII-XLV.

que viene ocurriendo así. En estos sesenta años durante los cuales tantos conflictos, tantas guerras y tantas revoluciones han destrozado Europa, la América republicana y democrática no ha vivido ni siquiera una revuelta»[14].

Sin duda, esta última afirmación tiene algo de exagerado pero revela la convicción de Tocqueville de que la república podía compaginarse con el orden, la propiedad y, sobre todo, con la libertad.

TOCQUEVILLE EN LA DÉCADA DE 1850

Me gustaría centrarme brevemente en los últimos años de la vida de Tocqueville por dos razones: en primer lugar, revelan hasta qué extremo llegó Tocqueville a dudar de las virtudes que había visto en América anteriormente pero también, y lo que es más importante, subrayan una tensión que todavía persigue al liberalismo contemporáneo.

---

[14] «En Amérique, la République n'est pas une dictature exercée au nom de la liberté, c'est la liberté même, la liberté réelle, vraie, de tous les citoyens; c'est le gouvernement sincère du pays par le pays, l'empire incontesté de la majorité, le règne du droit. A l'ombre des lois de l'Amérique, la propriété est sure, l'ordre fermement maintenu, l'industrie libre, les charges publiques legères, la tyrannie d'un seul ou de quelques-uns inconnue, et depuis 60 ans, il en est ainsi. Pendant ces 60 années durant lesquelles tant de discordes, de guerres, de révolutions ont déchiré l'Europe, l'Amérique républicaine et démocratique n'a pas même eu une émeute», *Oeuvres Complètes* III (3), op.cit., págs. 44-5.

Los años finales de Tocqueville fueron profundamente tristes. Él mismo vivía en la sombra de la muerte y veía que la libertad había desaparecido en su país. Para entender cómo había ocurrido esto, analizó la Francia del *ancien régime*. «El arte de acallar el ruido de cualquier resistencia», escribió Tocqueville, «estaba mucho menos perfeccionado que hoy en día. Francia no era aún el lugar silente en el que vivimos»[15].

Sin embargo, mantuvo su interés por América como corresponde a alguien que no se sentía avergonzado de describirse a sí mismo como (medio americano). En resumen, Tocqueville llegó a considerar la corrupción de las instituciones americanas (junto con la esclavitud) como una importante amenaza para la democracia americana.

Le preocupaba que surgiera el imperialismo americano. América misma parecía acercarse a un periodo de revolución y de desorden. Y lo que resultaba todavía más alarmante, estaba preocupado por la rapacidad del capitalismo americano y de la nueva generación de capitalistas americanos. Tocqueville percibía que el espíritu del capitalismo americano era tan fuerte que podría acabar por destruir los factores sociales –el espíritu de asociación, la familia, la religión, el sentido de comunidad y de respeto por la ley– que habían servido para ayudar a mantener la libertad en América[16].

---

[15] «L'art d'étouffer le bruit de toutes les resistances était alors biens moins perfectionné qu'aujourd'hui. La France n'était pas encore devenue le lieu sourd où nous vivons», *Oeuvres Complètes* II (1), op.cit., pág. 173.

[16] Vid. Aurelian Craiutu and Jeremy Jennings, «The Third Democracy: Tocqueville's Views of America after 1840», *American Political Science Review* (98) 2004, págs. 391-404.

Así es como Tocqueville resumía su opinión en una carta escrita a uno de sus corresponsales americanos en 1856:

«He deseado con todas mis fuerzas ver una Europa libre y observo que la causa de la verdadera libertad corre más peligro que cuando nací. A mi alrededor veo naciones cuyo espíritu se extingue a medida que su bienestar y su poderío aumentan y que se limitan a ser, como decía Hobbes, niños rebosantes de salud que sólo merecen azotes y sonajeros. Incluso vuestra América, con la que soñaban todos los que no conocían la auténtica libertad, da a mi parecer, en los últimos tiempos, escasas alegrías a sus amigos»[17].

Al hacerlo, escribió Tocqueville a otro corresponsal americano, América angustiaba a todos los amigos de la libertad democrática y hacía las delicias de sus oponentes.

En conclusión, les quiero decir que Tocqueville siempre encontró en América mucho que admirar pero también que, como muchos de los amigos actuales de América, se mostraba profundamente preocupado porque el vínculo de América

---

[17] «J'ai souhaité passionément voir une Europe libre et je m'aperçois que la cause de la vraie liberté est plus compromise qu'elle était à l'époque de ma naissance. Je vois, tout autour de moi, des nations dont l'âme semble s'affaisser à mesure que leur bien-être et leur force s'accroissent et qui demeure, pour prendre le mot de Hobbes, des enfants robustes qui ne méritent que des verges et des hochets. Votre Amérique même vers laquelle se tournait autrefois le rêve de tous ceux qui n'avaient pas la réalité de la liberté, donne, à mon avis, depuis quelque temps bien peu de satisfaction aux amis de celle-ci», Carta a Joseph Lieber, fechada 1 de septiembre, 1856, *Oeuvres Complètes*. VII (Gallimard: Paris: 1986), pág. 179.

con la libertad no fuera tan fuerte y duradero como él hubiese deseado. No obstante, miró hacia América repetidas veces, como seguimos haciendo nosotros con fascinación y esperanza (y algunas veces con frustración) después de más de 150 años.

BEAUMONT Y TOCQUEVILLE

Christine Dunn Henderson[*]

En cualquier investigación sobre Alexis de Tocqueville aparece enseguida el nombre de Gustave de Beaumont (1802-1866), el acompañante de Tocqueville durante el famoso viaje de 1831-1832 a América, su compañero intelectual durante su vida y su albacea literario tras su muerte en 1859. Los intereses compartidos y las convicciones liberales eran la base de una profunda amistad y de un intercambio de ideas prácticamente constante que se prolongó durante casi cuarenta años. Desde la primera vez que se vieron, los dos estuvieron unidos por sus profesiones, en su educación, en sus viajes y en su forma de pensar. En los comienzos de su amistad, Tocqueville predijo acertadamente que él y Beaumont estarían unidos a muchos niveles, y que compartirían «los mismos estudios, los

---

[*] Investigadora y Coordinador de Programas para Europa de Liberty Fund (Indianápolis). Autora de *Seers and Judges* (2000, ed.), *Joseph Addison's «Cato» and Selected Essays*, (2004, ed.).

mismos planes y las mismas posturas»[1]. Su proximidad personal y su parecido intelectual hicieron que a veces propios y extraños los confundiesen. El poeta alemán Heinrich Heine los describía como «esos dos inseparables»[2], y Jean-Jacques Ampère lo dijo de una forma algo más lírica, cuando se refirió a Beaumont como «el otro tú» en un poema dedicado a Tocqueville[3]. El hecho de que ambos utilizasen el pronombre «nuestro» para sus ideas políticas y para sus empresas intelectuales indica la profundidad y la dimensión de su amistad. Sin embargo, dentro de esta similitud, existían algunas diferencias. Tocqueville era tres años mayor, Beaumont era animado y extrovertido mientras que Tocqueville era taciturno. El primero era alegre, mientras que el segundo era melancólico. Las diferencias eran, sobre todo, temperamentales; por lo demás, el dúo formaba dos mitades complementarias de un todo, «complementándose el uno al otro extraordinariamente». Como observó Heine, «Uno, el pensador serio, el otro, el hombre expansivo, se complementan como el aceite y el vinagre»[4].

Los diarios y las notas que tomaron durante su visita a los Estados Unidos –así como la correspondencia que intercambiaron a lo largo de sus vidas– ponen de manifiesto su parecida

---

[1] Seymour Drescher, *Tocqueville and Beaumont on Social Reform* (New York: Harper & Row, 1968), pág. 204.

[2] Heinrich Heine, *Allemands et Français*, citado en Drescher, pág. 201.

[3] Jean-Jacques Ampère, *La Démocratie: à M. de Tocqueville*, citado en Drescher, pág. 201.

[4] Heine, citado en Drescher, pág. 201.

sensibilidad y sus apreciaciones comunes, e indican hasta qué punto los dos jóvenes franceses entablaron un diálogo y un intercambio de ideas continuo. *On the Penitentiary System of the United States,* el proyecto para el que se llevó a cabo oficialmente el viaje de nueve meses a los Estados Unidos, se concibió en principio como una producción conjunta; finalmente, Beaumont escribió el texto principal y Tocqueville le pasó sus notas e hizo aportaciones al texto final. Parece que se proyectó una colaboración similar para *De la Démocratie en Amérique*, en que Tocqueville pensaba analizar las instituciones americanas y Beaumont se centraría en las costumbres anglo-americanas. Sin embargo, en algún momento, abandonaron la idea del proyecto conjunto y decidieron que fuesen dos proyectos independientes. 1835 fue testigo de la publicación de los esfuerzos de ambos; Tocqueville publicó el primer volumen de *Democracy in America,* con una orientación más institucional, y Beaumont *Marie: Or, Slavery in the United States*, subtitulado «Retablo de las costumbres americanas». La *obra* de Tocqueville le atrajo fama inmediata y duradera, mientras que *Marie* alcanzó un éxito más modesto antes de caer rápidamente en el olvido.

Me propongo dirigir mi atención a *Marie*, y quisiera indicar que, como su autor, es «inseparable» de *Democracy in America* de Tocqueville. En efecto, la relación entre los dos libros es parecida a la relación entre los dos franceses. A primera vista, las diferencias entre las dos obras son extremadamente sorprendentes: *Democracy in America* es un tratado, mientras que *Marie* es una novela sentimental; *Democracy in America* analiza una larga serie de temas, mientras que *Marie* se limita explícitamente al tema de la raza y de los prejuicios raciales. Tocqueville elige un estilo y un enfoque más analíticos, mientras Beaumont busca cautivar las emociones del lector en el texto principal y relega los análisis más técnicos a los apéndices. Sin embargo, para ser justos, una observación más detenida desmiente la profundidad de estas diferencias. Obviamente, los trabajos están relacionados por la preocupación de ambos autores por la importancia de la cuestión de «las tres razas» para el futuro de la democracia americana. Como prueba de esta opinión compartida, vemos que Tocqueville dedica el capítulo más largo de *Democracy in America* a este tema. Además, lo mismo que Tocqueville no hace un análisis neutral en *Democracy in America*, *Marie* no es simplemente una novela. Es sólo mitad novela porque Beaumont equilibra la narración dramática con trece apéndices científicos sobre temas tan distintos como las relaciones entre las razas, la religión, la vida familiar y la organización social de los americanos nativos[5].

Aunque la combinación de novela romántica y tratado teórico choca al lector y puede haber sido, en parte, la causa de su caída en el olvido poco después de su éxito inicial, Beaumont se propuso conseguir un equilibrio entre lo ficticio y lo teórico, esperando que el argumento atrajese a los lectores, que acabarían de convencerse con los apéndices informativos[6]. Como explica en

---

[5] Rémi Clignet afirma que los temas que se tratan en los apéndices afectan directa o indirectamente a la acción principal que se desarrolla en la novela. (Rémi Clignet, «The Contributions of Beaumont to Democracy in America: His Analysis of Race Relations and Slavery», *American Studies International*, XXXIX: 2 [Junio, 2001], 35).

el prólogo, «He intentado revestir mi trabajo con un atuendo menos serio para atraer a esa parte del público que busca en un libro ideas para el intelecto y emociones para el corazón»[7].

A pesar de las diferencias en la forma, en el tono y en el estilo, pienso que *Democracy in America* de Tocqueville y *Marie* de Beaumont tienen tanta relación como sus creadores. Sin embargo, no estoy diciendo nada nuevo, ya que los dos autores confirmaron su conexión. Tocqueville, reconociendo el nexo entre los dos trabajos y la importancia de la novela de su amigo, escribe en la introducción de su primer volumen de *Democracy in America*: «Otro autor va a retratar próximamente las características más importantes del pueblo americano y, corriendo un tenue velo sobre la seriedad de su propósito, dará a la verdad un atractivo con el que yo no podría competir»[8]. Beaumont ofrece una referencia cruzada parecida en las pági-

---

[6] Diana Schaub observa que «El destino de *Marie* era el de tantos mestizos –ser rechazada por los dos bandos–». (Diana J. Schaub, «Perspectives on Slavery: Beaumont's *Marie* and Tocqueville's *Democracy in America*», *The Legal Studies Forum*, XII:4 [1998], 609.)

[7] Gustave de Beaumont, *Marie: or, Slavery in the United States*. Traducido por Barbara Chapman (Baltimore: The Johns Hopkins University Press, 1999), 3. El resto de las referencias a la novela en el texto se harán como *Marie*, seguidas por los números de página que corresponden a esta edición.

[8] Alexis de Tocqueville, *Democracy in America*, editado por J.P. Mayer y traducido por George Lawrence (New York: Perennial Library, 1988), pág. 19. El resto de las referencias a *Democracy in America* en el texto se harán como *DA*, seguidas por los números de página que corresponden a esta edición.

Tocqueville ofrece una valoración del objetivo e importancia de la novela de Beaumont en la nota que sigue a ese fragmento. Escribe «El objetivo

nas introductorias de *Marie*: «Al mismo tiempo que se publique mi libro aparecerá otro que arrojará una brillante luz sobre las instituciones democráticas de los Estados Unidos. Me refiero al trabajo del señor Alexis de Tocqueville...» [*Marie*, 4].

Por supuesto, el trabajo de Tocqueville va más allá del análisis institucional, ramificándose en investigaciones sobre las costumbres americanas a través de la exploración de temas tan diversos como el comercio americano, la literatura, la religión o la filosofía. La novela de Beaumont, por el contrario, se centra única y explícitamente en las *moeurs* y, dentro de ese enfoque, predomina un tema: las consecuencias morales de la esclavitud, que se manifiestan especialmente en los prejuicios raciales contra los afroamericanos[9], Beaumont atribuye a este prejuicio el hecho de que se mantenga la separación entre

---

principal del señor Beaumont ha sido llamar la atención visiblemente sobre la situación de los negros en la sociedad angloamericana. Su libro ha arrojado luz nueva y vívida sobre el problema de la esclavitud, una cuestión fundamental para las repúblicas unidas. Puedo estar equivocado, pero creo que el libro del señor Beaumont, tras despertar un vivo interés en los lectores que buscan en él emociones y descripciones, debería tener un éxito más sólido y permanente entre aquellos lectores que buscan, sobre todo, valoraciones verdaderas y verdades profundas». En el capítulo de *Democracy in America* sobre las tres razas americanas, Tocqueville vuelve a referirse al trabajo de Beaumont, dirigiendo al lector interesado a *Marie* y comentando que «Beaumont ha buceado en las profundidades de una cuestión que mi tema apenas me ha permitido tocar... Todos los que quieran conocer los excesos a los que se ven abocados los hombres cuando abandonan la naturaleza y la humanidad deberían leer su libro». (*DA*, 340, note 30).

[9] El hecho de que Beaumont se centre más en los prejuicios raciales que en la esclavitud justifica que el argumento se desarrolle en Baltimore así como que no se describa a los esclavos ni a los amos, ni las

blancos y negros, y observa que ocurre en estados en los que se ha abolido la esclavitud así como en los estados esclavistas. «Esclavos o libres», escribe, «en cualquier lugar los negros forman un pueblo separado de los blancos» [*Marie*, 4]. El hecho de que este prejuicio originado por la institución de la esclavitud se haya mantenido tras la abolición de la esclavitud en el Norte indica la seriedad de este problema en una sociedad fundamentada en la idea de la igualdad. Como escribe Beaumont:

> «Cada día se hace más profundo el abismo que separa las dos razas y que las persigue en cualquier etapa de la vida social y política; domina las relaciones entre los blancos y los hombres de color, corrompiendo las costumbres de los primeros, que se acostumbran a la dominación y a la tiranía, y dirigiendo el destino de los negros a los que condena a la persecución de los blancos; y genera entre ambos un odio tan violento y un resentimiento tan duradero, unos choques tan peligrosos, que no nos equivocamos al decir que influirán en todo el futuro de la sociedad americana. [*Marie*, 5-6]»[10].

---

plantaciones en una obra que frecuentemente se ha considerado una novela sobre la esclavitud.

[10] Beaumont se hace eco de las ideas de Jefferson sobre los efectos perniciosos de la esclavitud tanto sobre amos como sobre esclavos. C.f., Jefferson, *Notes on the State of Virginia*, Query XVIII: «El trato entre el amo y el esclavo es un constante ejercicio de las pasiones más tempestuosas, de incesante despotismo por una parte y de degradante sumisión por la otra» (en Jefferson, *Writings*. Editado por Merrill D. Peterson [Nueva York: The Library of America, 1984], pág. 288).

La idea de Beaumont de que las dimensiones del prejuicio racial excedían los límites de lo legal le relaciona con Tocqueville, y su tratamiento en *Marie* remite a varios temas presentes en Tocqueville –especialmente, a la tiranía de la mayoría; la relación entre las *moeurs* y las leyes, el legado de la esclavitud, y la cuestión de la identidad racial–. Estos temas son continuos interrogantes a las sociedades democráticas, y tienen especial importancia hoy día, porque nos llevan a considerar el estatus de los no iguales entre los considerados iguales así como si es posible una sociedad verdaderamente multicultural.

Sin embargo, antes de seguir adelante, se hace necesario un resumen del argumento. *Marie* narra el trágico romance entre Ludovic, un joven francés, y Marie, una bella americana de antepasados mestizos. Marie es hija de Daniel Nelson, un próspero caballero de Baltimore, y de su ya fallecida esposa, Theresa, nativa de Nueva Orleáns. Nelson está entre los americanos con los que la familia de Ludovic tenía relación anteriormente y a su llegada a los Estados Unidos, Ludovic frecuenta a la familia[11], trabando amistad con George, el hijo, un activista social y político y enamorándose de la hija, Marie, una belleza que se dedica a trabajos de caridad y que parece evitarle. Finalmente, Ludovic se entera del «misterio» de la herencia de los

---

[11] La descripción de los Nelson que hace Beaumont como «una familia americana» invita a la reflexión por el tema racial y porque considera a Marie una joven americana. Su descripción de la interacción familiar merece compararse con el análisis que realiza Tocqueville de la familia democrática en el volumen 2, parte 3 *Democracy in America*.

hijos de Nelson: aunque su madre parecía blanca, su bisabuela había sido negra[12].

Nelson no supo nada de la herencia de Theresa hasta después de su boda, y la revelación acerca de los antepasados de su esposa no disminuyó su amor por ella o por sus hijos; sin embargo, debido a que la mayoría sí tiene prejuicios contra los negros, la difusión de la noticia les costó a los Nelson la mayoría de sus amigos de Nueva Orleáns y parece haber sido una de las causas que contribuyeron al fallecimiento de su mujer, así como la razón de que la familia se mudase a Baltimore, y del nivel relativamente bajo que tenían en aquella ciudad[13].

Su conocimiento de la herencia de Marie no cambia los sentimientos de Ludovic –que son correspondidos por Marie– ni le disuaden de su deseo de casarse con ella. Puesto al corriente de los prejuicios americanos hacia la mezcla de razas y sobre la fuerza de la opinión de la mayoría en todos los aspectos de la sociedad americana, Ludovic acepta la condición de Nelson de que viaje por los Estados Unidos antes de casarse con Marie para observar las actitudes americanas respecto a la raza. Tras el regreso de Ludovic de sus viajes, los jóvenes amantes inten-

---

[12] También lo llama «vergüenza» e «infortunio» [Marie, págs. 52, 53, 57], el mestizaje de Marie y de Nelson se describe como «el gran abismo que los separa» [Marie, 48]; Beaumont asocia verbalmente su herencia racial al dolor, con el destino, la tristeza y la maldición [e.g., Marie, págs. 51, 52, 120, 133].

[13] Nelson distingue al familiar de Ludovic como el único amigo que siguió siendo leal incluso después de la revelación pública de la herencia racial de Theresa Nelson [Marie, pág. 55].

tan casarse en Nueva York pero la ceremonia se interrumpe por unos disturbios raciales[14]. La pareja abandona la civilización y busca la felicidad fuera de la sociedad, alejándose de la reprobación de la mayoría; Marie contrae una enfermedad misteriosa en la soledad de Michigan y muere. Para hacer más trágica la situación, a George también le asesinan cuando participa en una rebelión de nativos americanos contra el gobierno de los Estados Unidos. Entristecido y desilusionado, Ludovic vive una existencia de ermitaño, y elige seguir fuera de la sociedad de la que él y Marie habían huido.

Desde la perspectiva de Beaumont, el prejuicio racial está íntimamente unido a los problemas inherentes a cualquier sociedad democrática y comparte el punto de vista de Tocqueville sobre el alcance y la fuerza del gobierno de la mayoría en América así como su alarma ante los posibles peligros de la tiranía de la mayoría. Los viajes que Nelson obliga a hacer a Ludovic concencian al joven francés de hasta qué punto el poder de la mayoría trasciende lo legal, y le abren los ojos a los prejuicios arraigados contra los negros por todos los Estados Unidos. Durante su viaje, Ludovic –que bien puede considerarse un alter-ego de Beaumont– llega a entender que el «problema de los esclavos» no son tanto las fórmulas legales que permiten la esclavitud como el «prejuicio poderoso e inflexible que se extiende a todas las clases, que domina América, sin que

---

[14] La descripción que hace Beaumont de los disturbios se basa en el motín de la Ciudad de Nueva York de Julio de 1834, que atribuye al «orgullo ofendido de los blancos por las pretensiones de igualdad de la gente de color» [*Marie*, pág. 243]. En el Apéndice L se encuentra el relato completo que hace Beaumont de los disturbios.

haya *ninguna voz* que se levante contra él» [*Marie*, 71, he añadido el énfasis]. Por una parte, la situación parece estar mejorando, porque la esclavitud está desapareciendo gradualmente de América[15], sin embargo, la abolición de la esclavitud como institución sólo resuelve una parte del problema, porque hace poco por mejorar las tensiones raciales, los prejuicios y la discriminación. Tocqueville comparte la valoración que hace Beaumont de esta dificultad, y observa «Veo claramente que en cierta parte del país la barrera legal que separa a las dos razas tiende a caer, no así la de las costumbres. Percibo que la esclavitud retrocede; pero el prejuicio a que ha dado lugar es inamovible»[16].

La situación de los negros emancipados en los estados libres es el ejemplo que mejor pone de manifiesto las características y la dimensión real del problema de América porque, aunque las leyes norteñas conceden la igualdad legal y civil a los negros libres, éstos no pueden disfrutar de dicha igualdad. Su libertad esta vacía: aunque técnicamente son iguales a sus conciudadanos blancos, están «cubiertos por la ignominia que quizá es peor que la esclavitud; toda la gente de color está marcada por el desprecio público, abrumados por los abusos, más

---

[15] Beaumont y Tocqueville parecen estar de acuerdo en que eso se debe tanto al propio interés de los blancos como a la fuerza de cualquier principio moral (*Marie*, pág. 60, *DA* págs. 348-50).

[16] Alexis de Tocqueville, *De la Démocratie en Amérique* (Paris: Éditions Gallimard, 1992), pág. 397, se ha traducido. El texto original es: «...je vois bien que, dans certaine partie du pays, la barrière légale qui sépare les deux races tend à s'abaisser, non celle des moeurs: j'aperçois l'esclavage qui recule; le préjugé qu'il fait naître est immobile».

degradados por la vergüenza que incluso por la pobreza»[17]. La mayoría ya no oprime legalmente a la minoría y, sin embargo, sigue sintiéndose su fuerza porque excluye a esa minoría de ser miembros iguales de la sociedad. Aunque en el Norte no existen barreras jurídicas entre las razas, las convenciones sociales mantienen una separación más rígida que incluso en el Sur. Beaumont, al describir el aislamiento de los negros norteños emancipados, comenta que «como esclavo, no tenía sitio en la sociedad humana; ahora se le cuenta entre los hombres, pero como al último»[18]. Tocqueville también observó esto y ofreció el siguiente relato de la división que los americanos blancos se esforzaban por mantener: «En el norte, el hombre blanco ya no ve claramente la barrera que le separa de la raza degradada, y tiene más cuidado de mantener al negro a distancia porque teme que llegue un día en que no les distingan»[19]. Las notas manuscritas de Tocqueville manifiestan en este momento hasta qué punto compartía con Beaumont la idea del agravio moral, porque condena la situación como una «burla miserable» al principio de igualdad[20].

Las actitudes segregacionistas del Norte se pueden atribuir a una creencia en la inferioridad de los negros firmemente arraigada, que en principio utilizaron los blancos para justificar la esclavitud, pero que continuó durante mucho tiempo des-

---

[17] *Marie*, pág. 71.
[18] *Marie*, pág. 72.
[19] *DA*, pág. 343.
[20] Alexis de Tocqueville, *De la Démocratie en Amérique*, tomo 1. Ed. Eduardo Nolla (Paris: J. Vrin, 1990), pág. 265.

pués de que se hubiera abolido. En un intento de explicar por qué esta creencia se mantuvo tiempo después de la abolición de la esclavitud, Tocqueville encuentra «un prejuicio natural que lleva a los hombres a burlarse del que ha sido inferior mucho después de que se haya convertido en su igual». Parece que la experiencia de la inferioridad legal ha dado lugar al correspondiente sentido moral, o a una «desigualdad imaginaria arraigada en las costumbres»[21]. En *Marie,* Beaumont aporta otro relato de la génesis de este prejuicio. Durante una conversación con Ludovic y George, Nelson ofrece una descripción de las actitudes de los blancos americanos dividida en dos partes, poniendo de manifiesto que «en América se desprecia a la raza negra porque es una raza de esclavos; se la odia porque aspira a la libertad»[22]. La descripción es esclarecedora porque demuestra el poder de las ideas de libertad e igualdad en los corazones democráticos así como la turbadora verdad de que esos ideales no son necesariamente congruentes. La libertad y la igualdad se entienden generalmente como fuerzas positivas que conducen a que existan núcleos cada vez más amplios de pueblos libres que se autogobiernan y, sin embargo, Beaumont dibuja aquí una posibilidad más pesimista: que la fuerza de esos ideales ayude a justificar el mantenimiento de la esclavitud de grandes grupos de seres humanos. El apego de la mayoría a la libertad y a la igualdad *no* conduce inexorablemente a una sociedad más ilustrada en la que los pueblos se liberen de su esclavitud. Al contrario, esos ideales actúan contra su propia difusión y somos testigos de que los que aman la libertad y

---

[21] *DA* pág. 314.
[22] *Marie,* pág. 58.

la igualdad juzguen a los esclavos y parece que los condenen por su situación llegando a la conclusión de que lo que lleva a los negros a la esclavitud o los retiene de romper sus cadenas es, aparentemente, que no aman la libertad lo suficiente. En consecuencia, la fuerza del amor por la igualdad en el corazón americano se convierte en odio hacia una raza supuestamente inferior y en exclusión de esa raza del derecho fundamental a vivir libremente[23]. Como observa Nelson, «Nadie apoya los principios de la igualdad más que nosotros, pero no permitiremos que una raza inferior a la nuestra comparta nuestros derechos»[24]. El apéndice de Beaumont sobre los disturbios de 1834 en Nueva York desarrolla esta conversación entre Nelson, George y Ludovic; allí subraya otra dimensión infame de la fuerza con la que el amor a la libertad se apodera del corazón humano. Beaumont describe en este texto la forma en que el orgullo y la ira refuerzan las opiniones de la mayoría y evitan un nuevo análisis crítico de esos puntos de vista. En un pasaje que recuerda la observación vergonzosa de Tocqueville de que el amor a la libertad ejerce menos fuerza en el corazón humano que el amor a la igualdad, Beaumont describe cómo las exigencias por parte de los negros libres de la igualdad que merecen acaba con la piedad de los blancos por la situación de los negros y hace brotar una feroz hostilidad en su contra. Escribe, «pero, tan pronto como ponen de manifiesto su exigencia de igualdad, se despierta el orgullo

---

[23] Irónicamente, la razón para determinar la inferioridad de una raza parecer ser la vinculación de sus miembros a la causa de la libertad; de esta forma se crea un círculo vicioso.

[24] *Marie*, pág. 58.

de los blancos y la piedad que inspira su desgracia deja paso al odio y al desprecio»[25].

El carácter racial de la esclavitud americana complica el problema aún más porque el color actúa como «constante recordatorio»[26] de la esclavitud, de su degradación y de las creencias en la desigualdad racial que la justifican. Como observa Nelson: «El negro que ya no es esclavo lo ha sido; y si nació libre, todos saben que su padre no lo era»[27]. La base racial aporta un carácter nuevo a la esclavitud moderna y mayor longevidad a su legado. En el mundo antiguo, la distinción entre amo y esclavo se desvanecía una vez que se establecía la igualdad legal entre ellos. Sin embargo, en el contexto del siglo XIX en el que escribían Beaumont y Tocqueville, eliminar las desigualdades legales entre blancos y negros no era suficiente para que existiera una verdadera igualdad. Tocqueville observa que «El recuerdo de la esclavitud deshonra a la raza, y la raza perpetúa el recuerdo de la esclavitud»[28]. La tarea más ardua de los modernos defensores de la libertad y de la igualdad comien-

---

[25] Mientras los negros liberados no alteren la jerarquía que los sitúa por debajo de los blancos, las dos razas viven juntas y en paz. En las líneas anteriores al pasaje citado, Beaumont describe este equilibrio: «Mientras los negros liberados se muestren sumisos y respetuosos de los blancos, mientras se mantengan en una postura de inferioridad, se les garantiza apoyo y protección. El americano ve en ellos a los pobres desgraciados a los que la religión y el humanitarismo le obliga a ayudar» [*Marie*, pág. 243].

[26] *Marie*, pág. 63.
[27] *Marie*, pág. 63.
[28] *DA*, pág. 341.

za en el punto en que acababa la tarea más importante que realizaban los antiguos. Las costumbres y los prejuicios deben cambiar, y, teniendo en cuenta la valoración de Beaumont: «La costumbre es más poderosa que la ley»[29], esta transformación resulta una tarea formidable.

A través del carácter de Daniel Nelson, Beaumont subraya de forma brillante la dificultad de cambiar las costumbres y las creencias democráticas. Aunque Nelson es nativo de Nueva Inglaterra y admite que «la esclavitud infringe las leyes de la moralidad y de Dios»[30] y se mantuvo del lado de su esposa después de saber sus orígenes, su postura se encuentra entre la ilustración y la intolerancia, porque también comparte al menos algunos prejuicios y creencias sureñas en la inferioridad de los negros que justificaban la esclavitud y su pervivencia. Según Nelson, las mentes de los negros «limitadas por naturaleza» hacen que «den poco valor a la libertad». Llega a la conclusión de que esta deficiencia hace que la emancipación se convierta para los negros en un «don fatídico», porque no saben cómo usar su independencia correctamente[31]. Nelson cree que, debido a su incapacidad de mantenerse a sí mismos, la mayoría de los esclavos emancipados valorarían la libertad como una situación menos afortunada que la esclavitud. La creencia de Nelson en la inferioridad mental inherente a los negros se resiste a la razón, y no se deja influir por los intentos de Ludovic de cambiar su forma de pensar utilizando el argu-

---

[29] *Marie*, pág. 214.
[30] *Marie*, pág. 59.
[31] *Marie*, pág. 59.

mento racional de que uno no puede hacer juicios acertados sobre las capacidades naturales de los negros analizando a los esclavos, porque la propia esclavitud les ha privado de la oportunidad de desarrollarse. Ludovic observa que no sólo no podemos saber cómo son por naturaleza, sino que, además, las generaciones de esclavitud que les han precedido han podido hacer que su raza sea *menos* capaz de vivir en libertad de lo que en tiempos lo fue. En un pasaje que merece la pena citar en su totalidad, Ludovic observa:

> «Es natural que el esclavo que, de repente es libre no sepa cómo utilizar o disfrutar su independencia, como un hombre cuyas piernas hubiesen estado atadas desde su infancia, a quien repentinamente se pidiera que anduviese tropezaría a cada paso. La libertad es un arma letal en sus manos, con la que hiere a todos los que están a su alrededor y, frecuentemente, él mismo es su primera víctima. Pero, ¿tenemos que llegar a la conclusión de que debe respetarse la esclavitud una vez se ha establecido? Por supuesto que no. Sólo quiero decir que la generación que recibe la libertad no es la generación que la disfruta: las ventajas de la libertad las recogerán únicamente las generaciones posteriores. [Marie, 59]»[32].

---

[32] En *Democracy in America*, Tocqueville atribuye la distorsión del character del nativo americano a su contacto con los europeos: «En su trato con los indios norteamericanos, la tiranía europea... ha cambiado sus costumbres y ha llevado sus deseos más allá de la razón, haciendo que sean más desordenados y menos civilizados de lo que eran anteriormente. Al mismo tiempo, la situación física y moral de esos pueblos se ha deteriorado constantemente y, al ser más desdichados, se han vuelto también más bárbaros»(*DA*, 318).

Nelson se niega a aceptar los razonamientos lógicos de Ludovic sobre la dificultad de resolver el problema, y subraya que la razón no es suficiente –ni siquiera la razón contenida en la ley– frente a las creencias y a las costumbres[33].

Si la razón no es un obstáculo a los prejuicios de Nelson (o de la mayoría), la emoción y la experiencia son igualmente inútiles. Aunque la experiencia de Nelson como esposo y padre hace que sus creencias sobre la inferioridad racial le causen sufrimiento[34], esta experiencia no es suficiente para cambiar su forma de pensar. En palabras de George, «Primero fuiste americano y luego esposo»[35]. Aquí Beaumont va más lejos del pesimismo de Tocqueville sobre la situación de las tres razas porque, mientras Tocqueville ve que la mezcla de razas es una posibilidad (aunque improbable) de acabar con los prejuicios blancos y con el odio negro, *Marie* indica que Beaumont es menos optimista. Tocqueville escribe: «El mulato es el que sirve de puente entre blancos y negros; en los lugares en que hay muchos mulatos la fusión de las dos razas no es imposible»[36].

---

[33] Aunque Beaumont reconoce la fuerza del cristianismo en los Estados Unidos y entiende la oposición entre la aseveración fundamental del cristianismo de la «igualdad moral de los hombres» y la esclavitud (*Marie*, 201), no es tan cierto que sea optimista sobre el potencial de la religión para modificar los prejuicios raciales. Tanto Daniel como Marie Nelson están muy ligados a la religión y, sin embargo, su religiosidad es un indicador preciso de la afirmación de Beaumont. El cristianismo se ve impotente para transformar estas costumbres en particular.

[34] En respuesta a George, Nelson grita: «¿Crees tú que mi corazón no ha sangrado al juzgar como lo he hecho a la raza con la que tu madre estaba emparentada?» [*Marie*, 61].

[35] *Marie*, pág. 59.

[36] *DA*, pág. 356.

Este comentario es paralelo a lo que Tocqueville escribe sobre los indios mestizos, cuyo parentesco con los blancos los aleja de su condición de *sauvage*[37]. Sin embargo, la idea podría también tener la siguiente justificación: la posibilidad de que el blanco con prejuicios pudiera verse obligado a revisar sus ideas sobre la inferioridad racial cuando se mezclen las razas. En otras palabras, cuando el propio interés entra en conflicto con los prejuicios –por ejemplo, cuando nuestro propio hijo, que es una ampliación de uno mismo, es un mulato– quizá el propio interés venza el prejuicio. Tocqueville mantiene al menos la esperanza remota de que la mezcla racial pudiera llevar a un cambio en las *moeurs* y a un movimiento gradual por el que la creencia en la inferioridad de los negros pudiera irse erosionando. Beaumont parece más pesimista que su amigo porque, a pesar de su idea de que «los matrimonios mixtos son la mejor, si no la única manera de fundir la raza blanca y la negra»[38]. Tanto el argumento general de la novela como el retrato de Daniel Nelson ponen de manifiesto serias dudas sobre la probabilidad de que los matrimonios mixtos puedan servir a corto plazo de avance importante contra los prejuicios de la mayoría democrática[39].

---

[37] Tocqueville escribe sobre los mestizos: «Al compartir la educación de su padre sin renunciar totalmente a las costumbres salvajes de la raza de su madre, los mestizos forman el nexo natural entre la civilización y la barbarie. En los lugares en que se han multiplicado los mestizos, los salvajes han modificado poco a poco su situación social y sus costumbres». [*DA*, 329].

[38] *Marie*, pág. 245.

[39] Aunque los matrimonios mixtos son una forma de erosionar el prejuicio racial, Beaumont los identificaba asimismo como indicadores de que esa erosión ya había ocurrido. Vid. *Marie*, 245.

Las dificultades de la situación racial americana a las que alude el análisis de Beaumont sólo son parte de otros problemas más generales inherentes a todas las sociedades democráticas porque nos recuerdan que una mayoría sin atemperar que ostente el poder no siempre lo ejercerá con benevolencia. Ya sea ante las urnas o en la formación del gusto, parece cierto que la opinión pública gobierna de forma absoluta en los Estados Unidos, sin que exista prácticamente ningún mecanismo que diluya o frustre los deseos de la mayoría. Siguiendo la analogía de Tocqueville, «El pueblo reina en el mundo político americano de la misma forma que Dios gobierna el universo»[40].

Marie es un testimonio de las posibilidades más negativas de una mayoría omnipotente y Beaumont observa que «en los Estados Unidos, bajo el gobierno de la soberanía popular existe una mayoría a cuya acción no hay posibilidad de resistencia, que aplasta, rompe, aniquila cualquier cosa que se opone a su poder y se interpone a sus pasiones»[41]. Más que «modificar la opinión pública» como veía James Madison en *Federalist* 10, la política democrática americana simplemente refleja las opiniones de la mayoría y les da la fuerza de ley. La democracia americana carece de organismos e instituciones intermedias capaces de romper la fuerza de la mayoría. Para bien o para mal, el poder de la mayoría abarca todas las áreas de la vida, y puede ejercer su poder político y moral para excluir sistemáticamente a todos los que no considera dignos de ser miembros de pleno

---

[40] DA, pág. 60. La cita finaliza, «Es la causa y el fin de todas las cosas; todo surge y es absorbido otra vez por ella».

[41] *Marie*, pág. 251.

derecho de la sociedad. Como observó Tocqueville, «... aunque la forma de gobierno es representativa, es claro que las opiniones, prejuicios, intereses e incluso las pasiones del pueblo no encuentran obstáculos duraderos que eviten que se manifiesten en la conducta cotidiana de la sociedad»[42]. Beaumont y Tocqueville comparten su preocupación por la fuerza imparable del poder democrático y el espectro de la tiranía de la mayoría amenaza al menos con la misma fuerza en la obra de Beaumont que en la de Tocqueville. De ahí que la opinión de Beaumont de que todos los americanos blancos participan en la opresión de los negros porque:

> «En una tierra de igualdad, todos los ciudadanos son responsables de las injusticias sociales; cada uno es partícipe de ellas. No existe un solo hombre en América que no sea un bárbaro, un perseguidor inicuo de la raza negra.
>
> En Turquía existe un único tirano que es responsable de la más terrible desolación; en los Estados Unidos, existen, por cada acto de tiranía, diez millones de tiranos»[43].

Beaumont capta las tendencias tiránicas de la mayoría y lo manifiesta claramente en sus discusiones de los prejuicios raciales de los americanos blancos pero su análisis contiene un guiño adicional (y muy postmoderno) porque describe la

---

[42] *DA,* 173. Véase también *Democracy in America,* I.2.1 de forma más general. Es verdad que Tocqueville sugiere que los organismos cuasiaristocráticos como los tribunales y la profesión legal en general, podrían oponerse a los deseos de la mayoría. Beaumont, sin embargo, no hace énfasis en esta protección potencial.

[43] *Marie,* págs. 73-74.

raza como una identidad construida socialmente, definida casi totalmente por la opinión de la mayoría[44]. *Marie* parece haberse inspirado en un acontecimiento que Beaumont presenció en Baltimore y que relata en la introducción de la novela. Describe su confusión por la presencia de una bella mujer blanca con los mulatos entre los espectadores segregados en un teatro. Al preguntar la razón, supo que «la tradición local ha establecido su ascendencia, y todos saben...» su componente racial y, por lo tanto, cómo tratarla. De forma similar, la presencia de una mujer aparentemente mulata entre los blancos se justificaba porque la «tradición local» había establecido su herencia española. Las apariencias, e incluso los hechos, importan poco una vez que la mayoría ha tomado su decisión, y sus opiniones definen las relaciones sociales de forma tan absoluta como sus deseos definen la esfera política.

Igual que la mujer en el teatro de Baltimore, Marie Nelson parece blanca y, sin embargo, su sociedad la define como negra. Marie acepta la definición que la mayoría hace de su identidad racial; en su propia mente, es negra y no un 1/32 negra o de raza mestiza. Su forma de hablar de separación y su vergüenza —«su origen africano la hace sonrojarse» [*Marie*, 61]– también hace referencia a su aceptación de las opiniones de la mayoría sobre la capacidad de los afroamericanos y el lugar de

---

[44] Teniendo en cuenta la amplitud de los poderes externos a la política de la mayoría, la afirmación de Beaumont de que «el hecho es que en América, la propia raza de los esclavos es un problema más serio que el de su esclavitud» [*Marie*, 214] es especialmente esclarecedora en este contexto.

los afroamericanos en la sociedad americana[45]. A pesar del hecho de que ha vivido toda su vida como una mujer blanca libre, su forma de concebirse a sí misma está más cercana a la esclava que describe Tocqueville: «Desde su nacimiento, le han dicho que su raza es inferior al hombre blanco por naturaleza y, casi creyendo esto, se desprecia a sí mismo... Si pudiera, se repudiaría a sí mismo completamente»[46]. La vergüenza que siente Marie por sus orígenes pone de manifiesto también otra dimensión del pesimismo de Beaumont sobre las posibilidades de cambio. La apariencia de mujer blanca que tiene Marie no hace que los otros reconsideren sus opiniones acerca de su raza; por el contrario, el poder de la opinión de la mayoría le asigna una identidad y ella parece incapaz de resistirse a esa imposición de identidad o de redefinirla.

Marie no es el único miembro de la familia Nelson cuya forma de percibir la raza y la identidad está determinada por la mayoría en lugar de estarlo por la experiencia individual. El carácter de George también revela hasta qué punto la identidad racial se construye por la opinión de la mayoría porque, de la misma forma que su hermana, George se ve a sí mismo como un miembro de la raza negra y no como un mulato. George acepta la definición social de raza sólo hasta el punto que entiende que su propio destino está unido al destino de la raza negra. Sin embargo, al contrario que su hermana, George está

---

[45] Sorprendentemente, Marie también dice «que el mismo Dios separó a los blancos de los negros» [*Marie*, 66] y acepta otros elementos del estereotipo blanco sobre los negros. [*Marie*, 61].

[46] *DA*, pág. 319.

orgulloso de su herencia racial y no acepta la afirmación de los blancos de la inferioridad de los negros. En una inspirada refutación de la afirmación de Nelson de que la «limitación natural» de las mentes negras les hace «no aptos» para la libertad, George asevera, «es cierto que de acuerdo con la ley un negro no es un hombre; son enseres, cosas. Sí, pero verás que es una cosa pensante, una cosa que actúa, ¡que puede sostener un puñal!» La ley y la opinión pública pueden quizá oprimir a los negros, pero «algún día se levantarán y te mirarán a los ojos y te matarán... Sólo piensan en una cosa: la venganza»[47]. Para George, «el enconado resentimiento de la esclavitud[48] sólo puede empezar a curarse mediante la sangría catártica de la rebelión de los esclavos. Tanto Tocqueville como Beaumont pensaban que era muy posible la sublevación de los esclavos porque creían que, a pesar de los intentos de deshumanizar a los afroamericanos, ni el odio a la esclavitud ni el amor a la libertad podían llegar a borrarse del corazón humano. La lucha por la libertad parece formar parte de la existencia humana. Para el esclavo, la lucha le sitúa, como sitúa a George, «en una situación de rebelión abierta contra la sociedad y contra las leyes que le han hecho esclavo»[49]. La venganza que ansía George, sin embargo, es tanto una declaración de independencia de la sociedad blanca como un ejemplo de hasta qué punto su identidad sigue dependiendo de ella, porque sólo sabe definirse a sí mismo en oposición a ésta.

---

[47] *Marie*, pág. 60.
[48] *Marie*, pág. 62.
[49] *Marie*, pág. 192.

La rebelión de George fracasa doblemente porque, en el momento crucial, los esclavos que habían planeado unirse a los indios les abandonan y George muere en la sublevación abortada. Su muerte es sólo parte del escenario de dolor con el que concluye la novela: Marie ha fallecido de una misteriosa enfermedad que probablemente es una manifestación de la pena o de la vergüenza; Nelson, arruinado y afligido, se dedica a trabajar como misionero cristiano entre los indios, y Ludovic, desilusionado, rechaza a la sociedad y vive como ermitaño más allá de los límites de la América «civilizada». Si el final de la novela se considera indicativo, Beaumont no ve ninguna posibilidad de mejora de las relaciones raciales dentro de las fronteras americanas, y el americano que describe no deja sitio –ni literal ni figurado– para los que se preguntan o los que se encuentran al margen de las opiniones dominantes sobre la raza.

Beaumont y Tocqueville comprendieron la gravedad de la situación racial que habían observado en suelo americano y llegaron a la conclusión de que suponía una de las amenazas más importantes a la supervivencia de la democracia americana. Sus convicciones liberales y su fe en la igualdad moral de los seres humanos les llevaron a ambos a oponerse a la institución de la esclavitud y a apoyar activamente la causa abolicionista también en Francia. Al reconocer lo nefasto de la esclavitud americana, sin embargo, los dos la entendieron en un contexto más amplio que comprendía los problemas relacionados con la tiranía de la mayoría, la presencia de las desigualdades legales en una sociedad democrática, y las dificultades de cambiar las costumbres que justifican dichas desigualdades. Ambos percibieron, asimismo, la profundidad y la pervivencia de los prejuicios mutuos y del odio –legados de la esclavitud que continúan amenazando a los Estados Unidos. Su análisis de las costumbres americanas y la resistencia al cambio de esas costumbres– incluso apelando a la razón individual o a la razón que se encuentra en la ley –les llevó a los dos a tener serias dudas sobre si la situación podría resolverse pacíficamente en suelo americano–. *Marie* pone de manifiesto elocuentemente el pesimismo de Beaumont. *Democracy in America*, en la que Tocqueville también saca la conclusión de que es poco probable que se llegue a una solución pacífica del problema de las «tres razas» americanas, ofrece una visión igual de pesimista sobre el futuro de América.

El hecho de que América continúe luchando con las relaciones raciales y con el legado de la esclavitud es una evidencia de la fuerza y de la pervivencia de las costumbres, especialmente en los pueblos democráticos. Como observó Tocqueville, «de todos los gobiernos, los que tienen menos poder sobre las costumbres son los gobiernos libres»[50]. Sin embargo, las costumbres pueden cambiar con el tiempo y, aunque la situación de la raza americana sigue siendo imperfecta, ha experimentado una mejora innegable. Cuando volvemos la vista a *Marie* con una perspectiva de casi 175 años, quizá la lección que podamos sacar de la novela de Beaumont *no* es la de la falta de esperanza en el futuro ni la de la impotencia del esfuerzo individual. Por el contrario, la ventaja de la perspectiva actual es que da la vuelta al pesimismo de Beaumont y comunica a esta

---

[50] Este comentario se encuentra en los márgenes de *DA*, I.2.10. Vid. Nolla, tomo 1, 273 (nota a).

novela un cauto optimismo. Con el paso del tiempo, podemos ver más allá de las tragedias individuales de Marie, Ludovic y George y podemos ver lo que ellos no alcanzaban: las costumbres pueden cambiar con el tiempo, y las relaciones entre las razas mejoran poco a poco. En esta mejora gradual encontramos pruebas de que Tocqueville tiene razón en su forma de captar la historia entendida en sentido amplio como la propagación de la situación de igualdad y democracia. Quizá fracasen los esfuerzos individuales, y las historias personales pueden acabar mal pero, desde un punto de vista más amplio, incluso el esfuerzo individual sin éxito puede entenderse de una forma que no resulte trágica.

L'AMÉRICAIN.
TOCQUEVILLE Y LA FELICIDAD EN AMÉRICA

José María Marco[*]

Christopher Newman es el protagonista de la novela *The American*, de Henry James, una de las primeras obras maestras del escritor norteamericano nacionalizado inglés al final de su vida en protesta por la tardanza de su país en intervenir en la Gran Guerra a favor de los aliados. Christopher –como Cristóbal, Cristóbal Colón– Newman –es decir, hombre nuevo, ni más ni menos– es un tipo guapo, más aún, el tipo mismo del norteamericano guapo. Tiene «ese vigor y esa salud que impresionan

---

[*] Profesor de Lengua y Cultura Española en la Universidad Pontificia Comillas, Madrid. «Visiting Researcher» en Georgetown University, Washington D.C. (2004-2005). Autor de *La inteligencia republicana* (1988); *La libertad traicionada. Siete ensayos españoles* (1997); *Azaña. Una biografía* (1998); *Genealogía del liberalismo español (editor)* (1998); y *La segunda revolución americana. Liberales, conservadores y neoconservadores en Estados Unidos* (2007). Miembro del Consejo Asesor del Instituto Cánovas del Castillo de la Fundación FAES.

tanto más en su perfección –escribe James– cuanto quien las posee no hace nada para "mantenerlas"»[1].

Christopher Newman ha pasado su primera juventud trabajando duro para ganar dinero y cuando ha alcanzado su objetivo, que era hacerse con una fortuna gigantesca, de las de tamaño continental norteamericano, ha decidido darse el primer lujo de su vida: dejar sus responsabilidades y viajar por Europa. En París, en la primavera de 1868, consigue ser introducido en uno de los salones más exclusivos de la capital francesa. Es un *hôtel*, uno de los palacetes de la antigua aristocracia francesa que había sobrevivido a la Revolución, a dos repúblicas, dos imperios y varias formas de monarquía, entre ellas la constitucional de Luis Felipe. A aquellos salones, que tanta diversión proporcionaron luego a Proust, sólo tenían acceso los miembros de las más antiguas familias europeas, algunos artistas y a veces –muy pocas– algún político. Pero la magia de la novela lo puede todo y a Christopher Newman se le abren las puertas de uno de ellos. Más aún, logra la mano de quien es a sus ojos –y no tenemos por qué ponerlo en duda– la mujer más bella del mundo. Se llama Claire de Bellegarde, está viuda a sus veinticinco años y como toda su familia, no tiene dinero.

Cabe preguntarse si Newman no es más que uno de esos coleccionistas norteamericanos legendarios, convencido que puede comprar cualquier caso. Bien es verdad que en tal caso

---

[1] Henry James, *L'Américain* (París: Fayard, 1977), p. 2. Cito la novela de James (*The American*), en su edición francesa. La traducción al español es mía.

no se limitaría a coleccionar primitivos italianos o cerámica japonesa. Newman se habría propuesto adquirir la pieza más inalcanzable de todas, la obra maestra, la destilación viva, infinitamente preciosa y sofisticada, de siglos y siglos de civilización. No lo sabremos nunca, pero un último gesto de Newman, el que termina la novela, lleva a sospechar que no es así. El matrimonio, efectivamente, se frustra. La boda de un *self made man* norteamericano y una auténtica heredera del *faubourg* Saint Germain rompía demasiadas convenciones sociales. Claire de Bellegarde entra en un convento y Christopher Newman se queda solo. Pero el destino le había puesto en las manos un secreto que habría destruido para siempre la reputación de la familia que lo ha humillado y le ha hecho saber, por primera vez, lo que es la desdicha. En vez de utilizar el secreto para vengarse, Newman destruye la prueba. No habrá conseguido la felicidad, pero tampoco contribuirá a destrozar todavía más la vida de quien una vez pareció destinada a ser su esposa y compartir la suya.

Christopher Newman es en cierta medida, como cuenta Leon Edel en su biografía de James, un trasunto del autor[2]. Claro que James no tenía dinero cuando escribió la novela. Tuvo que publicarla por entregas para ganarse la vida. Algunos de los lectores de la revista norteamericana donde se fue publicando mostraron su disgusto por el desgraciado final[3]. A diferencia de su protagonista, ni el apellido del escritor ni sus contactos le

---

[2] Leon Edel, *The Life of Henry James*. (Londres: Penguin Books, 1977), I, pp. 466 y ss.

[3] *Ibid.*, p. 468.

abrieron las puertas del *faubourg*. Bien es verdad que aprovechó con genio las escasísimas veces que tuvo ocasión de entrever aquel mundo que le fascinaba.

El caso es que Christopher Newman, que creyó en la felicidad, seguro de que podía conseguir todo lo que quería, se estrelló contra la rigidez de la sociedad francesa. Henry James, por su parte, acabaría viviendo en Londres. Allí la aristocracia, tan antigua y sofisticada como la de Francia, no era un coto cerrado y mantenía las puertas abiertas a las nuevas elites del talento, de la política... y del dinero. Conservaba, y de qué manera, sus propias tradiciones, pero admitía sangre nueva y nuevas formas de vida.

***

Cuando Alexis de Tocqueville llegó a Nueva York el 11 de mayo de 1831, se encontró en una situación exactamente opuesta a la de James y sobre todo a la de Christopher Newman. A sus 26 años, Tocqueville era, como Claire de Bellegarde, vástago de la más antigua aristocracia francesa. Le sobraba orgullo por su estirpe, pero tenía poco dinero. Ahora bien, en cuanto desembarcó en la isla de Manhattan, se le abrieron todas las puertas. Es lógico, se dirá. El muy sofisticado Alexis de Tocqueville y su amigo Gustave de Beaumont, además de representar la gran aristocracia de un país entonces amigo de Estados Unidos, iban a dispuestos a estudiar las instituciones norteamericanas, como si fueran un posible ejemplo para la vieja Europa. A la fascinación y a la afición a las novedades que siempre caracterizó a los norteamericanos se añadía el orgullo nacido de ese patriotismo que Tocqueville detectó de inmediato como una de las características esenciales del carácter de la joven nación.

Ahora bien, aunque la sociedad norteamericana era entonces considerablemente menos sofisticada que la europea, por no hablar de aquella de la que procedían los dos jóvenes franceses, las puertas de los salones de Nueva York, Boston y Philadelphia no se les abrieron sólo por su procedencia y sus intenciones. Se les abrieron también porque los norteamericanos vieron en ellos lo que suelen ver en cualquier novedad: una oportunidad, una posibilidad de ganar algo. En este caso, sin duda alguna, prestigio.

Las cartas y los cuadernos de Tocqueville en los nueve meses que pasó en l'Amérique son inequívocos. La sola llegada al puerto de Newark, después de la travesía dificultada en los últimos días por la falta de previsión del capitán del buque, da muestra de la hospitalidad con que acogieron a los hambrientos viajeros los habitantes del Nuevo Mundo. La alta sociedad neoyorquina les abrió luego todas las puertas. Y no sólo eso, también les reciben los hombres más sabios, los políticos más experimentados, los mejores conocedores de las instituciones de la joven democracia.

Una extraordinaria carta escrita por Tocqueville a orillas del río Hudson, con Tocqueville subido a las ramas de un árbol mientras Beaumont dibuja el panorama, da una idea de lo que debió ser el descubrimiento de un mundo nuevo y al mismo tiempo ordenado, limpio, con un «aire de prosperidad, actividad e industria que regocija la vista»[4]. Las casas de los alrededores no siempre son esplendorosas. Todavía en las riberas del Hudson no había nada comparable a los *châteaux* franceses. Pero están cuidadas con el esmero característico de quien ha levantado su casa con su trabajo y sabe lo que vale cada picaporte, cada bisagra y quiere además que los demás participen de esa muestra de prosperidad.

Llegará luego la aventura romántica por el norte, en el lago Erie, cuando Tocqueville y Beaumont emulen el ejemplo del *vicomte* de Chateaubriand, tío del primero. A tanto llegará la identificación con la gran estrella del romanticismo francés –el mismo que introdujo a su sobrino en el salón más exclusivo de París, el de Mme Récamier–, que Tocqueville pondrá bastante de la retórica de Chateaubriand en su relato de la excursión al lago Oneida que envía a su hermana y que luego Beaumont publicó, una vez revisado por su amigo, con el título de *Cours au lac Oneida*[5]. Es el signo de una cierta felicidad: Tocqueville se permitía jugar al romántico descubridor de una naturaleza virgen, sólo poblada de nativos y animales salvajes.

La aventura de verdad llegó con el viaje por las riberas del lago Erie –los quince días pasados en «la frontera de la civilización europea»– y luego durante el viaje hacia el sur, cuando se encontraron con el río Ohio e incluso con el Mississippi helados

---

[4] Carta a su padre, Sing Sing, 3 de junio de 1831, en Tocqueville, *Lettres choisies. Souvenirs*. (Paris: Gallimard, 2003), p. 175.

[5] George Wilson Pierson, *Tocqueville in America*. (Baltimore: The John Hopkins University Press), 1996, pp. 197 y ss.

y anduvieron bastantes días en carreta, con un frío polar, que ni los más viejos del lugar recordaban[6]. Ahí llegaría la vivencia en directo de la dureza del clima americano, la aventura de verdad, como la estaban viviendo los pioneros, los cazadores, los comerciantes y los políticos –entre ellos el legendario Sam Houston, con el que Tocqueville tuvo la ocasión de hablar– que empezaban a desbrozar la *frontera*, en el sentido norteamericano de la palabra, no muy lejano del que le da el propio Tocqueville. También eso formaba parte del viaje de aprendizaje, de aquel remedo invertido del *Grand Tour* que practicaban los jóvenes aristócratas británicos y que Christopher Newman, en la novela de James, se permite cuando ya ha llegado a la madurez. Tal como Tocqueville lo describe en sus cartas, está claro que él y Beaumont se divirtieron. Se distrajeron del objetivo burocrático-oficial de su viaje, conocieron en directo la dureza de la vida en la frontera, se enfrentaron a la naturaleza americana... y salieron adelante.

Tocqueville, por tanto, conoció en Estados Unidos una forma de felicidad que suele ser el privilegio de los jóvenes. El éxito le acompañó en las selvas y en los salones de la mejor sociedad. Si no tuvo una conversación más larga con el mismísimo presidente Jackson, en Washington, es porque no parece haberlo considerado necesario o porque sus amigos de Boston le habían inculcado sus prejuicios en contra de aquel representante del populismo norteamericano, tan ajeno a tradición aristocrática de la Costa Este.

---

[6] Para el relato de la aventura en las riberas del lago Erie, ver Tocqueville, *Quinze jours au désert*, en http://perso.orange.fr/aetius/amerika/tocqueville.htm#Departdetroit, consultado 8 octubre 2006.

En la primera *Démocratie en Amérique*, escrita poco después del viaje, se nota el rastro de la aventura juvenil que consolidó para siempre la amistad con Gustave de Beaumont, la única persona con la que podría compartir la intimidad de aquellos días espléndidos, y marcaría para siempre la vida intelectual y política de Tocqueville. Gracias a esa aventura Tocqueville comprendió la compatibilidad de la democracia con la libertad, tan difícil de entender en Europa por entonces, cuando la única experiencia democrática que se conocía en el Viejo Mundo –aparte de la de Suiza– había acabado en la orgía totalitaria del Terror.

Después Tocqueville no parece haber sentido nunca nostalgia de Estados Unidos. Por desgracia, está vedado especular acerca de un Tocqueville que hubiera decidido volver a cruzar el Atlántico para quedarse a vivir allí. (En Beaumont, quizá por el tono menos severo de sus escritos, la posibilidad resulta más verosímil.) Alexis de Tocqueville estaba hecho para la vida francesa. Quiso hacer política, comprometerse a favor de sus ideas y le gustaba la vida social de los salones parisinos y de los *châteaux* de la dulce Francia, donde, como dijo él mismo, el único objetivo era «divertirse y divertir a los demás», algo muy distinto de la vida en el áspero continente norteamericano[7].

Pero hay algo más. Está la melancolía de Tocqueville, nada novelesca sin duda, pero muy perceptible. Un estudioso, al

---

[7] Carta a Nassau William Señor, cit. en Luis Díez del Corral, *El pensamiento político de Tocqueville, Obras Completas* (Madrid: Centro de Estudios Políticos y Constitucionales, 1998), III., p. 2939.

compararlo con Montesquieu, habló de la tristeza de nuestro autor[8]. Obviamente, la revolución había hecho su trabajo y el estilo de vida de los salones y los châteaux no era ya el que fue antes del derrocamiento del Antiguo Régimen y el Terror. Ya no habría forma de recuperar aquel estilo de vida. Pero hay algo más. Tocqueville se dio cuenta muy pronto de que la sociedad norteamericana permitía una forma de felicidad desconocida en Europa.

«Este pueblo», dice en la carta ya citada desde Sing Sing, «es uno de los más felices del mundo»[9]. Y en las evocaciones de la primera *Démocratie* se nota la misma percepción. La introducción, con su famosa evocación providencialista, a lo Bossuet, del pavor que le produce la instauración irremediable de la democracia alcanza sin duda un tono tremendo, apocalíptico. Pero quizás a lo que Tocqueville se refiere no es a Estados Unidos, sino a los efectos de la instauración de la democracia en los países europeos.

Obviamente, Estados Unidos no era el país de la *douceur de vivre* que Talleyrand había evocado ante Guizot hablando de los años anteriores a la Revolución. Bien es verdad que tampoco lo era ya la Francia postrevolucionaria, aunque de este lado del Atlántico sobrevivió un arte de vivir al que la sociedad norteamericana resultaba ajena. O tal vez es que no le interese y en

---

[8] En Luis Díez del Corral, *El pensamiento político de Tocqueville, Obras Completas*. (Madrid, Centro de Estudios Políticos y Constitucionales, 1998), III, p. 2907.

[9] Carta a su padre, Sing Sing, 3 de junio de 1831, *ed. cit.*, p. 176.

ese desinterés resida, justamente, algo de esa felicidad que observó Tocqueville.

El asunto no es meramente político. Tocqueville no está hablando de la misma felicidad a la que se refirió el también aristócrata Antoine de Saint-Just cuando argumentó que «la felicidad es una idea nueva en Europa» y recomendó a continuación que los poderes públicos repartieran a los necesitados los bienes confiscados a los enemigos de la Revolución, aplicación estricta de la igualdad rousseaniana y profecía casi perfecta de lo que sería el socialismo[10]. Si los medios propuestos por Saint-Just no hubieran sido tan crueles, incluso se podría haber hablado de previsión del llamado Estado de bienestar.

Tocqueville no podía simpatizar con uno de los personajes más sanguinarios –bien es verdad que de los más brillantes y complejos– de esa misma Revolución que había asesinado a varios miembros de su familia y condenado a su madre, que sufrió la represión en primera línea, a un estado perpetuo de debilidad moral y física. Pero además, nada estaba más lejos de su idea de la felicidad que el despotismo de un Gobierno que se arrogaba el don de la omnisciencia, además del de la justicia.

La idea de felicidad a la que hace referencia Tocqueville es más sencilla, muy parecida a aquella en la que debía estar pen-

---

[10] Antoine de Saint-Just, *Sur le mode d'exécution du décret contre les ennemis de la Révolution*, discurso pronunciado ante la Convención el 3 marzo de 1794, en http://www.royet.org/nea1789-1794/archives/discours/stjust_decret_ennemis_revolution_03_03_94.htm, consultado 6 octubre 2006.

sando Jefferson cuando en la Declaración de Independencia escribió que entre los derechos inalienables de los hombres (de todos los hombres) están «la Vida, la Libertad y la prosecución de la Felicidad». Eran las consecuencias de esa premisa las que Tocqueville había conocido en Estados Unidos y lo que, más allá de la expansión juvenil, le había seducido en la sociedad norteamericana. Mucho más que el espíritu aventurero –del que después Tocqueville dio pocas muestras, como no fuera su romántica cabalgada nocturna en Inglaterra, un poco impostada, para conocer las ruinas del castillo de Kenilworth[11]–, lo que parece haberle seducido de Estados Unidos fue que allí se había instaurado una forma de vida sensata, virtuosa, tranquila. Luego hablaría de ella como de su ideal de libertad, una libertad «moderada, regular, contenida por las creencias, las costumbres y las leyes»[12]. Cuando escribió estas palabras atribuyó esta forma de vida a la sociedad francesa de su juventud. En realidad, se entienden mucho mejor si se piensa en la democracia norteamericana tal como la describe el propio Tocqueville.

Nada menos romántico, a pesar de la naturaleza virgen y de otro aspecto de la vida norteamericana al que Tocqueville fue sumamente sensible, como es su dinamismo, su perpetuo movimiento. Tocqueville, que supo comprender que el terremo-

---

[11] El relato de esta pequeña aventura, inspirada en Walter Scott y sus evocaciones románticas, en la carta a Marie Mottley citada *in extenso* en Jean-Louis Benoît, *Tocqueville. Un destin paradoxal*. (París, Bayard, 2005), pp. 120-121.

[12] *Souvenirs*, cit. en Luis Díez del Corral, *El pensamiento político de Tocqueville, Obras Completas*. (Madrid, Centro de Estudios Políticos y Constitucionales, 1998), III, p. 2972.

to de la Revolución francesa había apuntalado el poder del Estado, no esconde su asombro ante el vertiginoso movimiento de la sociedad norteamericana, movimiento del que él participó en sus viajes. Los norteamericanos están en continuo movimiento, se mudan, viajan, cambian de ocupación sin tregua. Pero Tocqueville también se da cuenta que ese movimiento perpetuo produce una estabilidad que acaba permitiendo una forma de felicidad desconocida en los países de este lado del Atlántico, los que más adelante llamará países aristocráticos, por oposición a los democráticos.

No es que Tocqueville se hiciera ilusiones sobre la posibilidad de que en América hubiera nacido un hombre nuevo, un auténtico *new man*, como el nombre levemente irónico, y un poco sentimental, de la novela de James. No hay ni rastro de utopía en el pensamiento y el carácter de Tocqueville. Tampoco se la hubiera podido permitir, siendo el objeto de su viaje el estudio del sistema penitenciario norteamericano, lo que anulaba *a priori* cualquier ilusión respecto a una mejora ontológica del hombre. Además, Tocqueville no se engaña acerca del coste de la creación de la nueva sociedad, en particular las atrocidades cometidas con los indios. Y se da cuenta inmediatamente del gigantesco problema que plantea la esclavitud.

Pero el caso es que los norteamericanos han sabido crear una sociedad más feliz que las europeas. En buena medida, la primera *Démocratie* es una indagación acerca de las condiciones en las que es posible un grado superior de felicidad para el ser humano, un ensayo sobre la felicidad. El carácter atormentado, abstracto e inquisitivo de la segunda *Démocratie*

—«imaginar e inventar, más que describir», como le dijo Royer-Collard[13]–, corrobora esa percepción. Aquí Tocqueville está hablando más de Europa, y en particular de Francia, que de Estados Unidos. Y aquí, a pesar de la dulzura de la vida francesa y del sofisticado arte de vivir propio de la Francia liberal de la primera mitad del siglo XIX, a pesar de que el propio Tocqueville lleva una vida pública y privada satisfactoria, con sus largas estancias en el *château* familiar, no existe, según el mismo Tocqueville, una posibilidad de felicidad como la que se da en *l'Amérique*.

Lo primero que hay que preguntarse es cuáles son las condiciones de esa felicidad.

La sociedad norteamericana es, en primer lugar, y eso sorprendió a Tocqueville y a Beaumont ya desde sus primeros días en Nueva York, una sociedad que respeta la honradez, la virtud. No porque los norteamericanos sean hombres mejores que los demás. Pero sus costumbres les induce a actuar con una honradez nueva para Tocqueville. Es sabido que a Tocqueville le llamó la atención, muy en particular, la situación de las mujeres. El joven aristócrata, tan vanidoso en el vestir y tan mujeriego que era incapaz de resistir la atracción del *beau sexe*, lo que le causó serios disgustos con su esposa, Marie Mottley, apenas daba crédito a lo que veía[14].

---

[13] Cit. en Luis Díez del Corral, *El pensamiento político de Tocqueville, Obras Completas*, ed. cit., p. 2979.

[14] Sobre Tocqueville y las mujeres, ver Jean-Louis Benoît, *Tocqueville. Un destin paradoxal*, ed. cit., pp. 31-39.

Y es que la honestidad de las mujeres norteamericanas no procedía de la amenaza de verse encerradas en casa o en el convento, como le ocurre a la pobre Claire de Bellegarde en la novela de James. La honestidad de las mujeres norteamericanas se manifestaba en su libertad, en el respeto que las rodeaba, en la conciencia de que el pecado resulta, además de condenable, poco práctico. La herencia puritana de una vida vivida a la vista de la comunidad había dado lugar a una sociedad en la que el adulterio, prácticamente, no existía. Y aunque la prostitución abundaba, la violación estaba considerada una abominación. En cierto sentido, los norteamericanos no se complicaban la vida. Ésta resulta así más sencilla, también más libre. Era un buen ejemplo de libertad «moderada, regular, contenida por las creencias, las costumbres». Las mujeres eran libres para salir a la calle y elegir marido. Tocqueville, que tuvo que enfrentarse a su propia familia para casarse con la burguesa Marie Mottley, conocía bien el problema.

¿Sería exagerado afirmar que otra de las condiciones de esa felicidad que observa Tocqueville en Norteamérica es la religiosidad de la sociedad norteamericana? Fue otro de los aspectos que más sorprendió a Tocqueville de los Estados Unidos. Tal vez aquí está el núcleo de ese melancolía que tantos estudiosos han apuntado en Tocqueville. Díez del Corral habló, con razón, de su inspiración pascaliana, uno de los autores favoritos de Tocqueville, y es esta dimensión lo que le da a las altisonantes palabras de la introducción a la primera *Démocratie* su verdadera dimensión, más allá del tono retórico inspirado en Bossuet, en la línea del *Manifiesto comunista* de Marx (1847) y del llamado *Discurso sobre la dictadura* de Donoso Cortés (1849).

Tocqueville perdió la fe de joven, en torno a los dieciséis años. No la recuperó nunca, pero en Norteamérica se da cuenta de una paradoja: una sociedad aparentemente sin raíces, sin historia, ofrece a los individuos un fundamento vital lo bastante sólido como para permitirles una forma de felicidad que sociedades mucho más antiguas, como son las europeas, no les abren. En rigor, debería ser al revés. Sociedades de larga tradición, como las europeas, deberían proporcionar un suelo mucho más firme a las personas. No ocurre así. ¿Por qué? Cualquier lector de Tocqueville lo sabe: a pesar de su dinamismo y su movilidad, la sociedad norteamericana se le aparece a Tocqueville como una sociedad más apegada a los valores tradicionales que las sociedades europeas. En el núcleo de ese apego está la fe religiosa.

La fe permite a los norteamericanos una confianza en sí mismos de la que los europeos, que viven en sociedades que llevan ya varios siglos esforzándose por disociar la razón de la fe, empiezan a carecer. No es sólo que la religión –Tocqueville se refiere obviamente al cristianismo– imponga, en abstracto, un marco de valores morales que de otro modo difícilmente los individuos aceptarían. Es que la fe está en la base misma de la seguridad, de la confianza que permite a los hombres estar dispuestos a asumir los riesgos y los costes de la libertad.

Se entiende así mejor el carácter atormentado de la reflexión posterior de Tocqueville acerca de la posibilidad de la democracia en Europa. Tocqueville se sabe hijo de su tiempo. Comprende que su propia falta de fe es, con toda probabilidad, el destino de las sociedades europeas. ¿Qué pasará –se está preguntando también en la famosa introducción– cuando se instaure en Europa la democracia sin una religión que fundamente los valores morales y la disposición a asumirlos por parte de los individuos? ¿Se podrá fundar una sociedad libre sin religión? La respuesta de Tocqueville es angustiosa, porque para él la llegada de la democracia es inevitable. Europa está destinada a democratizarse, en cierto modo a «norteamericanizarse», pero sin los elementos que permiten allí una vivencia estable de la libertad. Estados Unidos, que ha sabido preservar la vivencia religiosa y no la ha escindido de la vida pública, es una sociedad capaz de asumir sus propias responsabilidades mientras que Europa, en trance inevitable de democratizarse, se le aparece al borde del cataclismo, ante la perspectiva de una revolución permanente[15].

Es bien sabido que uno de los fenómenos que a Tocqueville más le sorprendieron desde sus primeros momentos en Estados Unidos fue que no encontraba por ningún sitio rastro del gobierno. No es raro viniendo, como venía Tocqueville, de Francia. La sociedad norteamericana parecía gobernarse por su cuenta, sin necesidad de la intervención de un gobierno en apariencia inexistente. Pero la impresión no es de caos y desgobierno. Al contrario, Tocqueville apunta que como el gobier-

---

[15] Sobre la revolución permanente en la que está instalada Francia, ver, además de *L'Ancien Régime et la révolution*, algunas reflexiones de los *Souvenirs*, por ejemplo «1830 me semblait avoir clos cette première période de nos révolutions ou plutôt de notre révolution, car il n'y a qu'une seule, révolution toujours la même à travers des fortunes et des visages divers que nos pères ont vu commencer et que, suivant toute vraisemblance, nous ne verrons pas finir», en *Lettres choisies. Souvenirs*, ed. cit., p. 750.

no parece ausente, los norteamericanos se ocupan más de sus propios asuntos, en particular de ganar dinero –que, como pronto se da cuenta, es el auténtico motor de la vida norteamericana–, que de los asuntos públicos. La ventaja es doble.

En primer lugar, los norteamericanos pueden dedicarse a hacer lo que les gusta y a intentar sacar provecho –ganar fortunas como la de Christopher Newman, por ejemplo– de las oportunidades que se les ofrecen sin que nadie, y menos que nadie el gobierno, interfiera en su vida. Es la condición de la posibilidad de la felicidad, y al mismo tiempo una de las condiciones de la democracia en uno de los sentidos del término, uno de los que más le gusta a Tocqueville, como es la «igualdad de condiciones»[16]. No porque no haya en Estados Unidos diferencias de condición social, sino porque en Estados Unidos el gobierno parece abstenerse de intervenir a favor de determinados grupos o individuos, o de representar intereses de clase que obstaculizarían el acceso a la prosperidad de otros grupos o personas.

Obviamente, y aunque admira profundamente a los Padres Fundadores, Tocqueville no es tan ingenuo como para pensar que la política en Estados Unidos es el resultado de una reflexión de hombres impregnados de sabiduría platónica, dedicados a leer *La república* por los pasillos del Congreso. Más aún,

---

[16] James T. Schleifer, *The Making of Tocqueville's Democracy in America* (1980), en particular la parte VI, «What Tocqueville Meant by Démocratie», en http://oll.libertyfund.org/ToC/0095.php, consultado 6 octubre 2006.

el poco aprecio e incluso la falta de curiosidad que siente hacia el presidente Jackson, durante los días que pasó en Washington D.C., demuestran que conocía una de las líneas de división de la política norteamericana de su tiempo y que había tomado partido por lo que se podría llamar la aristocracia del Este frente a la pujanza populista de la democracia del Oeste. Pero es un hecho que el gobierno tiene menos poder que en los países europeos, entre otras cosas porque en Estados Unidos la gente «prescinde del gobierno»[17]. En realidad, en Estados Unidos no hay Estado como el que Tocqueville conoce en Francia, y él mismo lleva en la sangre, perteneciendo como pertenecía su familia a la *noblesse de toge*, con muchas generaciones al servicio del *État* y un ilustre antecesor capaz de llegar a morir por su señor, el Rey Luis XVI.

La segunda ventaja de esa aparente inexistencia del gobierno –y real inexistencia del Estado– en la vida social es que los norteamericanos, absortos en sus proyectos de vida, a los que dedican una energía que asombró a Tocqueville y a Beaumont, no muestran un gran interés por la vida pública. O más exactamente, muestran un interés de una entidad distinta a la de sus compatriotas franceses, porque Tocqueville pronto se da cuenta de que los norteamericanos forman una sociedad más uniformemente culta, más ilustrada que aquella de la que él procede. Ninguno de sus interlocutores tiene dudas –como los tenían por entonces los liberales europeos– de que la condición primera de la democracia es la difusión de las luces, el acceso

---

[17] Carta a Louis de Kergorlay, Yonkers, 29 junio 1831, en *Lettres choisies. Souvenirs*, ed. cit., p. 201.

al conocimiento. Puede que en Nueva York o en Philadelphia no haya una elite tan sofisticada como en París, pero tampoco hay analfabetos. Cualquier ciudadano norteamericano parece tener claro las competencias que le corresponden a los Estados y al gobierno central. En la más remota cabaña de lo que Tocqueville llama *le désert*, la frontera, hay un periódico.

Como subrayó Pierson, Tocqueville y Beaumont empiezan a entender la auténtica naturaleza de la democracia norteamericana en Albany, cuando asisten a la ceremonia cívica de la Fiesta Nacional del 4 de julio[18]. El joven magistrado no había tenido ocasión de contemplar las ceremonias cívicas revolucionarias, de las que su familia no debía guardar precisamente un buen recuerdo. Luego, cuando se metió en política de diputado y tuvo que hacer campaña electoral, tal vez recordó alguna vez, y lo haría con nostalgia inevitable, el compromiso, la seriedad y el ambiente de religión cívica que le había impresionado en Albany. El gobierno parece ausente de la sociedad norteamericana, por tanto, pero en los norteamericanos sí existe una conciencia de que la democracia requiere una participación activa de los ciudadanos en los asuntos públicos, una voluntad de participación que no existe en Francia y que Tocqueville hace remontar a los orígenes mismos de la democracia norteamericana, el gobierno de los primeros municipios en las colonias de Nueva Inglaterra.

La paradoja es que viviendo mucho más ajenos al gobierno que los franceses –o que los nacionales de muchos países

---

[18] George Wilson Pierson, *Tocqueville in America*, ed. cit., pp. 179-184.

europeos, podemos decir nosotros–, los norteamericanos no viven como ajeno, como asegurado desde el exterior, el lazo social en el que se basa su convivencia. Los norteamericanos tienen la mentalidad de propietarios, los europeos de inquilinos. Cabe discutir para quién es más fácil la felicidad, para quien asume las responsabilidades o para quien sabe que siempre recaerán sobre otro. El aristócrata Tocqueville no parece tener dudas al respecto. La libertad no es ni garantiza la felicidad, pero sí es una de sus condiciones primordiales. De ahí que una sociedad más libre, como es la norteamericana, sea «más feliz», como dijo el propio Tocqueville, que las europeas.

La atmósfera de religión cívica que Tocqueville y Beaumont percibieron en las celebraciones del 4 de julio, también supieron percibirla en otro aspecto de la sociedad norteamericana para el que los dos, jóvenes magistrados ambos, venían bien predispuestos. Es la importancia de la ley en la sociedad norteamericana. La aparente –y en más de un sentido efectiva– ausencia del gobierno crea un vacío que viene a llenar el respecto religioso que los norteamericanos sienten por la ley. Tocqueville es muy sensible a la capacidad de autogobierno de los norteamericanos, a su sentido cívico, pero observa que lo que gobierna la sociedad norteamericana no es, en realidad, la acción del gobierno o de sus representantes, sino el respeto, igualmente sagrado, que los norteamericanos sienten hacia la ley.

No debería ser necesario repetir que en ningún caso Tocqueville piensa que los norteamericanos sean sustancialmente mejores, como individuos, que cualquier otro ser humano. Ni es liberal hasta el punto de creer en el progreso moral del individuo, ni conservador hasta el punto de pensar que la cultura en la que se nace determina el carácter moral del individuo. Pero Tocqueville debió darse cuenta de que en Estados Unidos había encontrado un objeto de estudio, un terreno en el que podría competir con su admirado Montesquieu, con el que se le comparó en cuanto apareció la primera *Démocratie*. Los norteamericanos respetarían o no la ley, como cualquier otro pueblo. Tocqueville y Beaumont mismo se enfrentaban al estudio de cómo castigar o rehabilitar a quienes la habían transgredido. No se iban a hacer demasiadas ilusiones al respecto. La diferencia residía en que los norteamericanos parecían haber interiorizado la ley y guiarse casi instintivamente por ella en su conducta y sus relaciones con los demás. Si la ley es lo que gobierna la sociedad norteamericana, es porque los norteamericanos no consideran la ley una simple coerción ejercida desde el exterior. Este juicio positivo acerca de la interiorización de la ley es uno de los elementos que llevan a pensar que cuando Tocqueville habla del poder «absoluto, detallado, regular, previsor y suave» como el peligro que amenaza a la libertad en las sociedades democráticas, parece estar pensando más en Europa que en Estados Unidos[19].

Este punto ilumina la reflexión que hace Tocqueville acerca de sus propios prejuicios sobre la sociedad norteamericana. Llegó creyendo que era una sociedad joven, recién venida al mundo, y se encontró con la sociedad más madura del mundo porque en ella se podía contemplar el nacimiento del lazo social

---

[19] *Démocratie* II, *ed. cit.*, p. 837.

y las consecuencias de su aplicación. De nuevo nos encontramos ante una paradoja. A los ojos de un europeo escéptico, los norteamericanos son un pueblo ingenuo, que se toma en serio cosas de las que un europeo está de vuelta. Ahora bien, su interiorización de la ley como la forma de gobierno que permite la libertad demuestra que esa ingenuidad es una forma de madurez. El pueblo en Estados Unidos tiene las virtudes de la aristocracia[20]. A los norteamericanos, según se deduce de la lectura de la primera *Démocratie*, no le hace falta que un gobierno les diga lo que tienen que hacer. El pueblo respeta la ley sabiendo que «no tiene más salvaguardia, contra sí mismo, que en sí mismo»[21].

Cuando Tocqueville se pregunte, en la segunda *Démocratie*, si los europeos alcanzarán alguna vez esa clase de madurez, la respuesta tiende a ser negativa. La revolución, en los países aristocráticos de los que Francia es el modelo, reproduce y consolida el Antiguo Régimen, y los condena de paso a una repetición compulsiva de un modelo cíclico de revolución y contrarrevolución. Nada más lejos de la forma estable, sensata y moderada de libertad que Tocqueville encontró en Estados Uni-

---

[20] Garry Willis, en su ensayo «Did Tocqueville "Get" America?» Habla de la clase de felicidad que Tocqueville cree posible en Estados Unidos, calificándola de «aburrida», es decir mediocre, alejada de las virtudes aristocráticas. Creo que es al revés: la única forma en que la libertad es compatible con la igualdad es, para Tocqueville, consiguiendo que la población haga suya las virtudes aristocráticas reservadas hasta ahí a una minoría. El ensayo de G. Willis en *The New York Review of Books*, 29 abril 2004, en particular p. 53.

[21] Carta a Louis de Kergorlay, Yonkers, 29 junio 1831, en *ibid*.

dos y que a él, liberal templado, le hubiera gustado ver instaurada en su país. «Los norteamericanos», dice Tocqueville resumiendo lo que más adelante se llamará *excepcionalismo*, «adoran el cambio, pero desconfían de las revoluciones»[22].

***

Christopher Newman, el protagonista de *The American*, se estrelló contra la rigidez de la sociedad francesa y también se negó a dejarse corromper ejerciendo la venganza. Aunque James no nos cuenta lo ocurrido después, podemos imaginar que un hombre todavía joven encontraría alguna forma de felicidad en otra mujer, aunque no olvidaría tampoco esa quintaesencia de la cultura europea representada por Claire de Bellegarde, de la que se enamoró perdidamente.

Tampoco Tocqueville olvidó el ejemplo de la sociedad norteamericana. Más de una vez debió pensar en las ventajas de la igualdad cuando tuvo que enfrentarse a su familia para casarse con Mary Mottley, la inglesa burguesa que los Tocqueville nunca acabaron de aceptar. No olvidó lo que el viaje por el continente norteamericano tuvo de aventura juvenil, lo mucho que se divirtió en aquellos meses, ni el descubrimiento de una nación que demostraba que una sociedad libre requería, tanto como la igualdad de las condiciones y la disposición a participar y sentir como propios los asuntos comunes, la democratización de virtudes que para él eran de naturaleza aristocrática. Hay en la melancolía, o en la tristeza, de Tocqueville —y en su

---

[22] *Démocratie* II, *ed. cit.*, p. 773.

tratamiento de algunos temas personales, tanto como políticos– un rastro de ese contraste, y tal vez la intuición de que la vida habría sido distinta, más dura, pero también más libre y más amplia, en América.

Es muy probable, además, que cuando Tocqueville prevea los dos grandes riesgos de la democracia –primero, lo que nosotros podemos llamar el totalitarismo manso de un intervencionismo generalizado y, segundo, la inestabilidad perpetua propia de una democracia sin valores–, no esté pensando en Estados Unidos, sino en Europa.

Desde esta perspectiva, Tocqueville, que no pensó nunca en volver a Estados Unidos y menos aún en instalarse allí, sí parece haberse convertido en un auténtico *Américain*.

TOCQUEVILLE Y LA TRADICIÓN LIBERAL

Darío Roldán[*]

Definir el liberalismo, la tradición liberal, o la tradición liberal en Francia en la primera mitad del siglo XIX no es sencillo. El liberalismo de Tocqueville no es una excepción. La dificultad, sin embargo, no estriba en la ausencia de testimonios. «La libertad –afirmó Tocqueville en un conocido texto– es la primera de mis pasiones»[1]. Más enfáticamente, dirigiéndose a los electores de Valognes –circunscripción por la que fue diputado desde 1839– en ocasión de la campaña electoral de 1842, Tocqueville no dejó dudas: «No soy republicano como han

---

[*] Profesor de la Universidad Torcuato Di Tella. Investigador del Consejo Nacional de Investigaciones Científicas y Técnicas (Conicet, Argentina). Autor de *Charles de Rémusat: Certitudes et impasses du libéralisme doctrinaire* (2000) y *Crear la democracia. La revista argentina de ciencias políticas y el debate en torno a la república verdadera* (2006).

[1] Tocqueville, A. de, «Mon instinct, mes opinions», en *Œuvres Complètes*, Tome III, Ecrits et discours politiques (París: Gallimard, 1985), p. 87. En adelante, todas las traducciones de textos citados cuyos títulos no figuren en español son mías.

osado insinuarlo algunos de entre ustedes. Soy liberal y nada más. Lo era desde antes de 1830 y lo soy todavía»[2].

A pesar de ello, la reflexión de Tocqueville ha sido calificada de diversas maneras implicando así una insuficiencia del adjetivo liberal para calificar la naturaleza de su concepción política. Liberal conservador, liberal nostálgico, liberal aristocrático, etcétera, son sólo algunas de las fórmulas empleadas[3]. Es cierto que una tradición política, una cualidad del alma o una pertenencia sociológica no califican del mismo modo la incompletitud liberal de su reflexión. No es menos cierto, sin embargo, que éstos son sólo algunos ejemplos de los muchos que podrían citarse. Más allá de ellos, entonces, ¿qué es lo que instaura un interrogante acerca del carácter liberal de su reflexión? ¿A qué se confronta la convicción liberal de Tocqueville que diluye, precisamente, sus aristas liberales? Antes de agregar otro calificativo, querría explorar esta cuestión desde dos perspectivas: en primer lugar, examinando algunos de los matices que confrontan aquella convicción; en segundo lugar, explorando un conjunto de textos cuya particularidad es la de haber sido pensados como textos de intervención política en la coyuntura muy particular de los años cuarenta, en especial en 1843.

*

La especificidad de la tradición liberal francesa que acoge a Tocqueville delimita un universo de preocupaciones que, a

---

[2] Tocqueville, A. de, «A MM. Les électeurs de l'arrondissement de Valognes», en Tocqueville, A. de, Œuvres Complètes, Tome III, op. cit., p. 61.

[3] Al respecto, cfr., Nolla, Ed., «Introduction de l'éditeur», en Tocqueville, A. de, De la Démocratie en Amérique (París: Vrin, 1990), p. LII.

pesar del genio de Tocqueville para destacarse en ellas, condiciona la constitución de su universo conceptual. Antes de examinar este vínculo, conviene tener presentes dos aspectos: la sensibilidad familiar y la volatilidad de significado de algunos conceptos y situaciones.

El entorno familiar no pertenece a la tradición liberal, más bien al contrario. «Tocqueville pertenece al mundo vencido por la Revolución Francesa, del que extrae, como todos sus contemporáneos, el doble sentimiento de la marcha irreversible de la historia y de la desaparición de un mundo»[4], ha señalado F. Furet en una penetrante caracterización de la situación familiar. Miembro de una antigua familia aristocrática que renovó sus vínculos con el legitimismo durante la Restauración, Tocqueville conservaba el recuerdo de una familia que, desde fines del *Ancien Régime*, se había debatido entre la adhesión a los principios iluministas del siglo XVIII y la defensa de sus privilegios. A pesar de los avatares atravesados por la familia durante la Revolución, su padre no renunció a la vida política: prefecto durante la Restauración, fue luego *pair de France* en la década de 1820 y asimilado al grupo *ultra*. Fue, además, el autor de un célebre libro sobre la cuestión municipal publicado en momentos en que la Asamblea deliberaba sobre el proyecto de descentralización presentado por Martignac. Varios años más tarde, se dedicó a la historia filosófica y a la historia del reino de Luis XVI. Tocqueville no cita los libros de su padre, pero la referencia familiar permite tener un *aperçu* de ese mundo legi-

---

[4] Furet, F., «Naissance d'un paradigma: Tocqueville et le voyage en Amérique», en *Annales*, Mars-Avril 1984, p. 231.

timista favorable a la descentralización y a las «libertades locales». Bonald lo había expuesto en el debate parlamentario sobre la descentralización en 1828. Tocqueville lo inscribiría en un sistema conceptual más moderno e infinitamente más complejo: por un lado, la distinción entre centralización administrativa y centralización gubernamental y, por el otro, la importancia de los aspectos centralizadores del absolutismo como clave explicativa de la historia de Francia, tal como puede observarse en *El Antiguo Régimen y la Revolución*[5]. Congruente con la tradición familiar, Tocqueville mantuvo siempre una relación «afectiva» con la *branche ainée*. Prestar el juramento a Luis Felipe expresó más el reconocimiento del carácter inevitable de la revolución de Julio que la devoción o siquiera simpatía por la *branche cadette*, y es conocido que su instauración intervino en las razones del viaje a Estados Unidos. La sensibilidad familiar lo predisponía desde un principio a oponerse al único régimen que había inspirado y sostenido el partido liberal en Francia.

En el entorno próximo de Tocqueville figuran también algunos legitimistas, como su íntimo amigo L. de Kergorlay, quien abandonó el ejército rechazando el juramento de fidelidad a la nueva monarquía y participó del complot que dirigió la duquesa de Berry en 1832. Tocqueville tomó a su cargo la defensa, siendo ésta una de las raras ocasiones en que actuó como abogado. El episodio sería recordado a fines de los años treinta, cuando sus enemigos políticos le reprocharon haber tenido siempre afinida-

---

[5] Sobre esta cuestión, cfr. Mélonio, F., «Tocqueville, aux origines de la démocratie française, en Furet, F. y Ozouf, M., *The French Revolution and the creation of modern political culture*. (Oxford: Pergamon Press, 1989), Vol. III.

des legitimistas y ser, quizás, un legitimista disfrazado. No obstante ello, en un texto escrito en 1834 para servir de fundamento a la creación de un periódico y en momentos en que Tocqueville estaba abocado a terminar el primer volumen de *La Democracia en América*, puede leerse: «Existe un gran número de hombres en Francia, entonces, que, aún con doctrinas opuestas, observan al gobierno actual de una misma manera: no lo aman ni lo odian, lo soportan y lo consideran como una condición dada del problema social y buscan, por su intermedio resolver las dificultades que aún quedan. Los redactores de esta revista quieren marchar en medio de esos hombres. No sienten ningún prejuicio favorable por el gobierno creado por la Revolución de Julio pero tampoco quieren destruirlo. No se ubican ni contra él ni en él, sino al costado [...]. Si la libre expresión de la voluntad nacional trajera al trono a la rama mayor de los Borbones, *si pudiera tener lugar una restauración que asegurara a la nación los derechos que le son debidos, los redactores de la revista [...] verían este acontecimiento con gran placer*»[6].

El reverso de este vínculo puede verse en la creciente antipatía que Tocqueville siempre manifestó por Luis Felipe, por el orleanismo en general y por su cualidad de régimen *burgués*. Antipatía probablemente social pero, sobre todo, política por un régimen que promovía la desaprensión cívica de los ciudadanos como garantía para el mantenimiento del orden, que toleraba e impulsaba la corrupción como práctica para granjearse voluntades, que, cada vez más, pero en especial luego de 1836, creía

---

[6] Tocqueville, A. de, «Prospecto para una nueva revista», en Tocqueville, A. de, *Œuvres Complètes*, Tome III, op. cit., p. 37. El subrayado es mío.

encontrar su punto de apoyo inclinándose a favor de la prerrogativa real y que conculcaba, bajo la excusa de desórdenes públicos o conspiraciones, algunas de las libertades garantizadas en la *Charte*. La correspondencia de Tocqueville en los años 1830 y 1840 redunda en amargas críticas al régimen de Julio y a su principal inspirador, François Guizot.

Comprender el liberalismo de Tocqueville exige también considerar la eficacia de los términos disponibles para decir un mundo radicalmente distinto del *Ancien Régime*. La dificultad en los términos remite también, por supuesto, al carácter inédito de la dinámica igualitaria de la sociedad democrática que, como se sabe, constituyó una de las obsesiones de Tocqueville. Sensible como pocos a esta dificultad, ya desde la célebre introducción a *La Democracia en América*, Tocqueville urgió a elaborar una «nueva ciencia política para un mundo totalmente nuevo»[7] y el sentido a atribuir a esa frase aún permanece abierto. Esta urgencia derivaba no sólo de las aludidas transformaciones sino también de la confusión y duda general que había seguido a la instauración de la nueva sociedad. «Los hombres religiosos, explicaba, combaten la libertad y los amigos de la libertad atacan las religiones; los espíritus nobles y generosos halagan la esclavitud y las almas bajas y serviles preconizan la independencia; los ciudadanos honestos e ilustrados son enemigos de todos los progresos mientras que los hombres sin patriotismo y sin hábitos se hacen los apóstoles de la civilización y de las luces»[8].

---

[7] Tocqueville, A. de, *De la démocratie en Amérique*. (París: Gallimard, 1986), p. 43.

[8] Tocqueville, A. de, *De la démocratie en Amérique*, op. cit., p. 49-50.

Las variaciones en el uso de la palabra liberal o aun democracia, entre otras, ilustra el mismo fenómeno. A principios del siglo XIX, también el término liberal era utilizado en diferentes formas y su acepción política era muy cercana. Guy Berger ha señalado recientemente que las palabras liberal, liberales y liberalismo en lengua francesa comienzan a instalarse sólo a fines del siglo XVIII y a implantarse verdaderamente a partir de 1815[9]. El término liberal, por su parte, surgió en España en relación con los rebeldes de 1820. En Inglaterra, liberal fue utilizado en un sentido similar al francés pero sólo hacia mediados de siglo adquirió un uso frecuente y más o menos claro cuando liberal pasó a ser sinónimo de un partidario de Gladstone[10]. Schleiffer ha reparado[11] en al menos media docena de empleos distintos de la palabra democracia en la obra de Tocqueville. Esta dificultad no se ceñía, sin embargo, sólo al término democracia. Esta especial dificultad, en fin, es también visible en los célebres capítulos finales de *La Democracia en América* cuando se trata de presentar el tipo de despotismo que acecha a las naciones igualitarias. «Pienso que la especie de opresión que amenaza a los pueblos democráticos no se parecerá a nada de lo que la ha precedido en el mundo; nuestros contemporáneos no podrían encontrar su imagen en sus

---

[9] Al respecto, cfr. Berger, G., «Des premiers usages du mot liberal à l'époque de la Revolution française», en Stoffäes, Ch. (comp) *Psychanalyse de l'antilibéralisme*. (París: Saint-Simon), p. 75-82.

[10] Al respecto, cfr. Collins, I., *Liberalism in nineteenth-century*, University of Liverpool, 1957.

[11] Al respecto, cf., Schleiffer, J., *Cómo nació La democracia en América de Tocqueville*. (México: FCE, 1984), Capítulo XIX. Del mismo modo, consultar las referencias que Schleiffer ofrece en la nota 1, p. 381.

recuerdos. Busco en vano en mí mismo una expresión que reproduzca exactamente la idea que me formo de él y que la recubra; las antiguas palabras despotismo y tiranía no son adecuadas. *La cosa es nueva; es preciso, entonces, intentar definirla porque no la puedo nombrar*»[12].

Las particularidades de la tradición liberal francesa que acoge a Tocqueville pueden distinguirse con claridad comparándola con la inglesa. Inscripta en un universo conceptual homogéneo y coherente consolidado por el consenso institucional que concitó la exitosa y rápida estabilización de la Revolución Gloriosa, el liberalismo inglés enhebra un mismo haz de preocupaciones en autores tan separados en el tiempo como J. Locke y J.S. Mill. El liberalismo francés, en cambio, accede al siglo XIX atravesado por una triple fractura[13]: una ruptura con la idea democrática, puesto que el liberalismo francés debió confrontar con el desafío que imponía comprender el Terror y la sospecha liberticida que se asociaba con la soberanía popular y *a fortiori* con la idea democrática. En segundo lugar, una disociación entre los pensadores del siglo XVIII y el XIX, puesto que la fractura revolucionaria hizo de Montesquieu un antecesor de Constant o Tocqueville pero desplazó su obra del abanico de las cuestiones fundantes que aquejaron a unos y otros, aunque la cuestión del vínculo entre las formas de la sociedad y las instituciones políticas conservara su lozanía. En tercer lugar, una

---

[12] Tocqueville, A., *De la démocratie en Amérique*, op. cit., Vol. II, p. 433. El subrayado es mío.

[13] Sobre esta cuestión, cf. Rosanvallon, P., *Le moment Guizot*, (París: Gallimard, 1985), p. 13-15.

separación entre la dimensión política y económica evidente, al contrastar el fundamento filosófico y la dimensión política de la teoría económica inglesa del siglo XVIII con la ausencia de una preocupación económica típica de los publicistas liberales franceses de la primera mitad del XIX (no importa que se trate de Mme. De Staël, Constant, Daunou, Chateaubriand, Guizot o Rémusat) y con la disociación entre política y economía expuesta por economistas como Say, como parte, precisamente, de su ruptura con la tradición de economistas clásicos, en especial, A. Smith. «Durante mucho tiempo, afirma Say, la ciencia de la política, estrictamente limitada a la investigación de los principios que yacen en la fundación del orden social, fue confundida con la política económica, que despliega la manera en que la riqueza es producida, distribuida y consumida. La riqueza, sin embargo, es esencialmente independiente de la organización política. Bajo cualquier forma de gobierno, un estado, cuyos asuntos estén bien administrados, puede prosperar»[14].

La tradición liberal que arropa a Tocqueville confrontó, además, una coyuntura política específica modelada por el debate

---

[14] Say, J.B., *A treatise on Political economy or the production, distribution and consumption of Wealth*, (Philadelphia: Claxton, Remsen & Haffelfinnger, 1880), p. XV. Se trata de un aspecto esencial debido a la evolución de Tocqueville respecto de esta cuestión y a la ruptura de Tocqueville respecto del pensamiento de Say. Según Drolet, una vez que Tocqueville leyó a Malthus se separó de la influencia que el pensamiento de Say había ejercido sobre él. Esta ruptura intervino también luego de la lectura de Alban Velleneuve-Bargemont en los años 1830, en el momento de la preparación de *La Democracia en América*. Sobre esta cuestión, cf. M. Drolet, «Democracy and political economy: Tocqueville's thoughts on J.-B. Say and T.T. Malthus», en *History of European Ideas*, 29, 2003.

político post-revolucionario y por las condiciones de la Restauración borbónica. El legado de la Revolución fue procesado por ella bajo la forma del desafío de armonizar los derechos civiles con la libertad política en un régimen representativo evitando que el retorno de los Borbones avanzara sobre los logros revolucionarios condensados, un tanto confusamente, en la *Charte* de 1814 y acechada por comprender y develar el enigma de una sociedad irremisiblemente fundada en la igualdad. Las mencionadas rupturas y el debate político de la Restauración estructuraron al liberalismo francés pero no bastaron para conferirle unidad, puesto que dos grandes expresiones coexistieron en esos años, inspiradas por Constant y Guizot.

En apretada síntesis[15], Constant busca resolver el imperativo de compatibilizar la soberanía popular –principio de legitimidad que considera como único legítimo– con la libertad de los Modernos. Producto de una relectura de Rousseau y del examen de una tradición más bien inglesa de libertades individuales, la respuesta ofrecida se declina en un dispositivo institucional fundado en una monarquía constitucional y cuyo secreto es la existencia de un lugar vacío de soberanía, tan ajeno al principio electivo como a la forma republicana, que Constant bautizó el poder neutro. Si Constant recupera la centralidad de la reflexión institucional de Montesquieu así como

---

[15] He abordado esta cuestión en otro lado. Me limito aquí a recordar algunos aspectos que me parecen esenciales para mi argumentación. Al respecto, cf. Roldán, D., «Du libéralisme d'opposition au libéralisme de gouvernement», en Stoffäes, Ch. (comp) *Psychanalyse de l'antilibéralisme*, (París: Saint-Simon, 2006) y Roldán, D., «La tradición liberal en Francia», en *Revista de Occidente*, N° 232, 2000.

el principio de gobierno moderado, se distancia, sin embargo, de la noción de división de poderes que encuentra insatisfactoria para albergar los derechos individuales[16]. Al mismo tiempo, ensaya una articulación entre formas de sociedad e instituciones políticas, puesto que la libertad de los Antiguos es irrevocablemente una forma de la libertad anacrónica, recluida en la Antigüedad por su inadaptación a la sociedad comercial. Guizot, en cambio, busca compatibilizar las condiciones de eficacia del gobierno representativo con las transformaciones sociales –igualitarias– que constituyen el principal legado postrevolucionario. La revisión de las relaciones entre política y sociedad que deduce de ello lo condujo a construir un principio completamente opuesto a la soberanía popular: la soberanía de la razón.

Esta rápida comparación permite reparar una dificultad: si el pensamiento de Constant puede insertarse confortablemente en la tradición liberal –tanto en sus aspectos institucionales como en su reivindicación de las libertades individuales–[17], el carácter liberal de la reflexión doctrinaria en la que Tocqueville se formó no parece incontestable. Este punto ha sido señalado

---

[16] Al respecto, Constant había indicado: «Por más que se dividan los poderes, si la suma total del poder es ilimitada, los poderes divididos sólo necesitan formar una coalición y el despotismo no tiene remedio. Lo que nos importa no es que nuestros der echos no puedan ser violados por un poder en particular, sin la aprobación de otro sino que esta violación sea imposible a todos los poderes», Constant, B., *Principes de Politique*, en Constant, B., De la liberté chez les modernes (París: Pluriel, 1980), p. 274.

[17] Sobre esta cuestión, cf. entre tantos otros Manin, B., «Les deux libéralismes: marché et contre-pouvoirs», en *Intervention* N° 9, mayo-julio 1984.

varias veces. En efecto, P. Rosanvallon[18] ha sugerido que los doctrinarios difieren de las posiciones liberales clásicas por su concepción de la división social, que perciben siempre bajo la amenaza recurrente de la guerra civil, y porque los doctrinarios fueron incapaces de pensar una teoría de la monarquía constitucional. P. Manent[19] advirtió también que la concepción de las relaciones entre el poder y la sociedad que los doctrinarios desarrollan no remite a la separación clásica entre el poder y la sociedad que funda el liberalismo jusnaturalista. A pesar de ello, P. Bénichou[20] ha justamente sugerido que, a principios del siglo XIX, el pensamiento liberal francés se modula sobre dos formas de comprender el carácter limitado del poder, siendo esa característica la esencial al pensar la tradición liberal. Constant expresa la versión que insiste en la inviolabilidad de los derechos intrínsecos de los individuos mientas que Guizot evoca la falibilidad de las autoridades humanas para argumentar la relatividad de los títulos de cualquier poder soberano[21].

Si estas cuestiones contextualizan la reflexión de Tocqueville, paradójicamente también permiten reparar hasta qué punto, por la densidad y profundidad de su visión, sus interrogantes se distancian de ellas. La argumentación de Tocqueville

---

[18] Rosanvallon, P., «Les doctrinaires, sont-ils des libéraux?», en Roldán, D., (ed), *Guizot, les doctrinaires et la presse* (1829-1830), (París: Fondation Val-Richer, 1993).

[19] Manent, P., *Histoire intellectuelle du libéralisme* (París: Hachette, 1987), Chap. IX.

[20] Bénichou, P., *Le Temps des prophètes*. (París: Gallimard), p. 38.

[21] Sobre esta cuestión, me permito remitir al lector a mi «Du libéralisme d'opposition au libéralisme de gouvernement», *op. cit.*

recompone lazos con Montesquieu, en especial en su forma de leer el vínculo entre costumbres y leyes y en la forma en que democratiza la noción de cuerpos intermedios en las más «democráticas» asociaciones, pero su posición siempre será crítica a la noción de gobierno mixto; Constant constituye parte del universo de ideas que frecuentó, pero Tocqueville nunca incorporó como respuesta política para los riesgos despóticos de la igualdad democrática un dispositivo institucional. Tres son las principales rupturas entre Guizot y Tocqueville. La decisión de reemplazar a Inglaterra por Estados Unidos resultó de una revisión de la convicción de Guizot, quien persistía en pensar a partir de la comparación Inglaterra-Francia, lo que revelaba que la cuestión del gobierno representativo no involucraba una duda sobre las formas inéditas de la sociedad igualitaria. A diferencia de Burke, por otra parte, Guizot continuaba pensando en el marco de una cierta unidad de la historia de la civilización europea, que subtendía la pertinencia de la comparación entre Francia e Inglaterra y, hasta cierto punto, la superioridad de la primera. Por otro lado, Tocqueville reemplazó su crítica a la Monarquía de Julio por la oposición a la gestión de Guizot. Además de oponerse a su política internacional (que reúne justamente la disímil consideración acerca de los vínculos con Inglaterra y una concepción del compromiso político y «patriótico», inspirado en el cual Tocqueville acusaba a Guizot de llevar adelante una política internacional endeble, temerosa y de antemano resignada a no contemplar nunca la guerra como una alternativa posible), Tocqueville detestaba la política del *enrichissez-vous par le travail et par l'épargne* con la que el gobierno, pensaba, buscaba combinar el orden y el sosiego, fundado en que la desafección política garantizaría la tranquilidad pública. Ello le acercó a la oposición parlamentaria, en especial a la *gauche dynastique* aunque, como se sabe, Tocqueville no se plegó a la política de banquetes de fines de los años cuarenta, destinada a presionar por un descenso del censo electoral.

Otro aspecto importante del legado doctrinario a la reflexión política de Tocqueville lo constituye el modo en que, desde su asistencia a las clases de Guizot, Tocqueville comprendió la relación entre el «estado social democrático» y la política. F. Furet, F. Mélonio y, más recientemente, M. Richter se han ocupado de la cuestión[22]. En un texto clásico, Furet notó que el plan de *El Antiguo Régimen y la Revolución* traduce una radical modificación no sólo en relación con el texto que en 1836 Tocqueville había escrito a pedido de Mill para ser publicado en la *London and Westminster Review*[23], sino también en relación con *La Democracia en América*. Allí, el cuadro delineado en el capítulo consagrado al «estado social de los angloamericanos» precede al análisis de las instituciones políticas y Tocqueville

---

[22] Al respecto, cfr. Richter, M., «Tocqueville and Guizot on democracy: from a type of society to a political regime», en *History of European Ideas*, 30, 2004; Mélonio, F., «Tocqueville, aux origines de la démocratie française», en Furet, F. y Ozouf, M., *The French Revolution and the creation of modern political culture* (Oxford: Pergamon Press, 1989), Vol. III, p. 595-611 y Furet, F., *Penser la révolution française* (París: Gallimard, 1976). Para una visión polémica respecto del artículo de Richter, cfr. Craiutu, A., «The method of the French doctrinaires», en *History of European Ideas*, 30, 2004. En lo que sigue retomo, en parte, un párrafo tomado de mi «Lecturas de Tocqueville», en Roldán, D. (ed), *Lecturas de Tocqueville*. (Madrid: Siglo XXI, 2006).

[23] Se trata de «Etat social et politique de la France avant et après 1789» en Tocqueville, A. de, *L'Ancien Régime et la Révolution* (París: Flammarion, 1988), p. 84-85. Cf., en este trabajo, nota 28.

observa al final del capítulo que la igualdad termina por penetrar en el mundo político, señalando al mismo tiempo la primacía de lo social respecto de lo político. Veinte años después, sin embargo, ya desde el plan de *El Antiguo Régimen y la Revolución*, se nota una sustancial modificación en la visión de Tocqueville, que Furet atribuye más a la comprensión de la historia política que a una evolución exclusivamente conceptual. La sucesión de diversos regímenes políticos por los que había atravesado la sociedad francesa entre 1840 y 1856 –Monarquía parlamentaria, República e Imperio– sin que hubiera sufrido cambios notables que pudieran explicar esa sucesión ponía en duda la certeza de la relación entre las formas de la sociedad y las formas de la política. De este modo, concluye Furet, la sociedad civil aparece «menos como una causa que como una consecuencia de la sociedad política y moral: y es posiblemente la originalidad intelectual fundamental de *El Antiguo Régimen y la Revolución*, tanto en relación con las obras precedentes de Tocqueville como en relación con la sociología política del siglo XIX en general. El fenómeno central, el aspecto esencial del cambio histórico es, entonces, el crecimiento del poder monárquico y de la centralización gubernamental»[24]. En el mismo sentido, Richter subraya la progresiva transformación que tanto sobre la cuestión del vínculo entre las formas de la sociedad y las instituciones políticas como de la conceptualización de la democracia sufre el pensamiento de Tocqueville. Luego de adherirse a una concepción similar a la de Guizot, fundando la prioridad de lo social para comprender la política,

---

[24] Furet, F., «Tocqueville et le problème de la Révolution française», en Furet, F., *Penser la Révolutin française, op. cit.*, p. 193.

finaliza, después de la experiencia de la Segunda República pero sobre todo durante el Imperio, por reivindicar una definición de la democracia no sólo en términos de igualdad social sino también de libertad política y de participación ciudadana, cuyas primeras elaboraciones pueden observarse, no obstante –como se verá enseguida– en los artículos publicados por Tocqueville en 1843. Por su parte, Mélonio insistió en el progresivo descubrimiento de la importancia que la política centralizadora del absolutismo tuvo en el proceso de creación de la sociedad democrática.

El liberalismo francés, entonces, es ya una compleja y variada tradición en los años veinte. Es, además, una tradición acechada por un desafío ausente en el mundo anglosajón, y del que extrae parte de su singularidad: como ninguna otra, la tradición liberal en Francia hace suya la inquietud obsesiva por comprender la irrupción del principio igualitario. Es cierto que Constant había hecho de la evolución de este principio casi una línea de interpretación de la Historia que escondía las etapas teocrática, esclavista, feudal, nobiliaria e igualitaria, pero su reflexión nunca fue más allá de lo que aparecía como una constatación. Guizot se interesó más vivamente por explorar la cuestión del «enigma» de la igualdad, pero ello nunca adquirió el carácter central que tuvo su crítica a la soberanía popular o las prevenciones que en él despertaba el riesgo de disolución que la igualdad social podía producir y siempre se preocupó por intentar reconstruir jerarquías sociales al interior de una sociedad igualitaria. Comparado con ellos, Tocqueville es el más agudo analista de esta fractura. He aquí una particularidad que merece algo de atención.

Chateaubriand había señalado la profundidad del abismo erguido entre la sociedad nueva y la antigua. En las *Memorias de Ultra-Tumba* dejó una descripción aguda y profunda de esta sensación de extrañamiento respecto de la propia sociedad que embargaba a quienes habían transitado de una a otra: «Los viejos de otros tiempos eran menos infelices y estaban menos aislados que los de hoy: al permanecer sobre la tierra, habían perdido a sus amigos pero poco había cambiado alrededor de ellos; extraños con respecto a la juventud no lo eran en relación con la sociedad. Hoy, un sobreviviente en este mundo no sólo ha visto morir a los hombres, ha visto morir las ideas: principios, hábitos, gustos, placeres, penas, sentimientos, nada se parece a lo que ha conocido. Pertenece a una raza diferente de la especie humana en medio de la cual terminará sus días»[25]. Tocqueville advierte como ninguno la profundidad de esa transformación; mucho más, en todo caso, que aquellos que «contemplan con satisfacción la procesión histórica llegada al fin al estadio del "comercio" y de la "publicidad"»[26]. Por ello, es que las conclusiones políticas apoyadas en la separación de los poderes, la representación de intereses, no bastan para señalar la radical novedad. Si es preciso una nueva ciencia política, es porque la transformación más radical operada remite al orden de la sociedad, a la sociedad igualitaria.

Tocqueville expresa una vertiente de la tradición liberal que reflexiona esencialmente sobre la igualdad, preocupado por la

---

[25] Chateaubriand, *Mémoires d'Outre Tombe*, 1ª. parte, Libro IX, cap. 10.
[26] Manent, P., «Tocqueville philosophe politique», en *Commentaire,* N° 107, 2004, p. 581.

libertad. No es que la cuestión de la libertad le sea ajena; sólo que el primer acicate de su preocupación fue comprender la nueva condición social emergida de la revolución. Probablemente, inspirado en la centralidad de explorar el estado social democrático, Tocqueville priorizó esta cuestión a la de la limitación del poder, a la de las libertades individuales o a la autonomía de lo social. Es cierto, sin embargo, que ésta en parte es una herencia doctrinaria pero no tanto derivada de Guizot sino más precisamente de Rémusat, tal como él mismo lo señalara. «Ya le he confesado, creo, un día –escribió Tocqueville a Ch. de Rémusat– que Ud. fue el hombre en el mundo que más me ha aterrado y que más ha precipitado mi trabajo. Yo presentía que Ud. marchaba sobre mi misma ruta y veía que Ud. avanzaba cada día a la circulación de las ideas-madre sobre las cuales yo quería establecer mi obra»[27].

Esas ideas-madre, precisamente, remiten al análisis que Rémusat, en un conjunto de artículos publicados en 1820 en los *Archives philosohiques, politiques et littéraires* y, sobre todo, en *Le Globe* y la *Revue Française*[28], había ofrecido de las transformaciones que modelaron la sociedad post-revolucionaria. En ellos, Rémusat proponía priorizar el examen de lo social, puesto que la sociedad francesa, decía, «constituye un enigma para Europa». Enigma de origen histórico, está habitado por el abismo instalado entre el pasado y el presente que la revolución

---

[27] Carta en *Oeuvres et correspondance inédites de A. de Tocqueville*, publicadas por G. de Beaumont (París, 1861), T. II, p. 315.

[28] Estos importantes artículos fueron recopilados por el propio Rémusat en Passé et Présent (París, 1847). Han sido reeditados recientemente en Roldán, D., *La pensée politique doctrinaire sous la Restauration. Charles de Rémusat. Textes choisis* (París: L'Harmattan, 2003).

introdujo especialmente en las relaciones sociales. «Si existe un hecho universalmente aceptado, afirma Rémusat, es que la sociedad francesa tanto en su composición como en sus hábitos sólo respira igualdad». «Yo no observo, concluía retomando una célebre frase, más que individuos».

Esta igualdad de condiciones, tal como la llamaría luego Tocqueville, coincide, por supuesto, con desigualdades ligadas al mérito, a la educación y a la fortuna. Lo que caracteriza la igualdad, entonces, no es que se extiende al conjunto de los hechos sociales sino que se realiza en la división de capitales y tierras que, a su vez, desatan un brusco empuje hacia una dinámica social que refuerza la dirección esbozada luego de que la revolución dejara como legado la desaparición de los lugares fijos en la sociedad. La clave de este carácter de la igualdad es la ley de sucesiones que modifica el reparto de las propiedades (temática cuya centralidad en los primeros capítulos *De la Democracia en América* es innecesario recalcar). «Observe, había escrito Rémusat a su madre, qué singular movimiento de ascenso y descenso se establecerá de este modo en el cuerpo social. Puede ver que la sociedad se encuentra constituida en Francia sobre un plan totalmente nuevo que no tiene parangón ni modelo más que en Estados Unidos». Igualdad, ascenso, descenso, el fenómeno que caracteriza la nueva sociedad combina la igualdad con una inimaginable movilidad al interior de la sociedad. La originalidad de la sociedad democrática y post-revolucionaria es, entonces, esta combinación de la igualdad con la vertiginosa movilidad social. Una poderosa metáfora sirve a Rémusat para resumir estos caracteres. Se trata de una «démocratie mouvante» (democracia moviente) que escapa a todos los esfuerzos que se intentan para comprimirla». Democrática, puesto que es igualitaria, y moviente, puesto que es abierta, la sociedad moderna mantiene un lazo particular con la historia. Si la igualdad realiza el curso de la historia, su realización abre paradójicamente un período de movilidad extraordinaria y permanente. La substitución de la Historia por un movimiento constante al interior de la sociedad democrática constituye así uno de los aspectos más remarcables que surge de la profundidad de la modernidad y que, como se observa, constituye un célebre desarrollo al que apelará Tocqueville para describir *La democracia en América*.

Estos breves comentarios bastan para percibir tanto la influencia de Rémusat sobre Tocqueville como la centralidad que la cuestión de la igualdad ya había adquirido al menos en una parte de los publicistas doctrinarios. De este modo, la reflexión sobre la igualdad confiere al pensamiento de Tocqueville un carácter peculiar. Ningún comentarista ha dejado de señalarlo. Tocqueville aportará a la elaboración de esta cuestión un impulso esencial y original. La igualdad define el aspecto primordial a la vez de la formación de la sociedad norteamericana. «Entre los objetos nuevos que durante mi estadía en los Estados Unidos han llamado mi atención, ninguno me ha impactado tanto como la igualdad de condiciones. Descubrí sin esfuerzo la prodigiosa influencia que ejerce este primer hecho sobre la marcha de la sociedad [...]. De este modo, a medida que estudiaba la sociedad norteamericana, veía cada vez más en la igualdad de condiciones el hecho generador del cual descendía cada hecho particular [...]»[29]. Este aspecto pri-

---

[29] Tocqueville, A. de, *De la démocratie en Amérique*, op. cit., Vol. I, p. 37.

mordial y generador, consustancial con la creación de la sociedad norteamericana, cambia de naturaleza al expresarse en Europa puesto que allí adquiere un carácter diferente debido a su progresivo, lento e inevitable desarrollo. «El desarrollo gradual de la igualdad de condiciones es, entonces, un hecho providencial, posee de él los principales caracteres: es universal, es durable, y escapa cada día al poder humano; todos los acontecimientos, así como todos los hombres, sirven a su desarrollo»[30]. Tanto en su versión «natural» como en su ejemplo «histórico», la sociedad moderna se devela a partir del mismo hecho igualitario aunque, como se sabe, las consecuencias que de ello extraerá Tocqueville divergen según el modo de realización de la igualdad.

El ejemplo francés revela una suerte de reverso conflictivo del fenómeno igualitario, puesto que la igualdad constituye un hecho social que puede albergar tanto al despotismo como a la libertad. El último párrafo de *La Democracia en América* lo anuncia sin eufemismos: «La naciones de nuestros días no podrían hacer que en su seno las condiciones no fueran iguales; pero depende de ellas que la igualdad las conduzca a la servidumbre o a la libertad, a la ilustración o a la barbarie, a la prosperidad o a las miserias»[31]. Más allá de su identificación con el origen de la sociedad o de su instauración como el producto de una larga historia, la igualdad es la realización de la justicia puesto que, por naturaleza, los hombres son iguales y su opuesto, la desigualdad entre los hombres o, lo que es lo

---

[30] Tocqueville, A. de, De la démocratie en Amérique, *op. cit.*, Vol. I, p. 41.
[31] Tocqueville, A. de, De la démocratie en Amérique, *op. cit.*, Vol. II, p. 455.

mismo, la sociedad aristocrática, no sólo está irremediablemente condenada por la Historia sino que es, por esencia, injusta. Pero precisamente, Tocqueville nos conduce al abismo de pensar que la realización de un principio justo puede conllevar al despotismo. Así, el bien indiscutible de la justicia puede conducir al mal del despotismo, de la ausencia de libertad. Henos aquí frente a un Tocqueville que contempla azorado e inquieto el hecho de que la realización de un bien pueda encubrir la irrupción de una forma que niega la aspiración a la libertad, lo que confiere al liberalismo de Tocqueville una nota específicamente melancólica e inquieta.

Estrechamente derivada de la igualdad, la cuestión del individualismo constituye otro aspecto esencial en el carácter problemáticamente liberal de la reflexión de Tocqueville. La segunda parte de *La Democracia en América* examina la cuestión del individuo moderno surgido de la quiebra de los lazos interpersonales de la sociedad aristocrática y expresión del amenazante aislamiento de los hombres en una sociedad democrática. Estos célebres capítulos constituyen una meditación cívica acerca de los riesgos políticos de la pasión individual que «incita a los hombres a dejar de pensar en sus pares». El hombre democrático, individualista, que se desinteresa de los asuntos públicos y que concentra sus esfuerzos e intereses en una sociedad restringida, su familia y amigos, es la antesala del despotismo suave que sólo la democracia puede engendrar, inédito como la igualdad. «[...] Veo una muchedumbre innumerable de hombres parecidos e iguales –afirma Tocqueville–, que giran sobre sí mismos sin descanso para procurarse pequeños y vulgares placeres, [...]. Cada uno aislado de los demás, es como ajeno al destino de los otros [...] En cuanto a sus conciudadanos, se encuentra al lado de ellos pero no los ve; los toca pero no los siente; no existe más que en sí mismo y para sí mismo y, si aún le queda una familia, puede decirse al menos que ya no posee patria»[32]. El individualismo opone el burgués al ciudadano convenciéndolo de que su independencia puede prescindir de las libertades públicas; despojándolo de virtud cívica, prisionero de la libertad de los Modernos. Lamberti ha precisado las tres formas que adquiere en Tocqueville la ilusión de la autosuficiencia individual, así como los correctivos que para ellas discierne: la defensa de los intereses personales puede prescindir del interés por los asuntos públicos; la tendencia a privilegiar la autonomía del orden económico frente a los intereses cívicos, y la suficiencia del espíritu individualista. Pero como esta ilusión sólo es posible «en la vida civil» –«En política, [afirma Tocqueville] esto es inimaginable»[33]–, el interés por los asuntos locales, la vida de las asociaciones, el interés bien entendido y el espíritu religioso constituyen un correctivo eficiente, eficaz en la experiencia norteamericana. Pero aún en esta experiencia, el desarrollo del individualismo posee un cariz insuficiente y desafiante. En efecto, allí donde la sociedad democrática es la más democrática, allí donde ha llegado a su mayor expresión, ella es la antesala de la desaparición de todo vínculo social. «Es en el Oeste que puede observarse la democracia llegada a su último límite. En esos Estados, [...] los habitantes acaban de llegar al suelo que ocupan. No se conocen y cada uno igno-

---

[32] Tocqueville, A., *De la démocratie en Amérique, op. cit.*, Vol. II, p. 434.
[33] Tocqueville, A., *De la démocratie en Amérique, op. cit.*, Vol. II, p. 122.

ra la historia de su vecino más próximo. Se hace imprescindible el reconocimiento de una esfera común que no puede resultar exclusivamente del desarrollo de la radical autonomía de los individuos».

Pierre Manent ha señalado, también, hasta qué punto Tocqueville revisa otro de los grandes supuestos de la tradición liberal. La distinción entre la naturaleza democrática –la igualdad– y el arte de la democracia –las instituciones políticas libres– con la que Tocqueville analiza el fenómeno democrático refleja un lenguaje conocido que funda la tradición liberal: un estado de naturaleza en el que hombres libres e iguales, acechados por insuficiencias radicales –el miedo, según Hobbes, o la ausencia de justicia, según Locke– constituyen el Estado para resolverlo. Esta distinción característica se aferra entonces en un momento natural de igualdad, el estado de naturaleza, y en un momento artificial, el de las instituciones. De este modo, el estado de naturaleza suministra las condiciones de la construcción política destinadas a ser superadas por la soberanía resultante del contrato. Ahora bien, en la medida en que la soberanía popular exige hombres autónomos de una sociedad que persiste en crear desigualdades o influencias, el primer momento de la democracia no puede ser sino aquél en que se crean las condiciones de la igualdad, es decir, las «condiciones de su propia creación»[34]. De este modo, «lo que el liberalismo consideraba como la "hipótesis" [...] o el presupuesto del orden político legítimo, debe ser buscado, creado o construido.

---

[34] Manent, P., *Histoire intellectuelle du libéralisme* (París: Pluriel-Hachette, 1987), p. 241.

El estado de naturaleza no es el comienzo de la historia política del hombre sino su término o, al menos, su horizonte»[35].

LOS TEXTOS DE INTERVENCIÓN POLÍTICA

Entre los días 1 y 13 de enero de 1843, Tocqueville publica en el periódico *Le Siècle* un conjunto de artículos de intervención política. Estos artículos se inscriben en la lógica de las exigencias políticas que le impone la tarea de representante –recordemos que Tocqueville es diputado desde 1839– y que tanto difieren de las más solitarias y apacibles tareas de escritor en las que había insumido el último quinquenio de los años treinta redactando su célebre libro. Fuertemente tributarios de la coyuntura política, estos textos revelan una decisión personal y otra política. En la correspondencia con Beaumont, Tocqueville anuncia tanto la decisión de consagrarse a ocupar un rol más importante en la política y la de servirse, para ello, de la prensa. Expone, en confianza, las dificultades que avizora, tanto políticas como personales. «Estoy tan completamente decidido como Ud. a actuar tanto como me sea posible durante la próxima sesión. [...] Sé mejor que nadie lo que me falta para un rol de esta naturaleza, comenzando por la confianza en mí mismo. Pero además, ¿qué puede hacerse que sea significativo sobre este mar muerto de la política? Lo que hace los grandes roles en los asuntos políticos, son las grandes pasio-

---

[35] Manent, P., *Histoire intellectuelle du libéralisme*, op. cit., p. 241.

nes públicas»[36]. Apenas unos días más tarde, anuncia a Beaumont que ha decidido «emprender la redacción de uno o dos artículos para *Le Siècle*». Como se verá, la cuestión de la ausencia de las grandes pasiones públicas es un tema esencial para Tocqueville en los años '40.

Estos textos no interesan porque la acción sea más clara que la palabra o porque en ellos radique una expresión más «verdadera» del pensamiento de Tocqueville. Al contrario, ellos complementan los análisis y comentarios de sus libros aunque orientados e inspirados en condiciones distintas. Tocqueville no escribe como consejero del Príncipe ni como intelectual en el poder. Es un publicista que se ha consagrado a la vida política y que afronta un conjunto específico de desafíos políticos. En primer lugar, y a pesar de haberse incorporado a la Asamblea ya algunos años atrás, aún tiene pendiente la decisión del lugar a ocupar en la Asamblea en el marco de los diferentes grupos políticos –derecha, centro derecha, centro izquierda, izquierda dinástica, etc.– y de los principales oradores y políticos con quienes les tocó compartir su posición –Thiers, Lamartine, Barrot, Duvergier, etcétera–. Debe, además, obrar de modo de garantizar su elección y reelección para convertir una posición electiva en la pequeña circunscripción de Valognes en el espacio de influencia que aspira ocupar. Por último, debe diseñar estrategias y construir alianzas que le permitan adquirir un peso que sus escasas dotes de orador le impiden obtener, como las

---

[36] Tocqueville, A.de, Carta a G. de Beaumont del 22-9-1842, en Correspondance de A. de Tocqueville et de Gusvate de Beaumont, en Oeuvres complètes, *op. cit.*, Tome VIII, Vol. I, p. 486.

que intenta a mediados de los cuarenta junto con la *gauche dynastique* de O. Barrot y para lo cual los artículos de marras fueron escritos.

Estas preocupaciones constituyen el contexto más inmediato de sus imperativos políticos pero es la coyuntura política la que ofrece una clave imprescindible para comprender el sentido que encierran. El contexto general en el que los artículos se insertan puede ordenarse en torno a dos grandes cuestiones debatidas en los años cuarenta: por un lado, el fundamento social en el que la monarquía puede hallar sustento en una «sociedad democrática»; por el otro, el problema del equilibrio institucional del régimen surgido de la Revolución de 1830.

Desde la Restauración, la cuestión de cómo fundar socialmente la monarquía constitucional que *la Charte* diseñaba había tomado una relevancia considerable. En la época, en efecto, la discusión acerca del «modelo inglés» era corriente en todos los medios políticos influyentes y el esquema de una monarquía parlamentaria y estable granjeaba la simpatía de publicistas y hombres políticos. Unos veían en Inglaterra un modelo de sociedad que había logrado estabilizar un régimen desde hacía más de un siglo y le atribuían al diseño institucional un peso importante a la hora de explicar su duración. Otros, en cambio, insistían en el aspecto parlamentario del régimen en la medida en que este aspecto permitía argumentar a favor de la prerrogativa parlamentaria. *La Charte*, como se sabe, recoge esta tensión entre la restauración del monarca y la perspectiva de una forma parlamentaria de monarquía. La particularidad de la Restauración en Francia complicó el desarrollo del debate puesto que fueron los grupos *ultra*, mayoría de la *Chambre Introuvable* quienes más impulsaron el régimen parlamentario recelosos de la pseudo-simpatía que Luis XVIII manifestaba por los «liberales» mientras que estos últimos, en vez de manifestarse partidarios del gobierno parlamentario, se convirtieron –por efecto de esta reversión originada en la situación política– en defensores de la prerrogativa real. Pensaban, con razón, que ello los conduciría a tener una ingerencia considerable en el diseño de la política de «reformas liberales», tal como tomaron cuerpo en el trienio 1816-1819. Más allá de esta particularidad, entonces, el debate de esos años involucraba también la necesidad de evaluar adecuadamente si la persistencia y estabilidad del régimen inglés se relacionaba con la forma de la sociedad. Para publicistas habituados a leer la historia inglesa y, sobre todo después de la Revolución y el Imperio, a leer la historia francesa en comparación con la inglesa –al respecto, las *Consideraciones sobre la Revolución Francesa* de Mme. De Staël es paradigmática[37]– la comprensión de la historia inglesa era crucial. Todos conocían las distintas interpretaciones que Harrington, Bolingbroke y Hume habían ofrecido acerca del fundamento del poder en Inglaterra. Todos conocían también cómo para los autores ingleses la corrupción de un régimen había sido entendida como un divorcio entre la forma del poder y la distribución de la propiedad; todos sabían, finalmente, cómo unos habían atribuido la estabilidad del régimen político a la distribución de las riquezas siguiendo la convicción

---

[37] El libro más curioso de la innumerable bibliografía dedicada a la cuestión es el de A. de Staël, *Lettres sur l'Angleterre* (París: Treuttel et Würtz, 1825).

según la cual el poder sigue a la propiedad y cómo otros habían insistido en que el equilibrio del poder había sido el producto de un desequilibrio de la propiedad. En Francia, Royer-Collard había señalado en febrero de 1816, «Si Ud. sustituye el gobierno inglés a nuestra *Charte* francesa, debe darnos la constitución física y moral de Inglaterra; debe darnos, como a ella, una fuerte aristocracia indisolublemente ligada a la corona»[38]. Mme. De Rémusat, por su parte, había precisado la idea de la base social: «Usted nunca tendrá en Francia nobles suficientemente ricos para ejercer el patronazgo que ejercen los *lords* ingleses [...] Los propietarios en Inglaterra son ricos y nosotros somos pobres»[39].

Las condiciones sociales y políticas de la estabilidad de la sociedad post-revolucionaria se debatían entre quienes sostenían que era preciso apoyarse socialmente en la gran masa de propietarios y, de este modo, fundar la estabilidad del régimen sobre la cohesión de la sociedad, cuya expresión política sería una fuerza parlamentaria resultado de una gran alianza de partidos en torno al centro –en la práctica desde los Doctrinarios hasta Barrot– que debería convivir con partidos a su izquierda y a su derecha pero desprovistos de capacidad para influir decisivamente en la evolución política. Guizot se distanciaba de esta solución pues fundaba la estabilidad de la Monarquía de Julio o de cualquier régimen post-revolucionario en dos andari-

---

[38] Discurso de Royer-Collard el 12 de febrero de 1816, en *Archives Parlementaires*, Tome XVI, p. 133.

[39] Carta de Mme. De Rémusat a su hijo Charles del 14 de mayo de 1816, en *Correspondance de M. de Rémusat pendant les premières années de la Restauration* (París: Calmann-Lévy, 1884-1886), Vol. I, p. 395.

veles: socialmente, en la adhesión de los grupos más dinámicos y fuertes de la sociedad –«Somos el gobierno de la burguesía», afirmó Rémusat[40] ejemplificando la idea–; políticamente, inclinado a favorecer el poder real frente al Parlamento y utilizar para ello dos mecanismos: el régimen censitario y la compatibilidad entre funcionarios y diputados, aún cuando estos últimos mecanismos rozaran prácticas denunciadas como venales. La persistente negativa de Guizot a reducir el censo electoral no se explica así sólo por razones teóricas relacionadas con su defensa irrestricta de la soberanía de la razón y del régimen capacitario que ella había inspirado.

El imperativo de estabilizar institucionalmente la Revolución constituía, por supuesto, un desafío mayor debido a que los acontecimientos de 1830 habían reabierto la perspectiva revolucionaria y a que las modificaciones introducidas en 1830 a *la Charte* habían creado un régimen levemente diferente de aquel que se había desplegado durante la primera Restauración pero que había finalizado en un estrepitoso fracaso, precisamente por no haber creado las condiciones institucionales para resolver las aspiraciones opuestas del monarca y del parlamento. Da cuenta de ello el gran debate en la prensa a principios de 1830 en torno al significado de la monarquía, de la soberanía y de los resortes institucionales en los que podía fundarse una monarquía constitucional. Las grandes plumas teóricas y políticas del momento –Guizot en *La Revue Française*, Thiers desde las

---

[40] Rémusat, Ch. de, discurso del 13 de marzo de 1834, *Archives Parlementaires*, t. LXXXVII, p. 438, citado por Rosanvallon, P., *La démocratie inachevée* (París: Gallimard, 2000), p. 115.

páginas de *Le National* y Constant desde el periódico *Le Temps*, etc.– habían participado en él. La incapacidad del régimen, la defensa a ultranza de la prerrogativa real por Carlos X –e incluso el derecho al *coup d'Etat* defendido por Cottu– y la convicción de la Asamblea de su derecho de aceptar o no los ministros designados por el rey, condujeron a un *impasse* que la Revolución de 1830 y el recambio de la dinastía pretendieron encauzar. Los primeros años posteriores a la Revolución plantearon el desafío de estabilizar el régimen tanto frente a la acción de los ultra como a la de los decepcionados republicanos. Una vez resuelto el *impasse* «político» por la afirmación de la monarquía se reabrió el debate institucional que la Revolución de 1830 había clausurado. La política impulsada por Luis Felipe y por algunos de sus ministros, en particular Molé, reactualizó la discusión acerca del equilibrio institucional del régimen hacia fines de los años treinta. Fue el momento de la formación de la «Coalición», una alianza de políticos opuestos a Molé y a su instrumentación de la concepción del rol del monarca en el ejercicio del gobierno.

El partido parlamentario se había convencido de que sus discordias lo habían perdido y decidió terminar con ellas utilizando para ello una estrategia de alianza. En el marco de este conflicto político-parlamentario, H. Fonfrède defendió una teoría de la monarquía constitucional como gobierno mixto adhiriendo a la idea de un rol central del rey en el dispositivo institucional en su libro *Du gouvernement du roi et des limites constitutionnelles a la prerogative parlementaire*. Allí, Fonfrède niega los derechos de la cámara dándole la razón retrospectiva a Carlos X, declarando que sólo al rey pertenece el derecho de gobernar y de elegir los ministros. Las *brochures* ministeriales insisten al unísono acerca de la superioridad de la prerrogativa real y acerca de que los ministros son simples agentes de la corona. La posición «parlamentarista» fue defendida por Duvergier de Hauranne en un conjunto de artículos publicados en la *Revue française* a principios de 1839, luego retomados en su célebre libro *Des principes du Gouvernement Représentatif et de leur application*[41] en el que se defiende la prerrogativa parlamentaria como único dispositivo institucional posible para albergar la monarquía constitucional, el gobierno representativo y la libertad. El triunfo completo de la prerrogativa real, para Duvergier de Hauranne, se produce con la instalación del gabinete del 20 de octubre de 1840. Este episodio político es descrito más conceptualmente por el mismo Duvergier de Hauranne en términos de un proceso de corrupción del régimen político. En primer lugar, puesto que, respecto de la relación entre el ejecutivo y el legislativo, la monarquía actuaba como una monarquía absoluta por el rol que se le asigna de facto al rey; en segundo lugar, por la corrupción franca con la que se regulaba el funcionamiento de la Asamblea presionando a los diputados funcionarios cuando no comprando voluntades; en tercer lugar, finalmente, puesto que había impuesto una fuerte centralización, sólo comparable con la del absolutismo. De este modo, concluía, se había corrompido la fórmula política surgida de *la Charte* y consolidada en 1830.

---

[41] Cfr. Duvergier de Hauranne, P., *Des principes du Gouvernement Représentatif et de leur application* (París: Tessier, 1838).

El debate intelectual acerca de los fundamentos del régimen que acompaña al episodio de la Coalición no agota el interés del episodio cuyas consecuencias políticas son, también, importantes. En primer lugar, puesto que enfrenta al rey y a su ministro con un conjunto de políticos, publicistas y parlamentarios liderados por Guizot, Thiers, Barrot, Berryer, que rechazan la concepción del débil rol parlamentario que llevaba implícita la política gubernamental; en segundo lugar, por la evolución que cada uno de ellos realizará en los años cuarenta y, en especial, Guizot –quien modificó su posición luego de su incorporación al ministerio– y Thiers o Barrot, quienes intentaron, con más éxito el primero que el segundo, constituirse en referentes de la oposición aunque –salvo la crisis furtiva que llevó a Thiers al ministerio de 1840– ninguno tuvo éxito en construir una alternativa política capaz de reunir una mayoría en la Asamblea, impotentes frente a los diferentes métodos con los cuales Guizot logró prevalecer e incluso aumentar su influencia conforme avanzaba la década. Así, la Coalición fue el último intento eficaz que la oposición pudo desplegar para limitar la acción política del rey.

La instauración del gabinete Soult-Guizot en 1840, en reemplazo del corto gabinete Thiers inauguró, entonces, la época del protagonismo de Guizot acompañado de una privilegiada relación entre éste –pieza clave del ministerio e ideólogo del régimen hasta la revolución de 1848– y el rey. La fractura de la coalición, la transformación de la posición política de algunos de sus líderes y la impotencia e incapacidad de otros abrió un juego de posibles alianzas que se articularon y desarticularon a lo largo del período que va de 1840 hasta la revolución de 1848. En términos políticos, los métodos de Guizot se revelaron coyunturalmente exitosos puesto que, a partir de 1840, el número de diputados oficialistas no dejó de crecer instalándose en la oposición la sensación de una suerte de impotencia política frente a la maquinaria electoral oficial. Es precisamente en el marco del fin del conflicto con la Coalición cuando Tocqueville se incorporó a la Asamblea y debió desarrollar el conjunto de tareas específicamente políticas aludidas más arriba.

El contexto inmediato de este conjunto de artículos, por último, está constituido por el conflicto desatado a propósito del realineamiento de alianzas provocado por las consecuencias del debate en torno de la ley de Regencia, discutida en agosto de 1842, y que se inscribe como una continuidad del debate acerca de la prerrogativa real. Como se recordará, en julio de 1842 murió en un accidente el Príncipe de Orleáns. Se plantea, entonces, la necesidad de regular la eventual regencia. En el proyecto propuesto por el gobierno, Guizot buscaba consagrar como regente al miembro de la familia real más próximo según el orden de sucesión de *la Charte*. El proyecto estaba inspirado en la idea de que el regente quedara dentro de la institución monárquica y que no fuera sometido a una «elección» por parte de la Asamblea. Tratándose de una ley que regulaba un aspecto esencial de la monarquía, el gobierno buscaba obtener un apoyo indiscutido. Thiers hizo la paz con el gobierno y se mostró favorable al proyecto reuniendo en su apoyo a la izquierda y al centro izquierda. Barrot, por su parte, aunque era partidario de una elección, en principio aceptó la propuesta oficial. El debate se desarrolló a fines de agosto. Inesperadamente, Barrot se pronunció por una regencia electiva produciéndose así una ruptura entre Thiers y Barrot. La ruptura entre ambos es el momento en que Tocqueville decide acercarse a Barrot para insistir en formar parte de un grupo parlamentario que pudiera liderar la oposición[42]. En una carta a Barrot, argumenta que la izquierda y el centro izquierda pueden unirse pero que deben abstenerse de hacerlo con Thiers. Compara la situación francesa con la de Peel quien acababa de imponerse al partido conservador rodeándose de un grupo de amigos políticos valiosos. Barrot, según Tocqueville, debería constituirse así en líder de un nuevo grupo de oposición para el cual Tocqueville se propone como «ideólogo». Los textos publicados en Le Siècle, escritos entre agosto y diciembre de 1842, deben verse, así, como una manifestación de ese acuerdo y como un programa en torno al cual debería unirse este nuevo intento de agrupar la oposición a Guizot que prescindiría, además, del apoyo de Thiers.

*

El argumento que Tocqueville despliega en este conjunto de artículos puede resumirse del siguiente modo. A comienzos de 1843, la situación política en Francia es de extrema gravedad.

---

[42] Al respecto, puede consultarse la correspondencia de Tocqueville con Barrot del 16 de septiembre de 1842 en Tocqueville, A. de, *Lettres choisies. Souvenirs* (París: Gallimard, 2003), p. 499-505, la carta del 10 de octubre de 1842 a F. de Corcelle en Tocqueville, A. de, *Oeuvres Complètes, Correspondande d'Alexis de Tocqueville et de Francisque de Corcelle*, Tome XV, Vol. I, (París: Gallimard, 1983), p. 161-163 y la carta a Kergorlay del 25 de octubre de 1842, en Tocqueville, A. de, *Oeuvres Complètes, Correspondance d'Alexis de Tocqueville et de L. de Kergorlay*, Tome XIII, Vol. II, (París: Gallimard, 1977), p. 105.

Las libertades están en peligro debido a una generalizada desafección de la población por los asuntos públicos. Esta desafección se explica por dos razones: la prosperidad económica y el temor a la revolución. Dejando de lado la cuestión de la prosperidad, Tocqueville se aplica a demostrar que la revolución es imposible y que ese temor es infundado. Primero, porque la Revolución de 1789 ha legado una mayoría de beneficiarios que no están dispuestos a arriesgar sus adquisiciones en una aventura política; luego, porque ese gran grupo de beneficiarios hace que no haya actores para una revolución debido a que sólo los *ultra*, condenados por la historia, y los republicanos radicalizados que buscaban cambiar no menos infructuosamente la estructura de la propiedad. Por último, el gobierno tiene en sus manos una enorme cantidad de medios para evitar un nuevo conflicto político: la disponibilidad de plazas, los beneficios de la centralización, el régimen de diputados funcionarios, etc. La conclusión de Tocqueville es entonces que el problema no reside en el inminente riesgo de una revolución sino en el mal gobierno. El régimen de Julio, compartiendo el temor con la opinión o, lisa y llanamente, creándolo, ha procedido a una política de limitación de las libertades adquiridas desde la Restauración. La legislación restrictiva respecto de las asociaciones, de la prensa, la irresponsabilidad de los funcionarios, la creciente centralización, etcétera, constituyen los aspectos principales que Tocqueville cuestiona. El conjunto de artículos sugiere, finalmente, la creación de un grupo parlamentario reforzado con un partido de oposición que hunda sus raíces en la opinión pública, destinado a insistir con un programa político de «resistencia» al gobierno y fundado en la reivindicación de las libertades conculcadas en defensa de la prerrogativa parlamentaria frente al monarca, al mismo tiempo que una política liberal que ha recuperado la perspectiva de una visión de la política que opone los derechos de la sociedad frente al poder. El modelo es la estrategia política del partido liberal de fines de la Restauración. Como se ve en esta apretadísima síntesis, se trata de un argumento particularmente rico. Sólo querría, en las páginas que siguen, comentar un aspecto específico de la argumentación de Tocqueville en torno de la cuestión de la desafección política de una sociedad democrática.

La situación política a comienzos de 1843 es grave. «La gran causa liberal que triunfó un momento en 1789 –afirmaba Tocqueville– parece estar nuevamente comprometida»[43]. Contentos con la igualdad adquirida luego de 1789, prosigue Tocqueville, los franceses parecen haber abandonado la aspiración a ser libres. La compleja relación entre la libertad y la igualdad, se sabe, es clave en la obra de Tocqueville y no tiene caso insistir sobre ello. Por otro lado, los textos en cuestión no se modulan sobre esa temática sino sobre un mal que aqueja a las sociedades democráticas en épocas de prosperidad: la indiferencia y la desafección política de los ciudadanos. A mediados de siglo y tanto en Inglaterra como en Francia reaparecía la misma preocupación. Luego de subrayar la enorme importancia y originalidad de la obra de Tocqueville –«Ud. ha cambiado el rostro de la filosofía política[44], le había escrito»–, J.S. Mill

---

[43] Tocqueville, A. de, «Lettres sur la situation intérieure de la France», en *Oeuvres Completes*, Tome III, p. 96.

[44] Tocqueville, A. de, *Oeuvres completes* (París: Gallimard, 1954), *Correspondance anglaise*, p. 328.

afirmaba que ambos compartían una misma preocupación relativa a la evolución de las sociedades democráticas. Esa preocupación no se refería ni al despotismo o a la anarquía, ni siquiera a la tiranía de la mayoría –sobre la que ambos advertirían–, sino al «estancamiento y la inmovilidad» (stagnation and immobility)[45].

Tocqueville resume la situación, entonces, «Temblar se ha convertido en la primera condición para hacerse camino en la sociedad. Una pusilanimidad y un torpor universales se han adueñado de esta nación, tan audaz y viva. Unos temen y los otros aparentan temer y el pueblo presenta un único espectáculo: el de la ambición y de la codicia explotando el miedo»[46]. Dos razones producían esta desafección: la prosperidad y el miedo a la revolución.

LA CUESTIÓN DE LA PROSPERIDAD

La preocupación por el vínculo entre la prosperidad y la libertad no era nueva. Las eventuales ventajas o perjuicios que la sociedad comercial creaba tenían ya una larga historia. Montesquieu y A. Smith, desde perspectivas diferentes, habían argumentado el carácter beneficioso que el comercio y la

---

[45] Tocqueville, A. de, *Oeuvres completes*, op. cit., *Correspondance anglaise*, p. 328.

[46] Tocqueville, A. de, «Lettres sur la situation intérieure de la France», en *Oeuvres Complètes*, Tome III, p. 98.

prosperidad tenían para la libertad y para evitar el despotismo[47]. Mucho más cerca de Tocqueville, Constant había dedicado largas páginas a explicar cómo el mundo de los modernos se vertebraba, comparado con el de los Antiguos, en torno de una sociedad en la que el comercio, el cálculo, la representación y la paz habían reemplazado a la guerra, la participación y a la ausencia de libertades privadas. Tocqueville parece recuperar este argumento en el célebre Capítulo XIV de *La Democracia en América* titulado «De qué manera el gusto por los goces materiales se une entre los norteamericanos al amor, a la libertad y al cuidado de los negocios públicos». Allí puede leerse: «No creo que se pueda citar un solo pueblo manufacturero y comerciante, desde los tirios hasta los florentinos y los ingleses que no haya sido libre; luego, hay un lazo estrecho y existe una relación necesaria entre la libertad y la industria. Esto se observa generalmente en todas las naciones pero más en las democráticas»[48]. El argumento de los capítulos XIII y XIV, en los que Tocqueville se ocupa de esta cuestión, matiza la afirmación anterior. Conviene detenerse un instante en ellos puesto que en los textos de 1843 Tocqueville casi no argumenta las razones de la relación entre la prosperidad material y la desafección política que encuentra en Francia en los años cuarenta y que, en sí misma, constituye una inversión del argumento clásico.

---

[47] Este punto ha sido desarrollado en el ya clásico libro de A. Hirschman, *Las pasiones y los intereses* (México: FCE, 1978).

[48] Tocqueville, A.de, *De la Démocratie en Amérique*, op. cit., Vol. II, p. 195.

El Capítulo XIII explica una particularidad de los efectos sociales de la prosperidad en los pueblos democráticos. En ellos, los hombres «más libres y más esclarecidos que se encuentran en la condición más feliz que puede imaginarse en el mundo» son, sin embargo «graves y tristes incluso en sus placeres». El hombre en Estados Unidos construye una casa para pasar su vejez pero la vende antes de habitarla, planta un jardín y lo alquila antes de cosechar sus frutos, adquiere una profesión y la abandona, se fija en un lugar y lo abandona; en fin, la conclusión es evidente: en condiciones democráticas y libres, el gusto por los goces materiales se expresa en una insatisfecha inconstancia que promueve el movimiento permanente y sin reposo de un hombre no atormentado pero esencialmente insatisfecho. «A estas causas es preciso atribuir la melancolía que los habitantes de los países democráticos dejan frecuentemente ver en el seno de su abundancia y ese disgusto por la vida que llega a apoderarse de ellos algunas veces, en medio de una existencia cómoda y tranquila»[49]. Esa melancolía e insatisfacción, concluye Tocqueville, no se expresa en un conflicto abierto ni en que los hombres se maten entre sí porque «la religión les prohíbe hacerlo». La prosperidad es así la causante de esta insatisfecha melancolía. Ella ya no es presentada como pacificadora de los hábitos sociales; al contrario, en contextos democráticos y de prosperidad, es la religión lo que evita que los hombres se maten entre sí. Montesquieu no ha sido ridiculizado pero, en todo caso, discutido.

---

[49] Tocqueville, A. de, *De la Démocratie en Amérique*, op. cit., Vol. II, p. 194.

Si este es el costado pernicioso de la prosperidad vista en un pueblo democrático, Tocqueville anuncia en el capítulo siguiente cuáles son las consecuencias deplorables que es posible imaginar que la prosperidad produce en condiciones en las que la prosperidad se instala súbitamente o en las que avanza más rápido que los hábitos de libertad. En esos casos, afirma, «No hay necesidad de arrancar voluntariamente a tales ciudadanos los derechos que poseen; pues los dejan voluntariamente escapar ellos mismos. El ejercicio de sus deberes políticos les parece un contratiempo que los distrae de su industria»[50]. Como se ve, el argumento es el mismo que Tocqueville utiliza para la descripción de la situación francesa en 1843. De este modo, en ambos contextos la prosperidad exigía revisar la clásica relación entre virtud y frugalidad, exigencia típica de las repúblicas. Tocqueville venía a redescubrir que la satisfacción de intereses personales era un inconveniente para la solidez de la vida cívica y, por lo tanto, para la libertad.

EL MIEDO A LA REVOLUCIÓN

La causa profunda de la desafección, según Tocqueville, es el miedo a la revolución padecido por una sociedad de propietarios. Tocqueville no sugiere que la indiferencia política que observa sea constitutiva de un régimen especial ni de una práctica social, puesto que los franceses no sólo adhieren a «nues-

---

[50] Tocqueville, A. de, *De la Démocratie en Amérique*, op. cit., Vol. II, p. 196.

tra constitución liberal por principio» sino, sobre todo, por «el hábito». «Hace cincuenta años –observa– que se habla en Francia de la libertad y más de treinta que gozamos de ella. [...]. Las ideas y los sentimientos que este sistema genera se han mezclado poco a poco a todos los sentimientos y a todas las ideas que forman nuestras costumbres. La vida civil se ha impregnado de él tanto como la existencia política. Si no se presenta a todos los espíritus como la mejor forma de gobierno, aparece al menos como la única forma conocida y la única posible. Quien, en teoría, la denigra y la condena no podría vivir sin ella»[51].

Se trata entonces de algo más complejo que una oposición puesto que comprender la desafección que aqueja a la sociedad requiere desentrañar qué ha ocurrido con un espíritu cívico que, súbitamente, había entrado en una suerte de languidez abúlica, habiendo en el pasado producido grandes gestas. No sólo la revolución de 1789; también habían sabido reaccionar frente a los abusos de Carlos X y a los intentos de deshacer los *acquis* plasmados en *la Charte* de 1814, a través de la revolución de 1830. Conocer, sin embargo, las razones que condujeron a este estado de apatía sin la cual la República se desnaturaliza no bastaba; era, además, imprescindible descubrir la clave de la pervivencia de la vida cívica en una «república». Tocqueville se inscribía así en una interrogación teórica acerca de los resortes pasionales de la vida cívica. ¿Qué impulsa al hombre democrático a actuar fuera del estrecho marco de su vida

---

[51] Tocqueville, A. de, «Lettres sur la situation intérieure de la France», en *Oeuvres Complètes*, Tome III, p. 97.

familiar y doméstica y a proyectarse más allá de la prosecución de la satisfacción de sus intereses privados? Se posicionaba, entonces, tanto en relación con Maquiavelo, quien había señalado hasta qué punto el Príncipe debía mantener viva la virtud que sostenía a la República como en relación con Constant, quien, en su célebre conferencia sobre la libertad de Antiguos y Modernos, también había advertido acerca de la insuficiencia de la libertad de los Modernos para mantener la libertad si ella no contaba con la «garantía» de la participación y el compromiso público. «Lejos entonces, había concluido Constant en su célebre conferencia, de renunciar a ninguna de las dos especies de libertad de las que les he hablado, es preciso, lo he demostrado, aprender a combinarlas una con la otra»[52].

La cuestión no remite entonces a un conflicto especialmente político ni a los hábitos, sino prioritariamente a sentimientos y a una suerte de enigma temporal de las pasiones políticas. Esta dinámica involucra, aparentemente, períodos en los que las pasiones pueden emerger: es posible asistir al despertar de un compromiso, de un vínculo social, que anuncia una irrupción en la política y cuya expresión más feliz en la historia francesa fueron los luminosos momentos en los que Francia creó el lugar para la libertad en 1789. Pero también, como Tocqueville cree que ocurre a principios de los años '40, períodos en los que esas pasiones pueden debilitarse y/o extinguirse y poner a la sociedad ante una forma de desafección cuyo riesgo más grave

---

[52] Constant, B., «De la liberté des anciens comparée à celles des modernes», en *De la liberté chez les modernes* (París: Hachette, 1980), edición de M. Gauchet, p. 514.

no es tanto el despotismo tradicional, democrático, *doux*, etc., sino más bien que la *res publica* desaparezca o, en términos de Montesquieu, que pierda el principio que la anima.

Tocqueville no es el primero en descubrir la importancia de los sentimientos en relación con la *res publica*. Sin mencionar el rol esencial, por no decir exclusivo, que la pasión por la vida o el temor a perderla juega en Hobbes, sin insistir en la alusión reciente a Montesquieu para quien, como se recordará, cada forma de gobierno era «sostenida» por un principio, ya Burke había insistido sobre la cuestión a la vez del prejuicio y de la memoria. Pero en estos textos, y estas ideas serán retomadas en *El Antiguo Régimen y la Revolución*, Tocqueville insiste más sobre los riesgos involucrados en la desaparición de la pasión que en los que podrían deducirse de sus excesos. Como ha señalado B. Smith, «Mientras la tradición se había preocupado con los excesos de la pasión, Tocqueville advierte que no son los excesos sino la muerte de la pasión lo que amenaza la política moderna»[53].

No obstante, estamos aquí frente a una dificultad. En efecto, la pasión política fue expresada en toda su dimensión en ocasión de la Revolución cuando los franceses «hicieron el más grande esfuerzo al que se haya librado nunca ningún pueblo con el fin de cortar por así decir en dos su destino y separar por medio de un abismo lo que habían sido hasta allí de lo que que-

---

[53] Smith, B., *Politics and remembrance. Republican themes in Machiavelli, Burke and Tocqueville* Princeton (Princeton University Press, 1985), p. 239.

rían ser en adelante»[54]. Por otro lado, Tocqueville atribuyó siempre a la Revolución un rol esencial al introducir la libertad en la historia de Francia. La pasión política tiene entonces, en el ejemplo que ofrece la Revolución de 1789 su aspecto «positivo». A pesar de ello, sin embargo, no toda pasión política tiene este mismo sentido. En efecto, uno de los problemas –sobre lo que volveremos luego– que Tocqueville expone en estos artículos radica en la identificación de una especie de pasión política exagerada o mal encaminada por la transformación de la sociedad. No se trata de la pasión de los resabios de ultra que aquejan a la monarquía de Julio. La pasión, también política, que los envuelve es más que nada impotente pues busca reconstruir un mundo que ya ha desaparecido. El partido republicano, en cambio, es diferente. Tocqueville excluye a los republicanos que se contentarían con una transformación de las instituciones políticas que aboliera la monarquía en beneficio de la república para concentrarse en aquellos que verían con agrado una aún mayor transformación de la sociedad. Esa voluntad de transformación social, inspirada también en una pasión política, no concita la adhesión social, puesto que es inimaginable que una sociedad de propietarios buscara involucrarse con un partido que propone precisamente modificar la propiedad de los bienes. A esta indiferencia social por la prédica republicana, Tocqueville agrega que luego de la herencia igualitaria de la revolución de 1789, ya ningún cambio social importante es ni posible ni, aún menos, deseable. «No deseamos –afirma–, por supuesto, innovar en el sentido de la desigualdad y del privile-

---

[54] Tocqueville, A. de, *L'Ancien Régime et la Révolution* (París: Gallimard), 1967, p. 43.

gio. Ahora bien, las únicas desigualdades que existen aún parecen derivar de la naturaleza del hombre. Tan es así que, hasta ahora, han sido la base común y necesaria sobre la cual se han reposado todas las sociedades. Se trata de las desigualdades que resultan del matrimonio, de la herencia, de la familia, finalmente, de la propiedad. Ésas son las únicas desigualdades que falta destruir. Para hacer una nueva gran revolución ya no es posible atacar las leyes particulares de Francia: deberían atacarse las instituciones que rigen todos los pueblos desde que existen los pueblos; no sólo habría que salir de la constitución; habría que salir de la humanidad»[55].

Así, la pasión política encuentra sus dos caras. Por un lado, es un fundamento indispensable para conservar la libertad y evitar caer en el abismo de la desafección; por otro, es también el acicate para pequeños grupos tan bulliciosos como impotentes. Entre ambos, una gran masa de propietarios satisfechos parece haber abandonado la escena pública, más preocupados por el desarrollo de sus intereses privados que por los de la comunidad política. El problema entonces no es sólo la desafección. Tocqueville nos muestra que la pasión política también puede aplicarse a objetos diferentes y que, en sí misma, encierra una suerte de ambivalencia que es preciso apreciar. La «buena» pasión política difiere de la pérdida que impulsa a los *ultra* del deseo que motiva a los republicanos en la medida en que los *ultra* actúan motivados por la voluntad de recuperar y los republicanos por la voluntad de transformar.

---

[55] Tocqueville, A. de, «Lettres sur la situation intérieure de la France», en *Oeuvres Complètes*, Tome III, p. 99.

Ahora bien, fuera de la dupla deseo/pérdida, ¿qué mueve la «buena pasión»?

Ésta no es la única conclusión que pueden extraerse de estas breves páginas. Si sólo quienes desean volver a la imposible reinstauración del pasado o quienes, por sus reivindicaciones inadmisibles, conducirían a la sociedad a «salir de la humanidad» parecen albergar la pasión política y quienes encuentran satisfechos sus intereses personales han preferido refugiarse en «el goce de la vida privada» abandonando la escena pública luego de haber batallado heroicamente por ella, es posible concluir que la extinción de la pasión coincide con alguna forma de satisfacción. ¿Quiere esto decir que la pasión política es un ardid para expresar el deseo de intereses materiales? Sin duda que no, pero Tocqueville no deja de insistir en que la explicación para esa desafección de la mayoría por la vida pública se encuentra en dos hechos, a saber, la prosperidad que la monarquía de Julio ha logrado instalar y el miedo a la revolución, es decir, la preocupación por mantener e incrementar la posesión de bienes y el temor a que una brusca transformación social no produzca el mismo resultado.

Pero, entonces, si la sociedad democrática es hija de la igualación de condiciones y de la más homogénea distribución de bienes y si, al mismo tiempo, la vida política, la libertad, requiere de alguna forma de virtud cívica, ¿cuál es el resorte de esa virtud? ¿El hombre democrático está ausente de la pasión política y es ajeno, entonces, a la libertad? «A menudo, afirma Tocqueville, me he preguntado dónde está la fuente de esta pasión de la libertad política que, en todos los tiempos, ha hecho que los hombres hagan las más grandes cosas que la humanidad ha realizado, en qué sentimientos se enraiza y se nutre [...]. Aquello que, en todos los tiempos ha enlazado (a la libertad) tan fuertemente el corazón de ciertos hombres, son sus propios atractivos, su propio encanto, independiente de todos sus beneficios; es el placer de poder hablar, actuar, respirar sin restricciones, únicamente bajo el gobierno de Dios y de las leyes. Quién busca en la libertad otra cosa está hecho para servir [...]. No me pidan que analice ese gusto sublime, es preciso sentirlo. *Entra por sí mismo en los grandes corazones que Dios ha preparado para recibirlo; los colma, los inflama.* Debemos renunciar a hacerlo comprender a las almas mediocres que no lo han sentido jamás»[56].

La alusión a la gracia no puede pasar desapercibida. Por un lado, los vínculos entre la libertad y la religión en un pueblo democrático habían ocupado a Tocqueville en ambos volúmenes de *La Democracia en América*. En Estados Unidos, había observado, la distinción de la política y la religión, dejando las verdades reveladas al margen de las vicisitudes de la política, convertía a la religión en una contención moral de los hombres tanto más imprescindible cuanto que se trataba de hombres libres. «Dudo, dice Tocqueville, que el hombre pueda soportar alguna vez una completa independencia religiosa y una total libertad política y me inclino a pensar que si no tiene fe debe servir y si es libre debe creer»[57]. Por otro lado, y como ya advir-

---

[56] A. de Tocqueville, *L'Ancien Régime et la révolution*, Libro III, cap. III, en *Oeuvres complètes*, París, op. cit., t. II, vol. I, p. 217. La cursiva es mía.

[57] Tocqueville, A. de, *De la démocratie en Amérique* (París: Gallimard, 1961), p. 39.

tió Smith, existe una analogía entre la pasión religiosa y la pasión política. Ambas hacen que el conjunto de ciudadanos persigan un mismo objetivo. La fe y el patriotismo crean lazos para el hombre democrático que se encuentran fuera del presente: los sentimientos religiosos están enraizados en la promesa de Dios, los políticos conciernen la transmisión de un legado. Ambos fuerzan a los hombres a involucrarse con el futuro, con sus semejantes y con otras generaciones[58].

Volviendo ahora a la cuestión de impulso que puede sostener la pasión por la libertad. ¿Debemos concluir de esta especie de ausencia de respuesta que la libertad encuentra una especie de fundamento y origen en una gracia dispensada a algunos e inapreciable para muchos? ¿Debemos concluir que la libertad política sólo existe como horizonte inasible, como una aspiración, como un imposible imprescindible, del mismo modo en que Guizot había postulado la existencia de una soberanía de derecho como un objetivo a perseguir aún sabiendo que era inalcanzable? Más allá de las conclusiones posibles, en estos breves artículos, Tocqueville nos conduce del análisis de la coyuntura política a uno de los grandes temas que el liberalismo del siglo XIX no cejó de analizar.

La cuestión del miedo a la revolución no se agota en la cuestión de cómo juzgar los efectos de la prosperidad material sobre la vida política o la virtud ciudadana, puesto que el miedo a la revolución ha desplazado el compromiso público que ya

---

[58] Al respecto, cfr. Smith, B., *Politics and remembrance, op. cit.*, p. 246.

había existido en la sociedad francesa y que se había manifestado en múltiples ocasiones. El problema es, entonces, no sólo el origen del compromiso público sino las condiciones de su perduración.

LA DINÁMICA ENTRE LA MEMORIA Y EL OLVIDO

Tocqueville parte de observar que el temor ha esterilizado el sentimiento cívico; aún más, podría decirse que el pueblo francés actúa como si los derechos que le han costado más caros hubieran dejado de parecerle preciosos; y que ve «despreocupadamente cómo se violan o eluden las leyes que más le había costado conquistar y *que deja salir de su memoria* todo lo que han hecho sus padres y todo lo que él mismo ha hecho por la libertad»[59]. La raíz del miedo a la revolución es, entonces, que se ha conservado un recuerdo ambivalente de esos acontecimientos. Por un lado, la revolución ha creado un conjunto de intereses por el desplazamiento de propiedades que se encuentra, además, en la base de la prosperidad. «De ese desorden y de esas pasiones revolucionarias, ¿qué ha salido? El estado social más naturalmente enemigo de las revoluciones que se pueda concebir. Se reconoce que los propietarios forman, de todas las clases, la más moderada en sus hábitos y la más amiga del orden y de la estabilidad. Ahora bien, el resultado final de la revolución ha sido hacer entrar la nación casi entera

---

[59] Tocqueville, A. de, «Lettres sur la situation intérieure de la France», *op. cit.*, p. 95. La cursiva es mía.

en esa clase. Ella ha compartido el suelo entre millones de individuos»[60]. La revolución ha creado los intereses de su propia estabilidad y ello mismo constituye la mayor garantía de que no se reproducirá nuevamente. Pero también los hechos revolucionarios se desplegaron en un clima que aquellos que lo vivieron y quienes escucharon los relatos de esos acontecimientos no querrían volver a vivir. «El ébranlement social que destruyó el antiguo régimen e hizo surgir el nuevo fue tan violento, tan general, tan prolongado, tan desastroso para las generaciones que lo experimentaron que es natural que incluso aquellos que mayores ventajas obtuvieron de sus consecuencias se horroricen de su recuerdo y se imaginen que la tierra tiembla en cuanto la mueven»[61]. Así, la pervivencia del compromiso público remite a una compleja economía de la memoria y del olvido, puesto que la desafección estaría explicada al mismo tiempo por la fuerza con que se impone el recuerdo lamentable de los hechos desagradables que rodearon a la revolución por encima de los beneficios que finalmente produjeron y en la primacía del olvido de las razones que habían hecho que la nación se involucrara en la revolución. Esta dinámica de memoria y olvido recuerda la época de Thermidor. Pero más importante, ella instala la política gubernamental que atiza los temores de la población a la revolución y que impulsa el olvido como política de subsistencia esterilizando así la vida cívica. La revolución de 1830 ofrece una pista complementaria para comprender mejor el argumento de Tocqueville, puesto que esa revolución fue provocada por la amenaza gubernamental a las libertades adquiri-

---

[60] «Lettres sur la situation intérieure de la France», *op. cit.*, p. 100.
[61] «Lettres sur la situation intérieure de la France», *op. cit.*, p. 97.

das. La recuperación de la memoria y la superación del miedo, en ese momento, provinieron de la amenaza gubernamental. De este modo, y esto se confirma con su propuesta, Tocqueville piensa como los liberales de 1828 y como lo hará el Thiers de las «libertades necesarias» de 1863. En este dilema de memoria y olvido estabilizados por la prosperidad, la política liberal está condenada a ser una política de oposición.

Se comprende fácilmente, así, que surja una interrogación pendiente. Si la prosperidad y la tranquilidad promueven la desafección, el desinterés por los asuntos públicos y si, a la inversa, sólo la amenaza de la pérdida de bienes políticos ya adquiridos puede conducir a una revivificación de la virtud, ¿cuál es la *naturaleza política* del hombre democrático que parece aventurarse en los meandros de la virtud ante la amenaza de una pérdida, privilegiando la satisfacción de sus intereses o de sus pasiones como conducta general? Tocqueville había encontrado una respuesta parcial a esta pregunta, puesto que en Estados Unidos los compromisos asociativos y las acciones tendientes a los otros —en el fondo el interés bien entendido— encontraban un acicate primario en la vida municipal. Más allá de la validez limitada de una conducta que sólo podía encontrarse allí donde la vida municipal existiera, la respuesta parece más aplicable a un caso excepcional que a una solución al problema más general del hombre *devenido históricamente* democrático, es decir, a toda experiencia no americana y, en particular, a una historia en la que el desarrollo paralelo del absolutismo y el individualismo se había hecho gracias a una progresiva, lenta e implacable despolitización de la sociedad.

*

El rescate por parte de Tocqueville de motivos republicanos en su análisis de la situación política creada en los años '40, confirma que para él el liberalismo individualista que se satisface del refugio privado no basta para el funcionamiento deseable de un régimen político. Este conjunto de artículos revela hasta qué punto la convicción según la cual las revoluciones serán cada vez más difíciles en el mundo moderno posee una cara oculta: la de la desafección derivada de la satisfacción de los bienes materiales. Tocqueville ha invertido la certeza de Montesquieu y Smith acerca del vínculo estrecho entre sociedad comercial y libertad, introduciendo así una duda esencial acerca del lugar reservado a la libertad allí donde los ciudadanos no están habitados por un impulso distinto de la persecución de sus intereses o de la satisfacción de sus pasiones. ¿Es la expresión de su lucidez, de su nostalgia o de su escepticismo? De todos modos, queda pendiente la pregunta, para la que estos artículos no ofrecen respuesta, acerca de la naturaleza política del hombre democrático.

TEORÍA Y PRÁCTICA
DE LA LIBERTAD EN TOCQUEVILLE

Eduardo Nolla[*]

Un siglo y medio después de la muerte de Tocqueville, seguimos preguntándonos si su liberalismo es tan diferente como él pretendía.

La discusión es tan antigua como la publicación de *La Democracia*. François Guizot escribía entonces a Tocqueville: «Juzga usted la democracia como un aristócrata vencido y convencido de que su vencedor tiene razón»[1].

---

[*] Profesor de Teoría Política en la Universidad San Pablo-CEU. Antes, durante más de una década, investigador y profesor de la Universidad de Yale, en los Estados Unidos. Ha publicado el primero los manuscritos inéditos de La democracia en América (ed.) (1990). Miembro de la Comisión internacional para la edición de las obras completas de Alexis de Tocqueville. Además, es autor de *Alexis de Tocqueville: una bibliografía crítica (1805-1980)* (1985), *Tocqueville, Beaumont and America* (1990), *Liberty, Equality, Democracy* (ed.) (1992), y de *Autour de l'autre Démocratie* (1994). Del Consejo Asesor del Instituto Manuel Fraga.

[1] En una carta inédita citada en Roland-Pierre Marcel, *Essai politique sur Alexis de Tocqueville* (París: Félix Alcan, 1910), p. 69.

Los manuscritos de Tocqueville, algunos todavía inéditos, muestran, efectivamente, a veces, a un Tocqueville muy cercano a las ideas de su clase.

En los borradores de *La Democracia*, por ejemplo, el francés se muestra convencido de que la aristocracia es necesaria para el desarrollo de la humanidad, que «es bajo una aristocracia o bajo un príncipe como los hombres, todavía medio salvajes, han recibido las diversas nociones que más tarde debían permitirles vivir civilizados, iguales y libres»[2].

Y, en la misma línea: «Si las naciones hubiesen empezado por el gobierno democrático, dudo que se hubiesen civilizado nunca»[3].

Este Tocqueville aristocrático llega a pensar un instante, ante los horrores de la discriminación de los negros emancipados en el norte de los Estados Unidos, en no dar la libertad a los esclavos[4].

Sin embargo, a medida que se avanza en la lectura de los inéditos, se descubre también un Tocqueville mucho más comprometido con la causa de la democracia que lo que dejan ver a veces sus textos publicados.

---

[2] Alexis de Tocqueville, *De la démocratie en Amérique*. Première édition historico-critique, par Eduardo Nolla (París: Librairie Philosophique J. Vrin, 1990), II, p. 96, nota g [p. 135]. De ahora en adelante, citada como *DA*. Hay traducción española en Madrid: Aguilar, 1990. Las páginas correspondientes de la traducción española se indican entre corchetes.

[3] *DA*, I, p. 160 [p. 202].

[4] «Confieso que si tuviese la desgracia de vivir en un país donde se hubiese introducido la esclavitud y tuviese en mis manos la libertad de los negros, me abstendría de dársela». *DA*, I, p. 276, nota f [p. 344, nota x].

«Es siempre un gran crimen restringir o destruir la libertad de un pueblo bajo el pretexto de que la usa mal»[5], escribe, y la idea se repite con frecuencia en sus borradores. Nada justifica, para el autor de *La Democracia*, la limitación de la libertad en sus múltiples versiones, desde la libertad de expresión hasta la de asociación.

En una nota para la segunda parte de su libro confiesa: «Lejos de querer detener el desarrollo de la nueva sociedad, intento producirlo»[6], una afirmación que hubiese sorprendido sobremanera a Guizot.

Años más tarde, furioso por un comentario a su otro libro, *El Antiguo Régimen y la Revolución*, escribe a un destinatario no identificado: «Me considera usted un amigo del Antiguo Régimen a quien la fuerza de la verdad obliga a dar argumentos a los enemigos de ese régimen. Eso es, Señor, una opinión completamente errónea. Nadie ha sacado más a la luz que yo los vicios, los excesos de ese Antiguo Régimen, aunque crea que en medio de todas esas malas instituciones que contenía había varias cosas que hubiese sido deseable conservar. Nadie, me atrevo a decirlo, ha descrito más verdadera y vivamente el mal que el espíritu y los prejuicios de las castas, la división de las clases, el mal gobierno de la realeza han causado a Francia; y nadie ha puesto al descubierto mejor la parte de las responsabilidades que deben atribuirse a la nobleza y a la burguesía en las violencias de la Revolución. ¿Cómo, Señor, ha podido

---

[5] Marcel, *op. cit.*, p. 456.
[6] *DA*, II, p. 8, nota h [p. 14].

usted poner en duda en una frase mi simpatía por el pueblo, cuando una gran parte de mi obra está precisamente consagrada a mostrar bajo nuevas luces, más verdaderas y vivas, el género particular de opresión que sufría y sus miserias, y a hacer comprender cómo la mala educación que el poder real y las clases altas le han dado explicaba esas violencias?... [soy] un amigo no sólo sincero sino también ardiente de lo que usted mismo considera las principales conquistas de la Revolución, la libertad política y todas las libertades particulares que esa palabra contiene, la abolición de todos los privilegios de casta, la igualdad ante la ley, la libertad total de culto, la simplicidad en la legislación...»[7].

El liberalismo de Tocqueville no puede entenderse si no da uno toda su fuerza a la disyunción entre aristocracia y democracia, porque es un liberalismo que exige ser a la vez aristócrata y demócrata, conservador y liberal, pre y post-revolucionario, amigo y enemigo de la Revolución.

Esa es una de las razones de la dificultad de interpretación de la obra bifronte de Tocqueville, que a unos parece resultado de un conservador y a otros de un liberal.

En el origen de ese liberalismo peculiar de Tocqueville está la idea de que no existe una verdad absoluta perfectamente identificable.

---

[7] Carta de 31 de julio de 1856. En Eduardo Nolla, *Autour de l'autre Démocratie* (Nápoles: Istituto Suor Orsola Benincasa, 1992), pp. 15-16.

Escribe Tocqueville: «La única verdad que reconozco como absoluta es que no hay verdad absoluta. Después de haberlo descubierto, no os canséis en buscar otras, no las hay»[8].

No es que Tocqueville defienda el relativismo, es que para él las verdades absolutas no pueden demostrarse y la vida transcurre entre el azar y causas que escapan al cálculo humano[9], en un mundo que es un libro cerrado[10], vacío de verdades y sistemas absolutos, entre el éxito y el fracaso, siempre en la duda[11].

Hijo de la Revolución Francesa, lector cotidiano de Pascal, para Tocqueville vivir en la duda y la contradicción es ser plenamente humano[12].

---

[8] Colección de manuscritos de la Universidad de Yale, BIIb, de ahora en adelante citada como YTC.

Karl Popper, que no hizo justicia a Tocqueville, se habría sorprendido al leer en los borradores de *La Democracia* observaciones metodológicas no muy alejadas de su idea de la ciencia como proceso conjetural en una búsqueda sin término.

[9] «En todos los acontecimientos humanos hay una parte inmensa abandonada al azar o a causas secundarias que escapa enteramente a las previsiones y a los cálculos». *DA*, I, p. 274, nota b [p. 342, nota t].

[10] «El mundo es un libro completamente cerrado para el hombre». *DA*, I, p. 184, nota m [p. 231, nota k].

[11] Carta a Charles Stoffels, 22 de octubre de 1831, YTC, Bla1 y *Oeuvres complètes*, edición de Gustave de Beaumont, VII, p. 83-84. De ahora en adelante, citadas como *OCB*.

[12] «Se podría quizá comprar la democracia con el sol que, se dice, produce la luz al girar impetuosamente sobre sí mismo agitando sin cesar las moléculas de que se componen». YTC, CVa, p. 9.

La mente se desarrolla únicamente a través de la acción y de las ideas de los unos contra los otros[13], sólo en el movimiento diario, en las pequeñas agitaciones y sacudidas de la libertad pública de la democracia[14].

No cree el autor francés en las grandes teorías filosóficas que pretenden interpretar de una vez para siempre el comportamiento humano, ni en las profundas reflexiones filosóficas de la política.

Tocqueville reniega de la filosofía. Y no lo oculta. La llama «la esencia de todos los galimatías»[15], «un tormento voluntario que el hombre consiente [...] en infligirse»[16].

Está claro desde el comienzo del trabajo de redacción de la introducción a *La Democracia*. «El autor de esta obra –se lee en un borrador– ha querido hacer un libro de política y no de filosofía»[17].

---

[13] «Los sentimientos y las ideas no cambian, el corazón no se engrandece y el espíritu humano no se desarrolla más que por la acción recíproca de unos hombres sobre otros». *DA*, II, p. 105 [p. 149].

[14] *L'Ancien Régime et la Révolution*, en *Oeuvres complètes*, edición publicada por Gallimard, II, 1, p. 197. Edición que, de ahora en adelante, se cita como *OC*.

[15] Borrador de una carta a Le Peletier d'Aunay, el 8 de noviembre de 1831. YTC, Bla2.

[16] A Charles Stoffels, el 22 de octubre de 1831, YTC, Bla1 y *OCB*, VII, p. 83-84. Ver también *OCB*, VI, p. 370.

[17] YTC, CVK, 1, p. 73.

Tampoco encuentra Tocqueville utilidad a la historia. Los libros de historia nada pueden enseñar, «pues no hay nada más engañoso que las analogías de la historia»[18].

De hecho, para Tocqueville, la existencia de la filosofía política es pura y simplemente el resultado del fracaso de la política práctica. Esto añade otra dimensión a la interpretación de su liberalismo.

Los grandes autores políticos del periodo de la Revolución Francesa eran para Tocqueville unos hombres que no habían tomado la menor parte en los asuntos políticos[19] y que, precisamente por ello, con las reglas simples y elementales de la razón[20] consiguieron crear, encima de la sociedad real, necesariamente confusa, contradictoria, translúcida, una patria intelectual ideal, común a todos los hombres, donde todo era simple, ordenado, uniforme, justo, razonable y transparente[21].

La falta de práctica política, la ausencia de vida política, son, según Tocqueville, la razón misma de la existencia de la

---

[18] Carta a Freslon, el 11 de septiembre de 1857, *OCB*, VI, p. 406.

Cuando Senior hace observar a Tocqueville que Guizot establecía una relación entre la Francia de 1850 y la de la época anterior a la Convención, Tocqueville responde: «quisiera quemar toda nuestra historia [...] si son ésas todas las conclusiones que se sacan de ella». *Correspondance anglaise*, *OC*, VI, 2, p. 262.

[19] Discurso del 3 de abril de 1852, con ocasión de la sesión pública anual de la Académie des Sciences Morales et Politiques, *OC*, XVI, p. 233.

[20] *L'Ancien Régime et la Révolution*, *OC*, I, p. 194.

[21] *L'Ancien Régime et la Révolution*, *OC*, I, pp. 87, 199 y 305.

filosofía política. Moro, pretende, no habría escrito la *Utopía* si hubiese podido realizar algunos de sus sueños; y los alemanes, afirma, no habrían escrito tanta filosofía si hubieran podido generalizar sus ideas en política[22].

El orden, la previsión, la transparencia, la perfección pertenecen a las teorías y no a la realidad. «No hay asunto que no se alargue a medida que entramos en él –escribe Tocqueville a Chabrol–, no hay hecho ni observación en el fondo de los cuales no se descubra una duda. Todos los objetos de esta vida se nos aparecen como ciertos decorados de la ópera que se ven únicamente a través de un velo que impide captar con precisión los contornos. Hay personas a las que place vivir en esa penumbra perpetua. A mí me cansa y desespera; quisiera coger las verdades políticas y morales como cojo mi pluma»[23].

---

[22] *DA*, II, p. 26, nota b [II, pp. 35-36, nota b]. Los ingleses, por contra, «no tienen, propiamente hablando, constitución escrita. ¡Cuántas declaraciones solemnes no hemos promulgado nosotros para ser, sin embargo, menos libres!» Citado por Roland-Pierre Marcel, *Essai politique sur Alexis de Tocqueville* (París: Félix Alcan, 1910), p. 247, nota 1.

[23] Carta a Ernest de Chabrol, el 19 de noviembre de 1831, YTC, Bla2.

«Je travaille souvent avec passion, mais bien rarement avec plaisir. Le sentiment de l'imperfection de mon œuvre m'accable. J'ai devant les yeux sans cesse un idéal que je ne puis atteindre et quand je me suis bien fatigué à en approcher, je m'arrête et reviens sur mes pas, plein de découragement et de dégoût. Mon sujet est bien plus grand que moi et je m'affige en voyant le peu d'usage que je fais d'idées que je crois bonnes. Il y a une autre maladie intellectuelle qui me travaille sans cesse. C'est une passion effrénée et déraisonnable pour la certitude. L'expérience me montre chaque jour que ce monde n'est rempli que de probabilités et d'à-peu-près,et cependant je sens croître indéfiniment au fond de mon âme le goût du certain et

Es, decididamente, «dans les affaires» donde se aprende algo, y no en los libros. «Las verdaderas luces –se lee en *La Democracia*– nacen principalmente de la experiencia»[24].

Esas luces están muy lejos de las revolucionarias, que para Tocqueville habían sido «el ejercicio completo del pensamiento separado de la práctica de la acción»[25]. Literarias, filosóficas, pero no políticas propiamente hablando.

Si la realidad es cambiante y móvil, la teoría es inmóvil, inmutable. El libro, receptáculo por excelencia de la teoría, permanece siempre idéntico a sí mismo, se repite hasta la eternidad. Por consiguiente, el verdadero filósofo no puede, al escribir de política, vivir únicamente en los libros. Debe estar en el mundo y aprender de la experiencia y del movimiento.

Tocqueville ataca a la filosofía de la Ilustración por no haber tenido vínculos directos con lo real, por haber sido literaria y sobre todo individualista, pues para Tocqueville la verdadera teoría es tanto fruto de la práctica como de la discusión.

En las malas democracias existe el peligro de un cartesianismo universal. Según Tocqueville, pascaliano, hay que desear

---

du complet. Je m'acharne à la poursuite d'une ombre vaine qui m'échappe tous les jours et que je ne puis me consoler de ne pas saisir». Carta a Royer-Collard, el 16 de abril de 1838, *OC*, XI, p. 59.

[24] *DA*, I, p. 236 [p. 295].

[25] *DA*, II, p. 31, nota c [p. 44]. Ver asimismo II, p. 27, nota e [pp. 37-38].

algo muy distinto. Vivir en la duda y en la contradicción es vivir en democracia y ser plenamente humano.

«Es preciso reconocer, mi querido amigo, –escribe Tocqueville a Charles Stoffels– que no hay una sola verdad intelectual que se demuestre, y los siglos de ilustración son siglos de dudas y de discusión»[26].

De todo ello se concluye que la mejor manera de evitar las ideas absolutas y excesivamente generales, de impedir los excesos de la teoría política y la confianza total en los libros es forzar a los hombres a ocuparse del mundo intelectual, obligarles a pensar, a luchar contra la realidad, a discutir, a buscarse[27].

Lo que equivale a decir que para Tocqueville el propósito del pensamiento ha de ser crear la duda, mantener al hombre en la incertidumbre, alejarle de los sistemas y de las verdades absolutas, de una vida de teorías donde todo está claro, es explicable y razonable.

Tocqueville descubrió en los Estados Unidos la existencia de unas condiciones excepcionales que permitían a las ideas hacerse realidad fácilmente, cómodamente, sin grandes dificul-

---

[26] Carta de 21 de abril de 1830, reproducida en *DA*, II, p. 323 [p. 438].

[27] «Cuando, fatigado de buscar la verdad en todo el universo, [el hombre] vuelve a sí mismo, la oscuridad parece redoblarse a medida que se aproxima y quiere comprenderse». *DA*, II, p. 77, nota v [p. 109, nota s].

tades. Pero Tocqueville también sabía que sólo al comienzo de una sociedad puede ésta ser completamente racional y lógica[28]. En América, donde la política era activa y performativa, no existía la filosofía política. Tocqueville querría quemar sus libros para volver atrás y encontrarse en la misma situación, al principio, al comienzo, cuando todo está por hacer, pero sabe que es ya imposible.

¿Qué quiere decir, prácticamente, todo esto? ¿Puede uno aprender algo de este filósofo político que rehúsa ser filósofo, al que no le gustan los libros, que no cree en la filosofía, que escribe sobre la democracia pero que nos advierte desde el principio que no podrá decirnos lo que es?

Si la ciencia política no puede ser una verdadera ciencia porque el mundo permanece incomprensible para el hombre, si hay que evitar caer en la teoría separada de la práctica, ¿cuál es la posición de Tocqueville en la historia de la filosofía política?, ¿qué puede enseñarnos?

Si se cree, como Tocqueville, que «cualesquiera que sean las tendencias del estado social, los hombres pueden siempre modificarlas y apartar las malas apropiándose de las buenas», ¿cómo ayudarse de su obra?

---

[28] «Es solamente en el nacimiento de las sociedades cuando se puede ser completamente lógico en sus leyes. Cuando veamos a un pueblo gozar de esa ventaja, no nos apresuremos a concluir que es sabio, pensemos más bien que es joven». *DA*, I, p. 95 [p. 119].

Si la libertad, esa cosa santa que según Tocqueville nos distingue de los animales[29], es, como se lee en *El Antiguo Régimen y la Revolución*[30], imposible de definir, ¿cómo crearla?

Toda la obra de Tocqueville es una reflexión sobre la libertad o sobre su ausencia, es decir, el despotismo.

El despotismo que podría surgir en las democracias, según el autor de *La Democracia*, cierra la historia y su resultado es sacar al hombre de la política y de la sociedad abandonándolo, aislado, salvaje, pero igual a sus semejantes, en la barbarie.

La ausencia de política y la igualdad se encuentran en los dos extremos de la civilización: «Los salvajes son iguales entre sí porque son todos igualmente débiles e ignorantes. Los hombres muy civilizados pueden hacerse todos iguales porque tienen todos a su disposición medios análogos de obtener el bienestar y la felicidad»[31].

Al final de la civilización, los hombres se encuentran en una encrucijada: pueden llegar a la verdadera democracia, situación en la cual dice Tocqueville coinciden libertad e igualdad, es decir, liberalismo y democracia; o podría también suceder que, cayendo en el despotismo democrático, los hombres fueran iguales en la barbarie, esto es, iguales pero esclavos.

---

[29] *DA*, I, p. 229 [p. 286].

[30] «Quien busca en la libertad otra cosa que ella misma está hecho para servir [...]. No me pidan que analice ese gusto sublime; hay que experimentarlo». *L'Ancien Régime et la Révolution*, *OC*, I, p. 217. La traducción es mía.

[31] Alexis de Tocqueville, "Mémoire sur le paupérisme", *Commentaire*, 30, 1985, p. 633.

Si en la condición de barbarie los hombres no consiguen civilizarse en tanto en cuanto son iguales, es la aristocracia la que puede, como clase libre y ociosa que es capaz de dedicarse plenamente a las tareas intelectuales, inventar ideas generales y universales que la llevarán a su propia destrucción y a la aparición de la democracia.

Pero la civilización que Tocqueville tiene ante sí le asusta. La tiranía de la opinión pública, la búsqueda obsesiva del bienestar material, la apatía política reinan en un mundo sin sociedad en el que hay individuos sin individualidad bajo el poder de un Estado todopoderoso que separa a los ciudadanos los unos de los otros y que promueve la ausencia de ideas y de sentimientos compartidos. Dicho en otros términos, una nueva forma de despotismo que aunque carece todavía de nombre tiene todas las formas de un estado de naturaleza[32].

En ese nuevo despotismo, la sociedad desaparece y pierde su fuerza en tanto que generadora de cambio y filtro protector de la acción del Estado. El individuo se encuentra aislado frente a la acción del poder político, que, de ser la expresión del poder social, se convierte en su amo y tutor, ocupando el lugar de la sociedad y destruyendo toda resistencia. Así, al final, sólo se encuentran cara a cara el uno y todos[33].

---

[32] Al establecer que la tiranía de la mayoría equivale al estado de naturaleza, Tocqueville sigue las huellas de Madison. Ver *DA*, I, p. 203 [p. 254].

[33] «En la democracia no se ve más que a *uno* y a *todos*». II, p. 22, nota m [p. 29, nota k].

Ese despotismo no es una especie de gobierno con forma propia, como había pensado Montesquieu. Para Tocqueville, es la negación de toda forma política y social, estado natural que acaba siendo tan post-histórico como había sido pre-histórico[34].

Esta nueva condición que hemos comparado con el estado de naturaleza es, no obstante, distinta de éste en un punto importante. Si al no reconocer más que las capacidades de la razón individual, el hombre cae en el racionalismo individualista, simultáneamente, impulsado por la necesidad de dogmatismo inherente a su propia existencia[35], da a la opinión común una confianza total. «La fe en la opinión común es la fe de las naciones democráticas. La mayoría es el profeta. Se la cree sin razonar. Se la sigue con confianza y sin discutir. Opera una inmensa presión sobre las inteligencias individuales»[36].

El sentido común del demócrata se ejerce con éxito en el mundo estrecho de su profesión, dentro del cual tiene algunos

---

[34] No es ajeno Tocqueville, como se ve, a la idea del fin de la historia, lo que ha llevado a algún autor a ver en él rasgos ya de la post-modernidad.

[35] «Si el hombre estuviera obligado a probarse a sí mismo todas las verdades de las que se sirve cada día, no terminaría nunca: se consumiría en demostraciones preliminares sin avanzar. Como le falta tiempo a causa de la brevedad de la vida y no le es posible actuar así a causa de los límites de su mente, se ve obligado a tener por seguros infinidad de hechos y opiniones que no ha tenido ni tiempo para examinar y verificar por sí mismo, pero que otros más hábiles han descubierto o que ha adoptado la gente. Sobre ese primer fundamento, eleva por sí mismo el edificio de sus propios pensamientos. No es su voluntad la que le induce a proceder de esa manera. La ley inflexible de su condición le fuerza a ello». *DA*, II, p. 20 [p. 27].

[36] *DA*, II, p. 23, nota «p» [p. 31, nota n].

conocimientos y los pone en práctica. Sin embargo, en los campos en los que no participan, los hombres aceptan ideas generales que no han pensado por sí mismos hasta que, salvo ese pequeño reducto conocido, el mundo «acaba por ser un problema insoluble para el hombre, que se abraza a los objetos más sensibles y acaba por tumbarse boca abajo en el suelo por miedo a que el suelo vaya a faltarle a su vez»[37].

El despotismo democrático es así una doble exaltación: del individuo y de la sociedad. Es un estado de naturaleza en el que los hombres entran en relación los unos con los otros casi exclusivamente a través de la fuerza matemática de los intereses y de su más fiel y universal expresión, que es el dinero; y en el que la sociedad impone a sus miembros sus opiniones con una fuerza tan insensible como brutal.

La lógica de la razón cartesiana invade el corazón del ciudadano eliminando muchas de sus pasiones y modificando otras, transformando, por ejemplo, el egoísmo en individualismo[38].

El antiguo despotismo era realista. Tenía como base los hechos y los empleaba. Oprimía el cuerpo y, como dice Tocqueville, se le escapaba el alma.

El nuevo despotismo sigue el pérfido principio que consiste en dejar en libertad el cuerpo y oprimir imperceptiblemente el

---

[37] *DA*, II p. 323 [p. 438].

[38] «El egoísmo, vicio del corazón. El individualismo, del espíritu». *DA*, II, p. 97, nota d [p. 137].

alma[39]. Es la tiranía mental y social de la mayoría, que afecta al estado social, los hábitos y las costumbres. Por esa razón, sus perjuicios son tan grandes, porque afectan a las fuentes del movimiento de la sociedad y de la historia y a lo que el individuo posee de más propio.

El Estado, por su parte, ayudándose del principio racional por excelencia, que es el de la unidad, expresión del principio de identidad contenido en la idea de la igualdad, centraliza e impone sus formas y opiniones con una velocidad y eficacia previamente desconocidas.

El despotismo democrático aleja a los hombres de la práctica política y les dirige casi exclusivamente hacia la búsqueda del bienestar material, lo que a su vez les aleja cada vez más a los unos de los otros. Al final, los hombres sólo están unidos por los intereses y no por las ideas[40].

---

[39] El nuevo despotismo tiene una relación con el antiguo semejante a la que existe entre la esclavitud de la Antigüedad y la esclavitud moderna de los negros americanos. Los americanos del sur, dice Tocqueville, «si puedo expresarme así, han espiritualizado el despotismo y la violencia». *DA*, I, p. 277 [p. 345]. La esclavitud antigua encadenaba el cuerpo, la esclavitud moderna impide la educación y controla la inteligencia. De ahí la enorme importancia que Tocqueville concede a la libertad de prensa en las democracias. *DA*, I, p. 141-142 [pp. 178-179] y II, p. 109 [p. 154].

[40] *DA*, II, p. 18 [p. 23].

«¿No percibís que en todas partes las creencias dejan lugar a los razonamientos, y los sentimientos a la reflexión?» *DA*, I, p. 187 [p. 235].

Ahora bien, como afirma Tocqueville, sólo existe sociedad cuando los hombres consideran un gran número de asuntos bajo la misma perspectiva, cuando comparten las mismas ideas[41].

Al aislar a los hombres, se rompe la corriente de ideas y opiniones que sirve de motor de la sociedad y de la historia[42], apareciendo una sociedad compuesta exclusivamente de moléculas sociales.

«En una sociedad de bárbaros iguales entre sí, como la atención de cada hombre está igualmente absorbida por las primeras necesidades y los más burdos intereses de la vida, la idea del progreso intelectual no podría presentarse al espíritu de cada uno de ellos más que con dificultad, y si llegase a nacer por casualidad, sería bien pronto asfixiada en medio de los pensamientos casi instintivos que hacen siempre nacer las necesidades mal satisfechas del cuerpo»[43].

La tiranía no es incompatible con los rasgos más propios de la democracia, y con su elemento clave: la elección. El momento del voto es el triunfo del hombre desprovisto momentáneamente de individualidad y de personalidad, abandono de todo lo que le es específico y particular (un hombre = un voto). Los hombres salen un instante de su servidumbre para elegir a su tiranos[44].

---

[41] *DA*, I, p. 286 [p. 355].

[42] «La circulación de las ideas es a la civilización lo que la circulación de la sangre es al cuerpo humano». *DA*, II, p. 99, nota c [p. 141].

[43] *DA*, II, p. 96, nota g [p. 135].

[44] Esto explica que los lectores hayan encontrado en el autor de la *Democracia* tanto una crítica del totalitarismo comunista como de la

En ese despotismo suave y cotidiano, el hombre, cada vez más aislado de sus semejantes, tiene ideas y sentimientos que no se renuevan pues no se confrontan a otros distintos porque no hay acción, diálogo, debate común. Parafraseando a Tocqueville, las opiniones dividen cada vez más a los hombres, los sentimientos se hacen cada vez más individuales hasta que las creencias separan más a los hombres de lo que nunca les habían separado las clases o las desigualdades[45].

El gran reto de la democracia contemporánea consistiría, según la lectura tocquevilliana, en conseguir que los hombres se re-encontraran, se vieran, se conocieran, comunicaran e intercambiaran ideas. Ésa es, según Tocqueville, la gran tarea de la filosofía política de la democracia. «El gran objetivo de los legisladores en las democracias debe ser, pues, el de crear *asuntos* comunes... Pues, ¿qué es la sociedad para los seres que piensan sino la comunicación y el contacto de las mentes y los corazones?»[46]

El despotismo democrático se habría producido, según el pensador francés, por el atractivo excesivo que produce en el hombre democrático la idea de la igualdad, que es un principio

---

sociedad de masas o la postmodernidad. El interés y la actualidad de la obra de Tocqueville debe mucho a que su idea del despotismo es más social e intelectual que política y, en gran medida, independiente de la forma política. Ello no obstante las dificultades que existen para distinguir lo social de lo político en su pensamiento.

[45] *DA*, II, p. 275, nota t [p. 383, nota q].

[46] *DA*, II, p. 101, nota k [p. 143, nota j].

racional y abstracto[47], sin existir las condiciones que hacen posible la igualdad, es decir, su negación.

Esa negación de la totalidad del principio de la igualdad, es decir de la teoría y el cartesianismo, únicamente puede producirse a través de la práctica política, del principio liberal de la libertad.

Un exceso de igualdad produce la caída en el despotismo democrático. La exageración de la libertad acarrearía, por su parte, la anarquía.

La libertad, como se sabe, es para Tocqueville una pasión[48], cambiante e imposible de definir. Pertenece al orden del corazón en la división pascaliana. La igualdad es del orden del espíritu; abstracta y siempre idéntica a sí misma.

La libertad, base del principio liberal, es un sentimiento individual, particular, imposible de comunicar, que representa lo humano por ser indefinible, incompleto.

La igualdad, principio supremo de la democracia, es abstracta, racional, siempre idéntica a sí misma. Deductiva, mien-

---

[47] *DA*, II, p. 246. Ver *Correspondence and Conversations of Alexis de Tocqueville with Nassau William Senior, from 1834 to 1859*. Edited by M. C. M. Simpson, (Nueva York: A. M. Kelly, 1968). II, pp. 92-94.

[48] «Il n'y a que la liberté qui soit en état de nous suggérer ces puissantes émotions communes qui portent et soutiennent les âmes au-dessus d'elles-mêmes; elle seule peut jeter de la variété au milieu de l'uniformité de nos conditions et de la monotonie de nos mœurs; seule elle peut distraire nos esprits des petites pensées, et relever le but de nos désirs». Discurso de recepción en la Academia Francesa, *OCB*, IX, p. 20.

tras la libertad es inductiva. Tan accesible, evidente y comprensible como la libertad es complicada y fugitiva.

La democracia auténtica sería, por lo tanto, coincidencia del principio liberal por excelencia, la libertad, con el principio democrático supremo, la igualdad. En otras palabras, en la auténtica democracia liberal los ciudadanos participan de manera igual en la definición de la libertad, definición que es siempre arriesgada, peligrosa, complicada, desordenada[49].

Tocqueville fue siempre un gran lector de Pascal y por eso repetía que «el último gesto de la razón es reconocer que hay una infinidad de cosas que la sobrepasan. Si no lo reconoce será débil»[50].

No hay ningún principio político absoluto, ni democracia ni liberalismo, sólo una lucha o tensión continua entre esos principios y ninguno de los cuales debe nunca imponerse totalmente al otro.

---

[49] Pascal Bruckner, en una línea muy tocquevilliana, lo ha expresado de la siguiente manera:

«Et comme Pascal, demandait à la raison, de "loger son ennemi en elle-même", la démocratie doit, pour survivre, englober son contraire sans se laisser détruire par lui, coloniser à son profit des valeurs hostiles à son développement, la force, l'intransigeance, la passion, se mettre en route entre des périls qui, paradoxalement, la fortifient mais peuvent aussi la tuer». Pascal Bruckner, *La mélancolie démocratique.* (París: Senil, 1990), p. 152.

[50] Edición Lafuma, pensamiento 373.

Si existiera la verdad absoluta o uno de los dos principios se impone totalmente, las continuas adaptaciones de los elementos que hacen la historia desaparecerían. Y hasta desaparecería el elemento más propio de la existencia humana que es, como ya hemos visto, imprescindible para el ser auténticamente democrático: la duda.

La mejor manera de evitar que los hombres cometan excesos en materia de ideas políticas generales, de que se impongan ideas separadas de la acción, es forzar a los hombres a entrar en los asuntos políticos. Esa es la ventaja de la verdadera democracia, que fuerza a cada ciudadano a ocuparse prácticamente del gobierno y que modera su tendencia a crearse ideas generales individuales, al tiempo que ayuda provocando la incertidumbre.

Teme Tocqueville que la política pase del predominio total de la acción, propio de los bárbaros, al triunfo de la teoría política separada de la práctica extendiendo la presunción de racionalidad, previsibilidad y recurrencia a objetos, como los políticos, que carecen de ellas.

Esto es especialmente peligroso en cuanto al principio democrático de la igualdad, que es el principio por excelencia, pues en él se resume toda la lógica y el principio mismo de identidad.

Completamente inmerso en tareas de tipo práctico, pues la democracia aleja de la teoría y confina a las actividades de tipo económico, el hombre de la democracia sólo cree en su propia razón y se aleja cada vez más de la práctica política.

El mal sistema democrático produce un predominio insoportable e ilimitado de la mente sobre el corazón, de la igualdad sobre la libertad. Eso es lo que el filósofo político de la democracia debe evitar a cualquier precio, ése era también el objetivo de *La democracia en América*. Tocqueville escribió: «Peligro de dejar que un solo principio social tome sin discusión la dirección absoluta de la sociedad, idea general que he querido resaltar en esta obra»[51].

Es preciso forzar a los hombres a verse, a conocerse, a admitir la posibilidad de estar equivocados en sus ideas, a aceptar de nuevo al otro.

La política, como la filosofía, siempre se hace entre dos.

---

[51] *DA*, II, p. 31, nota d [p. 44].

EL LIBERALISMO DE TOCQUEVILLE: LIBERTAD, DEMOCRACIA Y RELIGIÓN

Agapito Maestre[*]

CONSIDERACIONES GENERALES:
LA RECONSTRUCCIÓN POLÍTICA DE LA HISTORIA

Quien tiene sensibilidad para escuchar el silencio de la derrota, como Tocqueville, ha dado el primer paso para comprender algunas de sus posibilidades, de las oportunidades, que se le abren a los derrotados con dignidad. Escribir bien la historia, para después hacer política, es uno de los mejores modos de dignificar la derrota. ¡Sin dignidad la derrota es opaca! Sólo los vencidos pueden escribir genuinamente la historia. Los vencedores hacen ideología. Mientras los vencedores celebran sus victorias, los vencidos explican los fracasos de

---

[*] Catedrático de Filosofía. Colaborador de *Libertad digital* y Onda Cero. Autor de *Modernidad, historia y política* (1992); *El poder en vilo* (1994); y *Meditaciones de Hispanoamérica* (2001).

todos los implicados en las luchas pasadas. Entretenidos con los fastos del presente, y acaso conspirando contra posibles enemigos, diríase que los vencedores no tienen presente ni pasado. El futuro es su única meta. El presente sólo es un lugar de fuga y autoengaño, tránsito para lograr quién sabe qué. Y del pasado para qué hablar, mejor dejarlo a un lado, no tratarlo, no sea que descubramos peligrosos recuerdos para un presente despótico. En todo caso, es mejor ocultarlo antes que cederlo a los caídos.

Los vencedores siempre hacen propaganda de sus hazañas, pero rara vez dan razones de sus victorias. Exhibir los trofeos no es narración de la gesta. La épica del pensamiento histórico, de la ciencia política comprometida e inserta en su propia trama política, nos exige participar en la *res gesta* tanto como ayudar a la construcción de la historia *rerum gestarum*. El vencedor, sin embargo, no tiene tiempo para distinguir estos matices. Eso le impide escribir cabalmente la historia. El relato requiere tiempo y paciencia, comprensión de ideas y contextos, que la inteligencia estoica del derrotado, del que sabe escuchar tranquilamente a todos los actores, expresa en escritura histórica. Activar el pasado, transformar sus fuerzas en potencias del individuo, convertir la historia en libertad política, no es tarea de triunfadores, sino de quienes sienten que esforzarse sin tregua lo es todo. Quien consigue hacer de la derrota pasada un triunfo de la política presente está en condiciones de *inventar* la historia. Al fin, podrá gritar: ¡No hay victoria absoluta!

Porque son algo oscuros y, sobre todo, porque tienen sosiego para hurgar en las causas de sus pasados desasosiegos, los vencidos han hecho de la historia un asunto propio. La derrota transforma al antiguo combatiente en un filósofo de la actualidad, que tiene que explicar su tambaleante situación elaborando el pasado, porque el inmediato presente, la rabiosa actualidad, le resulta tan confusa como humillante. En cambio, la victoria reviste al vencedor con el manto gris del disciplinado funcionario, que sirve a sus nuevos amos con un cínico hiperactivismo o con el diseño de un futuro inexistente. La vana esperanza de ser feliz cubre la orgullosa existencia de quien no sabe vivir el presente y menos aún mirar al pasado sin resentimiento. Mientras que la victoria abotarga la sensibilidad de la inteligencia para entender lo sucedido, la derrota nos enseña a reconocernos en el vencedor (fue Hegel, un filósofo frustrado de la historia, quien percibió brillantemente que sólo los que luchan a muerte inevitablemente se abrazan). ¡Nos dignifica la talla de nuestro adversario! Porque la derrota, en fin, atempera los ciegos impulsos volitivos del derrotado hasta mutarlos en alientos para la inteligencia, me atrevo a mantener que la historia está escrita por los vencidos.

Carentes de lugares dónde poder manifestarse, los derrotados poseen un bien escaso, siempre muy bien apreciado en el planeta agitado y sin descanso de los vencedores; tienen *tiempo* para pensar. El espacio simbólico del pensamiento, generado por el deseado tiempo reflexivo (el tiempo originario que ya no es sucesión sino sólo presente), es el principal impulso vital del que desea explicar su derrota. El vencido puede haber perdido todo, pero le queda tiempo para pensar qué ha pasado. Pensar, pues, las causas de su actual situación es la mejor forma de acción. Al abrigo de una estufa, o sentado junto a su mesa camilla, el vencido tiene la cabeza fría para intentar reescribir algo nuevo sobre ese palimpsesto eterno que es la vida de la razón histórica.

He ahí un renovado discurso del método histórico, que lejos de aspirar a verdades eternas sólo quiere disfrutar alegremente (casi con una mirada postmoderna) de la contingencia de unas metafóricas reglas espirituales, que nos permitan entender las causas que conducen a los hombres de la acción en la historia al trabajo del pensamiento. Este tránsito, un camino épico sin final pragmático, determina la política de la «teoría», la actuación intelectual del vencido, que lejos de dar algo por sabido, insisto, piensa lo sucedido sin apriorismo alguno. En la escucha atenta del vencido a todo el que tenga algo que decir y, sobre todo, en su dejar hablar a la realidad, a la experiencia, aparece lo esencial de la política, su carácter a *posteriori*. ¡No hay política sin historia!

Ése es el gran legado de Tocqueville, el héroe derrotado más grandioso de la nobleza del Antiguo Régimen, para el pensamiento político contemporáneo. Mostrar que la política no es, como he dicho en otras ocasiones, sino otra dimensión, quizá decisiva, de la historia, ha convertido a Tocqueville en un clásico, en un interlocutor particularmente inteligente para entender que sin crítica de la historia no hay política. Ortega primero, y después Octavio Paz, han visto muy bien en el siglo XX, e incluso lo han desarrollado ellos mismos, lo que había inventado Tocqueville en el siglo XIX: «La crítica de la historia es también crítica política y moral». Tocqueville se adelantó, como mínimo un siglo, a nuestra manera de estudiar la política.

FIN DE LA HISTORIA Y SABER DE OBSERVACIÓN Y DESCRIPCIÓN

La obra de Tocqueville inaugura el pensamiento democrático a través de la «recuperación» y reconstrucción de la historia para escribir la política, o mejor, Tocqueville no permite en modo alguno que todo lo que ha sido político, acciones, palabras y sucesos se fosilice en una «historia» de carácter historicista. Cuando el pensamiento convirtió el nuevo mundo, que las revoluciones habían alumbrado, en mera «historia», pasado, desapareció la posibilidad de una «nueva ciencia política» y en su lugar se entronizó la filosofía de la historia. Contra esta tendencia intelectual Tocqueville escribió tres grandes obras, *La democracia en América* y *El antiguo régimen y la revolución* y, por supuesto, los *Recuerdos de la Revolución de 1848*. No hay en Tocqueville una teoría de la historia sino una escucha atenta, un pensamiento maduro, a la novedad histórica. Gracias a que Tocqueville es un derrotado, un vencido, del Antiguo Régimen, pudo pensar la historia de verdad, no la «historia» perversa escrita por los vencedores. Tocqueville lejos de dar algo por sabido, muy lejos de quienes explican el fin del Antiguo Régimen con una teoría abstracta de la revolución, piensa sobre lo sucedido sin ningún tipo de apriorismo. Su escritura está al margen, pues, de cualquier antítesis exagerada entre universalismo y contextualismo, entre Ilustración y Romanticismo, en fin, entre Antiguo Régimen y Revolución.

Naturalmente, esta reflexión hubiera sido imposible sin el descubrimiento, por un lado, de una nueva sociedad, de una nueva experiencia política, la experiencia democrática, a través del viaje de Tocqueville a EEUU. La simple experiencia humana, acotada por el limitado alcance de la mirada de Tocqueville, del viaje a EE.UU., da al traste con toda filosofía de la historia que somete cualquier acontecimiento a unas leyes históricas, que sólo existen, dicho irónicamente, en la imaginación del investigador u «observador». Por otro lado, tampoco hubiera sido plausible el nuevo saber político de Tocqueville sin la mirada perspicaz hacia el fin del Antiguo Régimen en Europa, o mejor dicho, a extraer todas las verdades de lo que es una perplejidad; pues que, como ha expresado Ortega, «la Revolución francesa, que había machacado el antiguo régimen cuando estaba a punto de ser todo lo perfecto que una forma de sociedad y de gobierno puede ser», tiene que ser vista, en una primera mirada liberal, con perplejidad.

Sacarnos de la perplejidad ha sido la tarea de Tocqueville. ¿Cómo lo hizo? Contándonos lo que veía. La voluntad de teoría política va cediendo progresiva y desesperadamente a favor de una narración de lo visto y oído. Conocer para Tocqueville es sobre todo buscar permanentemente. Ahí reside su mayor aportación al pensamiento antidogmático de la modernidad. Nunca está satisfecho con lo alcanzado. Siempre hay una incesante emergencia de novedad en la sociedad de los individuos, en la sociedad democrática, que ha de permanecer al margen de cualquier teoría, o construcción categorial, si queremos, en verdad, que siga alimentando el régimen de la imaginación crítica para orientar y afinar la percepción.

Excepto a la historia, al saber del pasado, que nos enseña el presente y el futuro, a nada renuncia el nuevo saber del gran acontecimiento político de la modernidad, de la llegada de la democracia, que reivindica Tocqueville para captar el nudo de problemas que plantea la existencia social y política de los hombres de su tiempo. Será, pues, la cultura de la mirada, el saber surgido de la observación de las costumbres de los individuos la principal fuente de la sabiduría. La brecha entre el pasado y el futuro parece definitiva. Hannah Arendt lo ha aprendido de Tocqueville: «Toda vez que el pasado dejó de arrojar su luz sobre el futuro, la mente del hombre vaga en la oscuridad». Sin embargo, Tocqueville consiguió a través de su mirada darnos los principales rasgos de la fisonomía del nuevo mundo, que sobreviven aún a pesar de los cambios radicales de la sociedad. En efecto, todavía las sociedades democráticas se hallan sometidas a la influencia de dos pasiones opuestas: «Sienten la necesidad de ser conducidos y el deseo de permanecer libres».

DESEO DE LIBERTAD, RELIGIÓN Y POLÍTICA

Porque es imposible tratar del deseo de libertad en la obra de Tocqueville separándolo de su observación directa en la sociedad de su tiempo, me parece casi una obviedad reconocer que el método de investigación, el viaje y la observación, por un lado, es imposible desligarlo, por otro lado, de lo descubierto, a saber: hay tanta más libertad, cuanto más desarrolladas están las creencias morales y religiosas en los ciudadanos; y existe tanta menos libertad, cuanto más inmorales e irreligiosos son los ciudadanos. *Observación* de la vida social y firme *creencia* en la libertad son los dos estros morales e intelectuales de Tocqueville. Este hombre ama por encima de todo la libertad («creo que en cualquier época yo habría amado la libertad; pero en los tiempos que corremos me inclino a adorarla») y observa, ve, su realización a través del viaje de ida, primero, a los EE.UU. y, después, de vuelta a Francia. El contraste entre los dos viajes, entre lo visto en EE.UU. comparado con lo visualizado y vivido en Francia, sintetiza lo mejor de la obra de Tocqueville.

Este hombre, formado en el Antiguo Régimen, cree en la libertad, nacida en la Europa cristiana, y quiere observarla, verla de modo directo, en una sociedad distinta a la europea. No trata de justificar, de dar nuevas razones, de ser, en definitiva, un filósofo de la libertad, sino de verla realizada. Porque la libertad no es un principio, sino una pasión, un deseo, una máxima, puede contemplar *la sociedad en términos políticos*, o sea, puede preguntarse por «*las condiciones*, como dijo Ortega, para que una instauración de formas libres del vivir sea probable».

¿Dónde se ha llevado a cabo la libertad?, o mejor, ¿qué sociedades han ofrecido las condiciones reales, no ideales o contrafácticas, para que se lleve a cabo más y mejor la democracia? Son las cuestiones que trata de responder Tocqueville en su descripción de *La democracia en América* y en su *Antiguo Régimen y la Revolución*. La respuesta es conocida por todos los que han leído a Tocqueville; sin embargo, por un pudor pseudomodernista y ateo, muchos quieren eludir la respuesta que es clara y distinta en el texto tocquevilliano: las sociedades más religiosas, o mejor, más cristianas, son las sociedades que mejores oportunidades y condiciones ofrecen para el desarrollo de la libertad. El mayor aprendizaje de su viaje por el nuevo continente, que más tarde creyó ver confirmado en Europa, y más específicamente con motivo de la Revolución del 48, consistió en observar la profunda interpenetración entre creencias religiosas y hábitos e instituciones liberales.

He ahí la gran respuesta política, el ajustado pensamiento político, que se desprende de su obra. Desde un punto de vista político, quizá también religioso, la conclusión no puede ser más contundente: «La unión de la religión y el liberalismo, escribe Tocqueville al final de su vida, ha sido una idea que ha estado más constantemente presente a mi espíritu». Pero nadie piense que esta «conclusión», o «idea», ha funcionado como un «a priori», o una manera «filosófica» de entender el mundo. Eso sería tanto como un imposible en Tocqueville. Concebir la libertad como un «a priori», o una idea contrafáctica, sería tanto como negar el alcance de la experiencia del viaje a América, más aún, de emborronar la voluntad de búsqueda y hallazgo de lo nuevo. No hay, pues, una filosofía previa al viaje, al descubrimiento de lo nuevo, en la obra de Tocqueville. Sólo hay un don activo, quizá un impulso divino, una gracia al modo que la conciben los hombres del Antiguo Régimen, que le permite percibir no sólo la libertad sino también grados de libertad. No hay concepto de libertad, sino un impulso, que se canaliza a través de la escritura, del libro de viajes, que busca en los lugares nuevos lo presentido.

El barrunto de Tocqueville sobre la libertad se hace político en la descripción del viaje, en el hallazgo de las condiciones reales que posibilitan la libertad. El pensamiento de Tocqueville es un descubrimiento feliz, una exploración atenta de lo nuevo, a través de una escritura, de una forma de literatura de viajes, que busca los lugares más propicios donde observar que el hombre desarrolle más y, sobre todo, mejor, la libertad. La experiencia de la libertad es vivida, si es permitido hablar así, con radicalidad religiosa. Es como si la expulsión del Paraíso obligara a los hombres a ser libres. El hombre es libre o está sometido. No hay posiciones intermedias.

Y porque la libertad es afirmada *per se*, sin necesidad de recurrir a fundamentación alguna, aparece como algo sagrado: «La libertad es, en verdad, una cosa *santa*». Sí, la máxima afirmada por Tocqueville a lo largo de toda su obra, algo indubitable, es la libertad: «El que busca en la libertad otra cosa que la libertad misma, está hecho para la servidumbre. No me pidáis que analice el goce sublime de sentirse libre; es preciso haberlo vivido. Entra por sí mismo en los grandes corazones que Dios ha preparado para recibirlo; los llena y los inflama. No es posible hacer que lo comprendan las almas mediocres que nunca lo han sentido»[1].

¿Cuál es la sociedad que ofrece mejores oportunidades para llevar a cabo este sentimiento? La americana, porque la religión, en realidad, la religión cristiana, por un lado, era el fundamento mismo del vínculo social, de la política, o sea, de los valores morales en que se fundaba la nación recientemente

---

[1] TOCQUEVILLE, A.: *Oeuvres complètes*, ed. J. P. Mayer (Gallimard, 1952) I, p. 217.

constituida. Pero, por otro lado, las instituciones de gobierno debían permanecer ajenas a cualquier iglesia. La «religión cívica» surgida de la revolución norteamericana, ha resumido recientemente José María Marco, echaría sus raíces en la religión cristiana, pero se abstenía de intervenir en cuestiones religiosas, hasta el punto de que la Constitución es de extremada parquedad acerca de la religión y su estatuto legal, que sólo aparece en la Primera Enmienda («El Congreso no legislará respecto al establecimiento de una religión o a la prohibición del libre ejercicio de la misma»).

Lo decisivo, en cualquier caso, y es lo que a nosotros nos interesa resaltar, como ya vio Tocqueville en la década de 1830, es que parece imposible desvincular religión y democracia: «A mi llegada a los EE.UU. fue el carácter religioso del país lo primero que atrajo mi atención [...]. Percibía las grandes consecuencias políticas que se derivaban de estos hechos nuevos. Yo había visto entre nosotros el carácter religioso y al de la libertad marchar casi siempre en sentido contrario. Aquí los encontraba íntimamente unidos el uno al otro, reinando juntos sobre el mismo suelo».

Tocqueville vio en EE.UU. algo inédito para un europeo: la religión y la libertad existiendo juntas. Apoyándose y exigiéndose la una a la otra. Vio, pues, lo nunca visto en Europa: una religión políticamente débil, pero moralmente fuerte e influyente en la vida social y política. ¿Cuál es el secreto de esta complementaria convivencia? La completa separación entre Iglesia y Estado. He ahí el denominador común que sacó Tocqueville de las respuestas que dieron a su pregunta los propios interesados, fieles y pastores de todas las comuniones. Pero eso no significa que la religión pudiera ser considerada como un asunto meramente privado, sino que es un hecho público, o mejor, una «institución política» capaz de formar a hombres moralmente libres, capaces de enfrentarse y vencer los males que derivan del igualitarismo democrático y de la reducción materialista de la vida a la búsqueda del bienestar. La religión, pues, no es sólo un elemento connatural a la naturaleza humana, sino una necesidad civil y social para la salvaguardia y garantía de la libertad.

Por supuesto, Tocqueville se preocupa expresamente de indicar que sus opiniones sobre la influencia de las religiones están hechas desde un punto de vista enteramente humano. «Ni tengo, dice, el derecho ni el propósito de examinar los medios sobrenaturales de que Dios se sirve para suscitar una creencia religiosa en el corazón del hombre». Su única preocupación es ver el efecto de las religiones en las sociedades de regímenes democráticos. Su mirada no puede ser más positiva: las religiones tienen una influencia beneficiosa en la sociedad porque dan ideas y creencias a los hombres tanto para fomentar la libertad como para reprimir los excesos del egoísmo privatista de las sociedades de bienestar.

Sin embargo, ninguna de esas consideraciones hace olvidar a Tocqueville la cuestión central de la modernidad: ¿cuál es el papel que le asignamos a Dios, a la religión, en las sociedades ilustradas?, ¿cuál es el acomodo de las religiones dentro de la sociedad?, o mejor, ¿cuál es la relación entre religión y política? Leídas hoy, a dos siglos de distancia, estas reflexiones, lejos de parecernos una ingenuidad, siguen siendo modélicas para definir una religión genuinamente laica, es decir, un cristianismo que no ha nacido para ser instrumentalizado por un Estado pagano. La religión no está al servicio de Estado alguno. Menos aún el Estado puede definirse de modo teocrático. Las cuestiones temporales, especialmente la política, son cuestiones laicas imposibles de resolver confundiéndolas con las creencias religiosas. «Las religiones deben actuar, especialmente en épocas ilustradas, más discretamente y dentro de los límites que les son propios, sin tratar de traspasarlos; pues por querer extender su poder más allá de las materias propias, se arriesgan a no ser creídas en ninguna. Así pues, deben trazar con cuidado el ámbito en que pretenden fijar el espíritu humano, y fuera de él abandonarle enteramente a sí mismo».

Lo sugerente de este planteamiento de la relación entre religión y política reside en que ambas se exigen mutuo respeto. Serían dos formas simbólicas, por decirlo en términos de Lefort, capaces de prepararnos para acceder al mundo social de los individuos. La religión debe saber cuál es su paradoja, o sea, «estar en el mundo sin ser de este mundo». Que el cristiano asuma, y sobre todo promocione, la aconfesionalidad del Estado no significa que no tenga nada qué decir. Todo lo contrario. Por eso, el voto cristiano, o católico, no es rehén de ningún grupo político. Por su parte, la política ya no puede estudiarse como una simple secularización de los fundamentos religiosos o naturales. Al estudiar la estrecha relación entre religión y política, entre comuniones religiosas y libertad, Tocqueville ha dado al traste con los análisis antiguos y contemporáneos que estudian la secularización de lo político como si estuviéramos relacionando dos órdenes separados, religión y política. Después de Tocqueville, eso ya es imposible, a no ser que queramos ocultar su mayor descubrimiento, o sea, que queramos saltar por encima de las estrechas relaciones entre religión y democracia, cristianismo y libertad, que ha analizado Tocqueville en el caso de los EE.UU. Tampoco podemos ya estudiar la relación entre religión y política como si eliminásemos lo religioso del campo político. No existe tal desarrollo histórico. Tocqueville ha puesto en evidencia el fracaso de una posible ley que asegure el progreso humano, el progreso de la libertad, al margen de la religión.

Tocqueville ha logrado captar, por lo demás, el poderío del cristianismo frente a otras religiones, especialmente el Islam, a la hora de crear condiciones para que se desarrolle la libertad. El poder de autolimitación, de estar en el mundo sin ser del mundo, del cristianismo con respecto al Corán, define su superioridad en sociedades ilustradas: «Mahoma hizo bajar del cielo el Corán y lo llenó no sólo con doctrinas religiosas, sino con máximas políticas, leyes civiles y criminales, teorías científicas. El Evangelio, por el contrario, sólo trata de las relaciones generales de los hombres, con Dios y entre ellos mismos. Fuera de esto nada enseña ni nada obliga a creer. Sólo esta razón, entre otras mil, basta para demostrar que, de ambas religiones, la primera no puede durar mucho en épocas de ilustración y democracia, mientras que la segunda está destinada a regir esos siglos lo mismo que otros». La lección de Tocqueville es sencilla de retener: el cristianismo es la base de la democracia.

LA LIBERTAD EN TOCQUEVILLE

João Carlos Espada[*]

Soy un gran admirador de Tocqueville, tanto que he promovido la primera traducción íntegra al portugués de sus dos obras principales: *The Ancien Regime and the Revolution*, en 1989, año del bicentenario de la Revolución Francesa, y *On Democracy in America*, en 2001. La lección solemne anual en mi Instituto en Lisboa se denomina asimismo la Distinguida Lección Anual Alexis de Tocqueville.

Creo que esto demuestra que el tema de mi conferencia no podría ser más de mi gusto. Y la cita que abre nuestro panel de

---

[*] Director y profesor del Instituto de Estudios Políticos de la Universidad Católica Portuguesa. Director de la revista *Nova Cidadania*. Autor de *Social Citizenship Rights: A Critique of F.A. Hayek and Raymond Plant* (1995) y *The Liberal Tradition in Focus* (2000).

Texto de la conferencia impartida dentro del ciclo dirigido por el Profesor Eduardo Nolla y organizado por FAES: «Libertad, Igualdad, Despotismo: En el bicentenario de Alexis de Tocqueville», Madrid, 12-13 Diciembre, 2005.

hoy es especialmente sorprendente: «Los que buscan en la libertad algo más que la libertad, están hechos para servir». Es un precioso recordatorio para todos los que amamos la libertad por ella misma y no por sus resultados utilitarios –que, como recordaba Tocqueville, son siempre buenos a largo plazo, pero no siempre necesariamente buenos a corto–. Creo que esta cita es tan importante que solía aparecer en la portada de mi publicación quincenal *Nova Cidadania*. La hemos sustituido temporalmente, tras el atentado terrorista del 11 de septiembre en Nueva York, por una cita de Winston Churchill: «En la guerra: resolución; en la derrota: desafío; en la victoria: magnanimidad; en la paz, buena voluntad».

Winston Churchill y Tocqueville: creo que son buena compañía. Creo que también esto les dará una pista de dónde me sitúo. Estoy encantado de decir que estoy como en casa en esta conferencia. Y siento que me encuentro también en buena compañía.

***

Ahora, permítanme decir que estoy completamente de acuerdo con la preciosa y excelente conferencia del profesor Nolla sobre Tocqueville. Querría suscribir la opinión del profesor Nolla y añadir solamente un par de notas a pie de página.

Mis notas a pie de página se refieren a tres conceptos de libertad, no dos, como presentaba Isaiah Berlin brillantemente en su famoso ensayo «Dos conceptos de Libertad» –por lo tanto, no hay dos, sino tres–.

Un concepto de libertad es el que representa el filósofo francés Jean-Jacques Rousseau. Como señalaba Isaiah Berlin, este concepto de libertad se entiende como soberanía colectiva, como participación colectiva de todos –considerados iguales– en el proceso de toma de decisiones de un gobierno determinado. La idea es que si yo soy capaz de participar en el proceso de toma de decisiones por iguales, entonces, las leyes que emanen de ese proceso colectivo no pueden ser despóticas. Como decía Rousseau, si me doy a todos, no me estoy dando a nadie y, por lo tanto, soy libre.

Creo que esta es la clave del nuevo despotismo –igualitario y democrático, pero desde luego no democrático liberal– lo que Tocqueville tanto se temía. John Stuart Mill estaba de acuerdo con Tocqueville y fue aún más lejos. En su ensayo «Sobre la Libertad», Mill sostenía que el peligro más importante de las sociedades modernas en una era democrática era la tiranía de la mayoría sobre las minorías y, por encima de todo, sobre el individuo. Esto es lo que llevó a John Stuart Mill a su famoso «único principio»: que la única razón de que la sociedad intervenga frente al individuo es la prevención del daño a otros.

Este enfoque de la libertad por parte de Mill –que Isaiah Berlin denominó libertad negativa– podemos describirlo como *cesión de poder,* para utilizar la expresión del fallecido profesor americano Robert Nisbert. La cesión de poder es muy diferente del punto de vista de Rousseau de la libertad como *participación en el poder.* Y uno puede decir razonablemente que Tocqueville estaba del lado de John Stuart Mill en la opinión de que la libertad está más cerca de una cesión de poder que de una participación en el poder.

Todo esto es bien sabido. Pero me gustaría decir que el punto de vista de Tocqueville es de alguna forma más complejo que el de Stuart Mill. Dos razones serán suficientes para clarificar mi opinión. Una es que Tocqueville concibió el arte de la asociación como una forma de defensa fundamental de la libertad. La otra es que Tocqueville consideraba la religión como el aliado principal de la libertad. Estos dos puntos tan simples y conocidos son suficientes para demostrar que Tocqueville consideraba la libertad como algo que no puede total y únicamente describirse como la cesión de poder de un individuo. En otras palabras, «los experimentos en la vida» –para utilizar otra famosa expresión de John Stuart Mill– no eran la preocupación principal de Tocqueville cuando se refería a la defensa de la libertad en las sociedades democráticas y post-aristocráticas modernas.

Me gustaría decir –siguiendo la línea que presenta el profesor Robert Nisbert– que a Tocqueville le interesaban las condiciones de la libertad y las encontraba en la *dispersión del poder,* la dispersión pluralista de distintas *instituciones intermedias* que protegieran a *los individuos y sus formas de vida* del abuso del poder centralizado.

«Las filosofías modernas de la libertad han tendido a enfatizar ya sea la cesión de cualquier poder por parte de los individuos –generalmente apelando a los derechos naturales– o la participación del individuo en algunas estructuras de autoridad únicas como la Voluntad General, que sustituye a todas las demás estructuras.

Pero desde el punto de vista de las raíces históricas y reales de la democracia liberal, la libertad no se ha basado ni en la cesión ni en la colectivización sino en la diversificación y en la descentralización del poder en la sociedad. En la división de la autoridad y en la multiplicación de sus fuentes radican las condiciones más resistentes de la libertad»[1].

Tocqueville observó la tendencia natural de los demócratas hacia la centralización. Y comprendió que se basaba en lo que podríamos denominar la falacia de Rousseau: si la estructura central única de autoridad se basa en la llamada voluntad popular, o voluntad general, el individuo creerá que todo lo que cede al poder central en realidad se lo está dando a sí mismo. Esta es la razón por la que Tocqueville dijo que la ciencia del despotismo es ahora tan simple y se basa principalmente en un principio: la igualdad. Como dijo Rousseau, y el hombre moderno tiende a creer, un poder de iguales no puede ser despótico.

Pero Tocqueville y Mill observaron perfectamente que sí podía serlo. Ambos deseaban proteger la libertad aunque de forma diferente. Mill puso el énfasis en el individuo, Toqueville subrayó lo que yo quisiera llamar –utilizando la expresión de Edmund Burke– los «pequeños pelotones» que son asociaciones espontáneas –familias, vecindarios, iglesias y otras asociaciones voluntarias– que crean instituciones intermedias entre el

---

[1] Nisbert, Robert: *History of the Idea of Progress*, p. 223.

individuo aislado y débil por una parte y el poderoso Estado centralizado por otra.

Estas instituciones intermedias no se han creado centralmente a propósito, para utilizar una expresión de Friedrich A. Hayek. Simplemente surgen de la interacción espontánea de los individuos, sus familias y otras instituciones descentralizadas –en pocas palabras– de la interacción *de individuos que están arraigados en sus formas de vida particulares*.

Esto resulta de especial importancia para entender correctamente *el individualismo de los tipos*. En cierto modo, podemos decir que Rousseau, Stuart Mill y Tocqueville eran todos ellos individualistas. Pero sus individualismos eran completamente diferentes.

Rousseau no aceptaba que el individuo estuviese arraigado en ningún particularismo: sus intereses privados –los de su familia, su negocio o su iglesia– evitarían que se convirtiese en un ciudadano totalmente comprometido con la voluntad general. Esta situación está en el origen de la tragedia del jacobinismo y más tarde del comunismo: la hostilidad contra cualquier apego en particular –para utilizar la expresión de Michael Oakeshott– o la hostilidad contra el impulso de mejorar la situación personal –para utilizar la expresión de Adam Smith–.

Esto quiere decir que para Rousseau el individuo no debería tener raíces para poder llegar a ser parte de una única totalidad –la soberanía colectiva sin límites, ni topes o compensaciones–. Sin duda es cierto que John Stuart Mill fue consciente del peligro de esta soberanía colectiva ilimitada. Pero quería restringirla principalmente con el individuo asilado –con el individuo que se atreve a implicarse en lo que él denominó experimentos de la vida–.

La gran ventaja de Tocqueville –me parece– es que vio que la libertad podía ser demasiado frágil si sólo tuviera la protección de los individuos aisladamente. Tocqueville quería proteger la libertad de los individuos, pero no sólo la de los que querían experimentos en la vida. Quería proteger la libertad de los individuos en concreto que están arraigados en sus propias formas de vida, en sus propias familias y en otras instituciones espontáneas. Y vio en esas instituciones –tan fuertes en América– los soportes definitivos de la libertad.

Ahora permítanme acabar con una nota a pie de página más política. En la sesión de esta mañana los participantes se refirieron a las amenazas actuales a la libertad, en especial a las que provienen de la tiranía de las minorías. Estoy completamente de acuerdo. Y creo que Tocqueville nos dejó una pista de lo que nosotros –amigos de la libertad– podemos hacer.

Creo que podemos pedir más libertad en el sentido de Tocqueville, libertad de los pequeños pelotones. Podemos pedir la libertad de las familias para elegir el colegio y la educación de sus hijos. Podemos pedir que exista más competencia entre las universidades. Podemos pedir menos intervención del poder central y menos líneas maestras políticamente correctas sobre la vida de nuestras instituciones intermedias: iglesias, vecindarios, clubs, y otras instituciones intermedias, incluyendo las empresas privadas. Así, quizá podamos conseguir que la democracia sea menos peligrosa para la libertad y se incline menos hacia la pasión igualitaria por la uniformidad.

TOCQUEVILLE Y LOS RIESGOS DE LAS DEMOCRACIAS

Alejandro Muñoz-Alonso[*]

Debo comenzar esta intervención expresando mi satisfacción por poder participar en esta justa y oportuna celebración del bicentenario del nacimiento de Alexis de Tocqueville, figura señera del pensamiento liberal cuya obra –y no me refiero sólo a *La democracia en América*, el más conocido e influyente de sus libros, sino al conjunto de sus aportaciones– sigue teniendo un valor imperecedero, especialmente en tiempos como los nuestros en los que es patente la crisis que afecta a los sistemas democráticos, muchos de cuyos fallos ya previó nuestro autor.

---

[*] Senador por Madrid. Catedrático de Opinión Pública, Universidad San Pablo-CEU de Madrid. Portavoz de la Comisión de Defensa en el Senado. Presidente del Consejo Asesor del Instituto Manuel Fraga de la Fundación FAES. Del Patronato de la Fundación.

FAES ha tenido el acierto de encomendar estas jornadas al profesor Eduardo Nolla que es, en estos momentos, quien mejor conoce en España la vida y la obra de Tocqueville. Su traducción al español de *La democracia en América* es una obra indispensable, de referencia obligada, y un instrumento esencial para conocer cómo redactó Tocqueville el texto final que ha llegado hasta nosotros. Su aportación, como las de los que tenemos el honor de participar en estas jornadas –en mi caso bien modesta– espero que sean un merecido homenaje a este gran pensador, del que, personalmente, estoy convencido que podemos extraer nuevas incitaciones y mucho estímulo para la reflexión sobre el futuro de la democracia liberal, tan necesaria en estos tiempos turbulentos.

Un conocido filósofo francés, Bernard-Henri Lévy –que por invitación de la revista americana *The Atlantic Monthly* acaba de llevar a cabo un largo y extenso viaje por los Estados Unidos, siguiendo en cierto modo las huellas de Tocqueville, 173 años después de su genial compatriota–, confiesa en el libro que ha redactado como fruto de esa apasionante aventura que, como tantos otros intelectuales franceses, él ha encontrado tarde a Tocqueville. Recuerda que ya Raymond Aron, evocando el estado de los estudios tocquevilianos en su juventud, allá por los años veinte del pasado siglo, señalaba que a Tocqueville apenas si se le leía en la Escuela Normal Superior o en la sección de Filosofía de la Sorbona. Lévy, por su parte, añade que «para mi generación, para un *normalien* llegado a la filosofía a finales de los sesenta, en una coyuntura ideológica dominada todavía más fuertemente que la suya por el marxismo y el leninismo, para cualquiera que, como yo, ha cumplido sus veinte años en una Francia en la que la razón última del pensamiento eran las ideas de Mao Tse Tung y en la que el espíritu nuevo, el prestigio intelectual y político, la intransigencia, tenían el rostro de una compañía de pensadores que conjugaban revuelta y teoricismo, libertad de pensamiento y antihumanismo teórico, para los testigos de aquel momento estructural, a la vez airado y congelado, que fue el perfume de nuestra juventud, el desconocimiento de este moderado, a caballo entre el mundo antiguo y el nuevo, entre los Orleáns y los Borbones, la resignación a la democracia y el miedo a la Revolución, me temo que ha sido aún más profundo... Mucho tiempo, durante mucho tiempo, Alexis de Tocqueville ha sido percibido, entre nosotros –subraya– como un autor de segunda fila»[1].

Por fortuna, no ha sido ése mi caso ni el de algunos otros universitarios de mi generación, gracias a un gran maestro, el profesor Luis Díez del Corral, ya fallecido –a quien quiero dedicar aquí un sentido recuerdo–, que fue quien, también en los años sesenta y en un inolvidable seminario que celebrábamos en el Instituto de Estudios Políticos, antecesor del actual Centro de Estudios Políticos y Constitucionales, nos introdujo, a mí y a otros compañeros, en la obra y el pensamiento de Alexis de Tocqueville. La relectura de lo que escribió Díez del Corral sobre el pensador normando, especialmente su libro *El pensamiento político de Tocqueville* (1989), me siguen pareciendo del mayor interés para conocer y apreciar en su justo valor lo que supone la aportación fundamental de Tocqueville al pensamiento libe-

---

[1] Bernard-Henri Lévy: *American Vertigo*. (París: Grasset, 2006), pp. 9-10.

ral. No deja de ser un dato curioso que en aquella España del largo tramo final de la dictadura, aislada oficialmente de las corrientes intelectuales europeas y americanas, la dedicación y el esfuerzo de un puñado de maestros como Díez del Corral, fuera capaz de anticiparse a las tendencias que acabarían imponiéndose en el mundo occidental, despertando a los intelectuales jóvenes del anquilosado sueño dogmático marxista, que, a pesar de la dictadura, también predominaba entre nuestros universitarios «avanzados», pero que acabaría desmoronándose no muchos años después. El dato es también una muestra de cuán injustas son algunas frívolas caracterizaciones de aquella Universidad en la que brillaban no pocos ámbitos de excelencia.

PERFIL INTELECTUAL Y POLÍTICO DE TOCQUEVILLE

Me parece absolutamente indispensable dejar claro desde el principio que, en contra de lo que a veces se dice y se oye, Tocqueville no era un aristócrata nostálgico que aceptaba sólo a regañadientes el advenimiento de la democracia, que él veía, desde luego, como inevitable. Tocqueville pertenecía a una antigua familia de la nobleza normanda, muy alejada de la alta nobleza cortesana, pero de gran peso e influencia en la región, y, por el matrimonio de su padre con una nieta del gran Malesherbes, emparentó con esa otra peculiar aristocracia francesa de raíz y dedicación jurídica que era la *noblesse de robe*, un rasgo en el que, por cierto, coincide con ese otro antecesor intelectual suyo que fue Montesquieu. Pero, a pesar de esos antecedentes familiares, Tocqueville no ejerció nunca de aristócrata ni hizo uso del título a que tenía derecho. En su primera comparecencia electoral, en 1837, de la que saldría derrotado –aunque por muy pocos votos, 210 votos frente a los 247 que obtuvo su rival– Tocqueville constató cómo sus orígenes nobiliarios se convertían en un inconveniente en aquella Francia de la monarquía orleanista. ¡*Point de nobles!* gritaban los partidarios del vencedor, celebrando la victoria, según relata el propio Tocqueville que añade: «Y no es que todos mis adversarios no reconozcan que yo no tengo ni las opiniones ni los prejuicios de la nobleza. Pero es que en la cabeza de estos hombres groseros –continúa– existía alguna cosa semejante a la repugnancia instintiva que los americanos sienten por los hombres de color». «Sorprendente aproximación –comenta un reciente biógrafo de Tocqueville, Gilles de Robien, de quien hemos tomado esta referencia– Los nobles como los negros de la monarquía constitucional»[2].

Por otra parte, se puede afirmar que Tocqueville había hecho una renuncia formal al legitimismo borbónico cuando, tras la Revolución de Julio de 1830, junto con su amigo Beaumont y en su condición de magistrados con destino en Versalles, juraron la adhesión a la nueva Monarquía de Luis Felipe de Orleáns, un gesto que les valió la crítica y el rechazo de los influyentes medios legitimistas de Versalles. Tocqueville, que tenía entonces solo veinticinco años, no aprobaba la política del último Borbón, Carlos X, y de su ministro Polignac y preveía que todo podía acabar como acabó. No tenía tampoco ninguna simpatía por los

---

[2] Gilles de Robien: *Alexis de Tocqueville*. (París: Flammarion, 2000), p. 317.

Orleáns y, como escribe de Robien, no podía ver en Luis Felipe sino al «hijo del regicida Felipe Igualdad, que en su juventud había sido miembro del club de los Jacobinos, que había combatido en Valmy con el ejército revolucionario. Y ¿cómo había accedido al trono? Por una insurrección popular. Es como si Luis XVI hubiera sido condenado a muerte por segunda vez... Pero en el estado en que se encuentra Francia, él estima que sólo la monarquía, aunque sea una monarquía "de rebajas" como la de Luis Felipe, podía recuperar el equilibrio»[3]. Lleno de escrúpulos, escribe a su futura esposa, Mary Mottley, para explicarla su decisión, que presenta como un deber para con su país y como un remedio contra la anarquía. Y en la carta desliza una significativa frase: «Estoy en guerra conmigo mismo».

Años más tarde, ya como diputado en la Cámara, volverá a explicar su apoyo pragmático a la monarquía orleanista en su primer gran discurso parlamentario, el 2 de julio de 1839, con la cuestión de Oriente como tema y en un momento en que Francia parecía haber dejado de contar en el mundo:

> «Yo quiero que esta monarquía dure. ¿Por qué? Porque creo que esta monarquía es el único lazo que nos retiene sobre la pendiente que nos arrastra... Pero creo que no subsistirá durante mucho tiempo si se deja arraigar en el espíritu de Francia ese pensamiento según el cual, nosotros, esta nación que fue tan fuerte, tan grande, que llevó a cabo tantas grandes cosas, que se implicó en todo en el mundo, ya no interviene en nada; no pone su mano en nada; y todo se hace sin ella».

---

[3] *Ibidem*, pp. 21-22.

Cuando en 1839 se presentó de nuevo como candidato a diputado por el mismo distrito de Valognes, esta vez con éxito, envió a sus electores –una cifra muy reducida de ciudadanos pues todavía estaba vigente el sistema de sufragio restringido o censitario– una carta-circular en la que, expresamente, escribía:

> «No hay en Francia y, me atrevo a decirlo, en Europa, un solo hombre que haya hecho ver de una manera más pública que la antigua sociedad aristocrática ha desaparecido para siempre, que no cabe otra posibilidad a los hombres de nuestro tiempo que organizar progresiva y prudentemente, sobre sus ruinas, la sociedad democrática nueva».

Más allá de cualquier electoralismo, lo que allí decía Tocqueville venía avalado por su condición de autor de *La democracia en América*, que había publicado, y con gran éxito, cuatro años atrás. No es, por lo tanto, adecuado, considerar a Tocqueville como un nostálgico de un pasado que consideraba definitivamente periclitado, lo que no le impide reconocer las virtudes o méritos del Antiguo Régimen. El mismo biógrafo citado más arriba no duda, sin embargo, en calificar a Tocqueville de «superviviente de una casta abolida», al tiempo que añade: «Proclamará la muerte de la aristocracia pero se dejaría matar por los de su casta. Es de izquierda en su cabeza –y, sin duda, mucho más de lo que se ha dicho– pero en sus costumbres, en sus gustos y disgustos, sigue irremediablemente apegado a las maneras de antaño»[4].

---

[4] *Ibidem*, pp. 347-348.

Tampoco se le puede considerar a Tocqueville como un doctrinario, en el sentido en que se utilizó esta palabra en la Francia del primer tercio del siglo XIX. Se denominó así a un grupo de pensadores que, terminada la aventura napoleónica y tras la Restauración de la Monarquía borbónica, intentaban encontrar una vía media entre quienes se empeñaban en una vuelta a los modos y formas de la etapa anterior a la Revolución y quienes deseaban extraer de la experiencia revolucionaria todas sus aparentemente inevitables consecuencias. La discrepancia entre estos dos extremos del espectro político de aquel entonces se centró en la cuestión de la soberanía y su correlato inmediato, esto es, el poder constituyente. Mientras los primeros aspiraban a una vuelta al absolutismo, esto es, a la soberanía real, sin más limitaciones que las voluntariamente aceptadas por el monarca y que tendrían su expresión en una «Carta otorgada», los herederos de la Revolución no se conformaban con menos que una aceptación pura y simple de la soberanía nacional o popular dotada del poder constituyente para redactar e imponer una Constitución, *velis nolis,* al monarca. Los doctrinarios, en fórmula cuya originalidad no puede negarse pero cuyo irremediable carácter transitorio tampoco admite muchas dudas, concebían a la soberanía como fruto de un pacto entre el rey y el pueblo representado por el Parlamento. Esta soberanía compartida se concretaba en las constituciones pactadas, como la española de 1845, cuyo preámbulo refleja palmariamente su doctrinarismo: «Doña Isabel II, por la gracia de Dios y de la Constitución de la Monarquía española, Reina de las Españas; a todos los que la presente vieren y entendieren, sabed: *Que siendo nuestra voluntad y la de las Cortes del Reino...*».

Esta referencia española nos muestra que, tres años antes de la Revolución francesa de 1848 –tarde y con retraso, como casi siempre– España todavía se aferraba a las fórmulas doctrinarias que ya en Francia estaban superadas. La borbónica Monarquía de la «Carta Otorgada» había caído en la Revolución de Julio de 1830 y el nuevo «Rey de los franceses», Luis Felipe de Orleáns, también llamado «el rey ciudadano», presidía un régimen de transición en el que el evanescente aroma doctrinario, encarnado en el difícil sistema de la doble confianza, es ya un anticipo de los nuevos tiempos. Como ha señalado Remusat, Tocqueville mantuvo una estrecha relación con un doctrinario tan destacado como Royer-Collard, hombre de otra generación, a quien veía en cierto modo como un maestro, pero eso no hace de él un doctrinario en sentido estricto. Seguramente Remusat acierta plenamente cuando escribe: «Con la diferencia de edad, con un espíritu de distinta naturaleza, Royer-Collard ofrece también –como Tocqueville– el rasgo sobresaliente de estar invenciblemente vinculado a los resultados generales de la revolución, no siendo en absoluto revolucionario, así como el de amar la igualdad, pero condicionada a la libertad». Y Díez del Corral –de quien hemos extraído esta referencia a Remusat– tras definir a Tocqueville como «emparentado próximamente con las ideas de Royer-Collard y de los doctrinarios» subraya que «una apreciación más realista y actual de las circunstancias políticas diferencia claramente a los juicios de Tocqueville sobre las posibilidades internas de la democracia de los emitidos por Royer-Collard»[5].

---

[5] Luis Díez del Corral: *El liberalismo doctrinario.* (Madrid, Instituto de Estudios Políticos, 1956) p. 388 y nota 19. No deja de ser significativo que en un libro con ese título su autor sólo dedique a Tocqueville unas

En su último libro, *El pensamiento político de Tocqueville*, Díez del Corral se ocupó de nuevo del concepto de doctrinarismo y de su posible adecuación a Tocqueville. «No se constituyó alrededor de Royer-Collard —escribe— un partido o grupo político coherente, sino algo que apenas rebasaba el rango de *côtérie*, como escribe en 1817 Prosper de Barante». Y, tras enumerar algunos de estos doctrinarios —todos ellos más viejos que Tocqueville— añade: «Pero los verdaderos doctrinarios son pocos: todos caben, decía Beugton, en un canapé». Un poco más adelante, Díez del Corral escribe que «si bien se mira lo que tal palabra significa, resulta que ser doctrinario consiste precisamente en no tener lo que corrientemente se entiende por doctrina». A diferencia de sus antagonistas del momento, los *ultras* y los liberales extremos, «fuertemente atrincherados en sus posiciones, los llamados doctrinarios resultarán tornadizos, siempre andando en componendas, afanosos en buscar justificaciones para esos objetivos pragmáticos... Pero sería exagerado deducir de lo anterior que, efectivamente, como algunos piensan, sean los doctrinarios verdaderos oportunistas». Aporta también Díez del Corral la favorable opinión de Ortega y Gasset sobre los doctrinarios: «De todas suertes, quiero tener el valor de afirmar que este grupo de los doctrinarios, de quienes todo el mundo se ha reído y ha hecho mofas escurriles, es, a mi juicio, lo más valioso que ha habido en la política del continente durante el siglo XIX»[6].

---

páginas, como reafirmando su convicción de que, aunque emparentado, Tocqueville no puede considerarse en absoluto como un doctrinario.

[6] Luis Díez del Corral: *El pensamiento político de Tocqueville*. (Madrid: Alianza. 1989), pp. 377-379. La cita de Ortega y Gasset corresponde al «Prólogo para franceses» de *La rebelión de las masas*.

En mi opinión, cualquier rasgo de doctrinarismo que pudiera encontrarse o persistir en Tocqueville desapareció como consecuencia de su viaje a los Estados Unidos (1831-1832). De allí volvió no sé si fascinado pero, en todo caso, convencido de que «la igualdad de condiciones» –hecho social que, en su opinión, tiene como correlato político la soberanía popular y, por lo tanto, la democracia– llegará a imponerse en Europa como ya lo estaba en los Estados Unidos. Basta leer la Introducción a la Primera *Democracia en América*:

> «Entre las cosas nuevas que me llamaron la atención durante mi estancia en los Estados Unidos, ninguna me impresionó más que la igualdad de condiciones. Descubrí sin dificultad la prodigiosa influencia que este primer hecho ejerce sobre la marcha de la sociedad. Encauza el espíritu público en una determinada dirección, imprime cierto aire a las leyes, da nuevas máximas a los gobernantes y unos hábitos peculiares a los gobernados.
>
> Pronto observé que este mismo hecho extiende su influencia mucho más allá de las costumbres políticas y de las leyes, y que no alcanza menos imperio sobre la sociedad civil que sobre el gobierno. Crea opiniones, hace nacer nuevos sentimientos, sugiere usos y modifica todo lo que no produce».
>
> ....
>
> «Dirigí entonces mi pensamiento hacia nuestro hemisferio y me pareció distinguir en él algo semejante al espectáculo que me ofrecía el Nuevo Mundo. Vi que la igualdad de condiciones, sin haber alcanzado sus límites extremos como en los Estados Unidos, se acercaba a ellos cada día más, y me pareció que aquella misma democracia que reinaba en las sociedades americanas avanzaba en Europa rápidamente hacia el poder».

Tocqueville era consciente de que el advenimiento de la democracia era imparable y por eso propició la ampliación del sufragio y predijo en varias ocasiones –pero sobre todo en un famoso discurso pronunciado el 27 de enero de 1848, exactamente veinticuatro días antes de las Jornadas de Febrero que desencadenan la Revolución de 1848– el hundimiento de la Monarquía Orleanista, que se negaba a reformarse y a ampliar su base social. Aquel discurso fue una de sus más brillantes intervenciones parlamentarias:

> «El desorden no se percibe en los hechos, pero ha penetrado profundamente en los espíritus. Contemplad lo que sucede en el seno de esas clases obreras que actualmente, lo reconozco, están tranquilas... ¿no veis que poco a poco se extienden en su seno opiniones e ideas que no sólo van a trastocar tales leyes, tales ministerios, al mismo gobierno, sino a la misma sociedad, debilitando las bases mismas sobre las que reposa?»
>
> ....
>
> «Conservad las leyes si os place; aunque yo pienso que, al hacerlo, os equivocáis, conservadlas; conservad los mismos hombres si eso os causa placer, yo, por mi parte, no seré ningún obstáculo; pero, por Dios, cambiad el espíritu del gobierno porque, os lo repito, este espíritu os conduce al abismo».

Un intelectual, como ante todo era Tocqueville, prefería desde luego lo que en alguna ocasión denominó «la soberanía de la razón» pero, como había visto en los Estados Unidos, sabía que la soberanía de la mayoría era un hecho inevitable que, antes o después, se impondría, como sucedió en Francia, precisamente como consecuencia de la Revolución de 1848, que estableció lo que entonces se llamaba «sufragio universal», injustamente, porque dejaba fuera a toda la población femenina.

Pero su viaje a los Estados Unidos, donde ya se practicaba el sufragio universal masculino, no deja de plantearle serias dudas sobre las consecuencias de dar el derecho de voto a gentes poco preparadas. Algunos casos de los que tuvo conocimiento durante su estancia en América le llamaron especialmente la atención, como el del famoso Houston, con quien coincidió en un viaje fluvial por el Mississipi o el de David Crockett, entonces todavía poco conocido y que había sido elegido para el Congreso por un distrito de Memphis (Tennessee). Que un hombre que vivía en los bosques y se mantenía de la venta de la caza, medio analfabeto y sin propiedad alguna hubiera llegado a una de las Cámaras del Poder Legislativo rompía muchos esquemas de un hombre tan distinguido como Tocqueville que, señalaba, había vencido en las urnas a un hombre «bastante rico y de talento».

Estos casos concretos le llevan a Tocqueville a unas consideraciones generales muy interesantes:

> «Se me asegura, además, que en los nuevos Estados del Oeste el pueblo hace por lo general muy pobres selecciones entre los candidatos. Llenos de orgullo y sin luces, los electores quieren estar representados por gentes de su clase. Además, para ganar sus sufragios hay que descender a maniobras que desagradan a los hombres distinguidos. Hay que frecuentar los cabarets, beber y discutir con el populacho; es lo que se llama *electioneering* en América»[7].

---

[7] Alexis de Tocqueville: *Voyage en Amérique*; p. 272.

Tocqueville se plantea esta imparable marcha hacia la democracia como un sociólogo o un científico político que analiza hechos e intenta encontrar las leyes que rigen la evolución de las sociedades. Ni nos abruma con lo que a él le gustaría ni nos sermonea con un hipotético deber ser. Se limita a constatar —como escribe en la misma Introducción— que «una gran revolución democrática se está operando entre nosotros» para añadir: «Todos la ven, más no todos la juzgan de la misma manera. Unos la consideran como una cosa nueva, y tomándola por una accidente, esperan poder detenerla todavía; mientras que otros la juzgan irresistible, por parecerles el hecho más ininterrumpido, más antiguo y más permanente que se conoce en la historia». Es evidente que Tocqueville se sitúa a sí mismo en este último grupo.

De los párrafos anteriores se deduce lo difícil que ha sido tradicionalmente definir ideológicamente a Tocqueville y con qué frecuencia se le han asignado caprichosamente etiquetas que no le corresponden en absoluto. Eso resulta hasta cierto punto lógico si tenemos en cuenta que, ante todo, Tocqueville es un espíritu libre que no formó parte nunca de ninguna escuela ni se sometió a la disciplina de ningún partido. Aquel clásico parlamentarismo del siglo XIX estaba centrado en la figura individual del diputado y no, como en la actualidad, en el grupo parlamentario. Hasta el establecimiento del sufragio universal masculino, la única batalla política para quienes buscaban un escaño en el Parlamento era la acción individualizada sobre los pocos centenares de electores de su circunscripción. Conseguida al acta, cada diputado era muy libre de sumarse o no a alguno de los flexibles grupos existentes y, desde luego, conservaba la libertad de cambiar de lealtades políticas cuándo quisiera y por la razón que le pareciera más oportuna. Sus únicas obligaciones eran con sus electores a los que prestaban los servicios que se les solicitaban. Tal fue el caso de Tocqueville que se mantuvo en la Cámara desde 1839 a 1852, apoyado siempre por sus electores de Valognes, que le estimaban, como demostraron una y otra vez. Y debe señalarse que, salvo su primer intento electoral, al que ya nos hemos referido, siempre consiguió la victoria, incluso cuando, a partir de 1848, se estableció el sufragio universal masculino. En las primeras elecciones que se celebraron con este nuevo sistema, Tocqueville obtuvo nada menos que el noventa por ciento de los sufragios emitidos.

Fiel al espíritu de la época y, desde luego, a sus propias convicciones, Tocqueville es un apasionado de la libertad pero, sobre todo en las primeras etapas de su trayectoria política, expresó estas ideas de un modo tan genérico que dio pie para que se le asignasen las más diversas etiquetas. Gilles de Robien escribe que su manifiesto electoral de 1837, «apenas tiene contenido político, si no es por la contundencia que da a su convicción de que "al punto que hemos llegado, con nuestras ideas, nuestra civilización, nuestras costumbres, la libertad no sólo es deseable, sino necesaria"; excepto también por su odio declarado a "todas las tiranías, cualesquiera que sean sus formas y cualquiera que sea el lado del que se presenten". Es difícil mostrarse más generosamente vago –continúa de Robien– tanto que sus adversarios no dejaron de explotar este fallo. Estos propósitos, debe subrayarse, convendrían a un liberal, a un legitimista e incluso a uno de esos doctrinarios, partidarios del compromiso entre las ideas de 1789 y el principio monárquico, que militaban bajo la bandera de Royer-Collard y de Guizot. Pero es la sospecha de legitimismo la que se le imputa con más ganas»[8]. Ya hemos aludido cómo se lanzaba contra él el grito de *¡Point de nobles!* en aquella su primera comparecencia electoral.

Desde luego es injusto e inadecuado considerar a Tocqueville como un legitimista nostálgico del *Ancien Régime*, pero es indudable que un inconfundible estilo aristocrático es, seguramente, el rasgo más definitorio de su persona y de su conducta. Ahí puede estar la clave de esa confusión que le persiguió en vida y que todavía persiste. Por otra parte, paradójicamente, en la obra de este profeta de la igualdad de condiciones es perceptible, sin embargo, un cierto regusto aristocrático, fruto de su arraigada toma de posición contra la tiranía de la mayoría, tantas veces inevitable en esa democracia que él veía como horizonte irremediable de su tiempo. Como escribe Pierre Manent, «Tocqueville establece una equivalencia entre partido aristocrático y estrechamiento del poder público, de una parte, y, de la otra, entre partido democrático y extensión de ese mismo poder. De suerte que, incluso cuando la noción de aristocracia ha perdido toda significación social –es decir, ha perdido su sentido propio y constitutivo– parece conservar una significación política de gran envergadura; a saber, el recelo frente al poder central»[9].

---

[8] G. de Robien; *Ob. cit.*, p. 316.

[9] Pierre Manent: *Tocqueville et la nature de la démocratie.* (París: Julliard, 1982), p. 32.

Llegamos así al núcleo central de este paradójico personaje: Apasionado de la libertad y convencido del inevitable advenimiento de «la igualdad de condiciones» y, por lo tanto, de la democracia, no puede ocultar su temor de que ésta puede coartar a la primera. Saint Beuve ha expresado lúcidamente esta paradoja: «Aunque perteneciente tanto por nacimiento como por sus gustos exquisitos y delicados al Antiguo Régimen, Tocqueville abunda en el espíritu de 1789. Hombre del ochenta y nueve, se siente tan celoso de la libertad como se muestra precavido y desconfiado ante la igualdad; la aconseja tan morosamente que se le tendría a veces por adversario»[10]. Quizás el sueño oculto e imposible de Tocqueville fuera una especie de «democracia aristocrática», que él sabía inalcanzable pero en cuya contemplación se recrea. Tal es lo que escribe J. C. Lamberti: «Toda su obra es un inmenso esfuerzo por trasponer a la democracia, y en beneficio suyo, los valores aristocráticos y, en primer lugar, el gusto por la excelencia humana, el respeto mutuo y la audaz afirmación de la independencia personal, que constituyen para Tocqueville como para Chateaubriand, la esencia de la libertad aristocrática»[11].

Tocqueville es un liberal en el más pleno sentido de la palabra y a mediados del siglo XIX tal cosa le situaba en la izquierda. Así lo reconoce de Robien: «Si hubiera que encontrar una equivalencia con el espectro electoral de hoy y con todas las reservas que exige este tipo de aproximación, se le calificaría

---

[10] Cit. en L. Díez del Corral: *El pensamiento político... Ob. cit.* Pg. 83.

[11] Jean Claude Lamberte: *Tocqueville el les deux démocraties.* (París: PUF, 1983), p. 77.

de centro-izquierda, una izquierda orleanista; pertenecía a la oposición llamada dinástica, que era la que combatía al gobierno de turno pero aceptaba el régimen, a diferencia de los legitimistas y de los republicanos». De hecho, Tocqueville, cuando llegó a la Cámara, se acomodó en los bancos situados en el centro-izquierda «para permanecer fiel a las posiciones que había adoptado ante sus electores», como escribe el mismo Robien. Tocqueville se lo explicará epistolarmente a su amigo Corcelle: «A los ojos de estas gentes, el lugar en que uno coloca su trasero tiene una importancia de primer orden...El nombre de la izquierda es el que queda en su memoria y es esta palabra la que deseo adherir a mi nombre». Robien estima que «Tocqueville se encuentra en la situación inconfortable de los hombres del *juste milieu*, a los que se coloca siempre, más o menos, la etiqueta de la izquierda por la gentes de la derecha y, sin remedio, la de estar a la derecha por las gentes de la izquierda»[12].

Tocqueville se situará incluso un poco más a la izquierda en 1842, con ocasión de una polémica –tras la muerte en accidente del duque de Orleáns, sucesor previsto del rey– a propósito de cómo debía organizarse una eventual regencia. En el calor de los debates Tocqueville se sitúa con contundencia contra Thiers, a quien nunca había soportado, y éste le contesta con la misma virulencia, en apoyo del gobierno Soult-Guizot y del propio Luis Felipe. ¿Por qué detesta tanto Tocqueville a Thiers? De Robien aventura una respuesta que pone de relieve otro de los rasgos de la personalidad de Tocqueville: su profun-

---

[12] G. de Robien: *Ob. cit.*, p. 325.

do sentido moral. «¿Por qué Alexis detesta a Thiers? Porque le cree capaz de todo para alcanzar el poder, un hombre imprevisible, un hombre sin moral. Y es la moral, a fin de cuentas, la que gobierna el pensamiento de Tocqueville. Y la moral, en este asunto, está en la izquierda, aunque la izquierda tiene a veces la tendencia de olvidar su doctrina liberal en beneficio de la ideología o de la fraseología revolucionaria». A raíz del incidente Tocqueville se pasa a las filas de la izquierda dinástica que dirigía Odilon Barrot. «Tocqueville que, como se recuerda, había insistido en la importancia de elegir con cuidado el lugar en que uno sitúa su trasero en la Cámara, acaba de desplazarse algunos metros. Ha pasado del centro izquierda a la izquierda y ya no saldrá de ahí»[13].

Como había previsto la caída del último Borbón, Carlos X, Tocqueville percibe como irremediable la de Luis Felipe y siente una enorme aprehensión por el futuro, aunque acabará aceptando la II República, pero no la deriva autoritaria de Luis Napoleón Bonaparte, que desemboca en el II Imperio. Ahí radica ese pesimismo tan perceptible en Tocqueville que no es sólo una actitud intelectual sino un sentimiento que embarga su ánimo, como explica en no pocas ocasiones. En algunas de sus cartas se explayará y dará rienda suelta a sus sentimientos como cuando aludiendo a su estado de ánimo escribe: «[Siento] una tristeza grande y profunda, una de esas tristezas sin remedio porque, aunque se sufre de ella, no querría uno curarse... la tristeza que me da una visión clara de mi tiempo y de mi país». En otra carta insistirá: «No creo en el porvenir. Siento

---

[13] *Ibidem*; p. 379.

una tristeza profunda que nace menos de aprehensiones inmediatas (a pesar de que son grandes) que de la ausencia de esperanza»[14].

Tras la Revolución de 1848, que se había llevado por delante la Monarquía orleanista, Tocqueville sigue con interés los acontecimientos y, de junio a octubre de 1849, desempeña con más pena que gloria la cartera de Asuntos Exteriores. A partir de ahí su decepción no deja de crecer y ante esa deriva autoritaria que pondrá a Francia en manos de Napoleón III, Tocqueville escribe, desesperanzado, a un amigo, el 19 de junio de 1850:

> «Yo no comprendo ni cuánto puede durar esto ni cómo puede acabar. Me veo sin brújula, sin velas y sin remos sobre un mar del que no percibo la orilla por ninguna parte y, fatigado de agitarme en vano, me tiendo en el fondo del barco y espero el porvenir».

El pesimismo de Tocqueville procede, en primer lugar, de la contemplación de la situación política francesa, que sólo podía satisfacer a los nostálgicos del autoritarismo bonapartista, que muy pronto recuperarían el poder, pero que no podía ser más decepcionante para un liberal. «Lo que Tocqueville echaba de menos en la vida política francesa era la altura de miras, el sentido de responsabilidad y el valor institucional de una antigua aristocracia, y además el vivo latido de la vida social que quedaba pospuesto por los intereses egoístas de clase»[15].

---

[14] L. Díez del Corral: *El liberalismo... Ob. cit.*, p. 388. nota 19.
[15] *Ibidem*; pp. 387.

Pero, en segundo lugar, y como explica Harold Laski, el pesimismo de Tocqueville es fruto de una frustración personal: «Deseaba ser un actor en el drama, y sólo le fueron dadas cualidades para desempeñar el papel de supremo comentarista. De ahí procede esa nota de tristeza, incluso de desengaño, que se encuentra en todas sus páginas, las cuales manifiestan la actitud de un hombre que se encuentra defraudado por su inhabilidad para influir en la política, estando seguro de comprenderla mejor que sus directores». Y Díez del Corral no vacila en hablar de «una cierta dosis de resentimiento»[16].

TOCQUEVILLE Y LOS RIESGOS DE LA DEMOCRACIA

Liberal convencido, Tocqueville sabe muy bien que libertad e igualdad son inseparables y eso le conduce, lógicamente, a admitir la soberanía popular y el sufragio universal, en suma, la democracia. Le lleva a ello la lógica de su pensamiento, pero también lo aprendido en su viaje a los Estados Unidos. Pero su reflexión no se queda ahí. Su patente perspicacia y su enorme capacidad y propensión de lanzarse a la arriesgada aventura de la prospectiva, le conducen lógica e irremediablemente a advertir una y otra vez de los peligros implícitos en la democracia, casi todos ellos derivados del predominio de la igualdad sobre la libertad. Esa igualdad de condiciones que es para él el motor que mueve y marca la evolución de las sociedades pero que, al

---

[16] *Ibidem*; pp. 389-390, nota 20.

mismo tiempo, es algo así como una caja de Pandora que encierra muchos riesgos y peligros.

- *La tiranía de la mayoría*

La preocupación por la deriva autoritaria de la democracia no fue, desde luego, consecuencia de la contemplación de la evolución política francesa, sino que procede de su análisis de la sociedad de los Estados Unidos y es patente ya en la Primera *Democracia en América* que, no lo olvidemos, aparece en 1835. El capítulo que allí dedica a «la omnipotencia de la mayoría» tiene un valor imperecedero y es una advertencia permanente, lógica en un pensador cuya genealogía intelectual procede de Montesquieu, cuya preocupación fundamental es encontrar un método de limitar y controlar el poder para evitar los abusos de éste. La separación de poderes, basada en la máxima de *que le pouvoir arrête le pouvoir*, es fruto de esa preocupación y abre una línea de pensamiento que, con antecedentes en Locke, se prolongará en pensadores como Bejamin Constant, Tocqueville o el propio Stuart Mill, todos ellos en guardia permanente contra los abusos de la mayoría. En los antípodas está la otra línea de pensamiento, que nace en Rousseau y desemboca en todas las variantes de eso que Talmon ha bautizado como «democracia totalitaria».

Para Tocqueville ningún poder, cualquiera que sea su origen, puede ser absoluto o ilimitado y pone en guardia contra esa «tiranía de la mayoría» que se cree con derecho «a hacerlo todo», por proceder de la voluntad de la mayoría. En un lejano eco del famoso discurso de la protagonista de la *Antígona* de

Sófocles, que recuerda al tirano Creonte que «hay unas leyes inmutables escritas en el Cielo, que no nacieron hoy ni ayer, que no morirán» y que están por encima no sólo de las leyes humanas, sino de los propios dioses, Tocqueville recordará que «la justicia constituye el límite del derecho de todo pueblo». Pero será mejor dejar hablar al propio Tocqueville:

> «Pertenece a la esencia misma de los gobiernos democráticos que el imperio de la mayoría sea en ellos absoluto, pues fuera de la mayoría en las democracias nada hay que resista».
>
> ....
>
> «Así pues, en los Estados Unidos la mayoría tiene un inmenso poder de hecho y un poder de opinión casi tan grande como aquél; una vez que ha decidido una cuestión no hay, por así decirlo, obstáculo que pueda, no ya detener, sino ni siquiera retardar su marcha y darle tiempo para escuchar las quejas de aquellos a quienes aplasta a su paso.
>
> Las consecuencias de semejante estado de cosas son funestas y peligrosas para el futuro».
>
> ....
>
> «Considero impía y detestable la máxima de que en materia de gobierno la mayoría de un pueblo tenga derecho a hacerlo todo, y sin embargo sitúo en la voluntad de la mayoría el origen de todos los poderes. ¿Estoy en contradicción conmigo mismo?
>
> Existe una ley general hecha, o cuando menos adoptada, no sólo por la mayoría de tal o cual pueblo, sino por la mayoría de los hombres. Esta ley es la justicia.
>
> La justicia constituye, pues, el límite del derecho de todo pueblo».
>
> ....

«Así pues, cuando yo rehúso a obedecer una ley injusta no niego a la mayoría el derecho de mandar: no hago sino apelar contra la soberanía del pueblo ante la soberanía del género humano».

....

«El poder de hacerlo todo, que yo niego al hombre solo [el rey absoluto], jamás lo concederé a varios».

....

«La libertad se encuentra en peligro cuando ese poder no encuentra ningún obstáculo que pueda retener su marcha y darle tiempo para moderarse a sí mismo».

Desgraciadamente la tiranía de la mayoría en las democracias no es un mero concepto escolástico, ya que la actualidad nos provee de no pocos ejemplos que nos muestran su vigencia. Muchos intelectuales españoles redescubrieron a Tocqueville cuando, en la década de los ochenta del pasado siglo, y tras la arrolladora victoria socialista de 1982, el Gobierno se creyó con capacidad y derecho para «hacerlo todo». Estimando que la victoria electoral les daba una especie de cheque en blanco, el vicepresidente del Gobierno de entonces (Alfonso Guerra) decretó «el entierro de Montesquieu», es decir de la división de poderes y se cayó de lleno en eso que Jean François Revel ha denominado «la tentación totalitaria». No es el momento de hacer el análisis político de aquella etapa, pero es evidente que, con el argumento de los famosos diez millones de votos (los obtenidos por el PSOE en 1982), aquel Gobierno convirtió al Parlamento en una mera «cámara de registro» y comenzó a acosar seriamente al Poder Judicial, cuya independencia, desde entonces, ha entrado en un proceso de retroceso y pérdida. La misma creencia en la omnipotencia de la mecánica mayoría política es la que explica insólitas decisiones del actual Gobierno socialista: declarar, por ejemplo, matrimonio a la unión de dos personas del mismo sexo es una muestra de desprecio e ignorancia por esas leyes de toda la humanidad, que están por encima de cualquier derecho positivo.

Preocupado, como es natural, por la libertad intelectual, Tocqueville hace unas consideraciones sobre el influjo de la tiranía de la mayoría sobre los escritores y sobre las minorías disidentes. Siempre he pensado que quizás Tocqueville exageraba cuando pintaba «el poder que la mayoría ejerce en América sobre el pensamiento». Al menos la sociedad norteamericana actual, con su democracia consolidada, tiene suficientes recursos que impiden que la mayoría asfixie y amordace a las minorías. Pero seguramente acierta plenamente en democracias menos sólidas como sería el caso de la española. En todo caso es curioso constatar cómo Tocqueville anticipa el fenómeno que los especialistas en comunicación, siguiendo a la alemana Elizabeth Noelle-Neumann, denominan «espiral del silencio»: Quien se siente en mayoría se anima a hablar e intervenir, quien se percibe como minoría tiene la tendencia a callarse. El resultado es que la mayoría aparece como más mayoritaria de lo que realmente es, mientras que la silente minoría aparece más insignificante de lo que es realmente. El famoso cuento medieval del rey desnudo se ha utilizado para explicar esta peculiar situación que otros, como el sociólogo Robert K. Merton denominan «ignorancia pluralista», y que es muy frecuente en nuestras actuales sociedades mediáticas, ya que los medios de comunicación contribuyen a ese efecto. Es curioso también que algunos párrafos de Tocqueville, cuando se refiere por ejemplo a la «violencia intelectual», parecen anticipar la acción intoxicadora de los medios de comunicación, especialmente de la televisión. Pero volvamos a la Primera *Democracia en América:*

> «El pensamiento es un poder invisible y casi inaprensible que se burla de todas las tiranías. En nuestros días, los soberanos más absolutos de Europa no podrían impedir que ciertos pensamientos hostiles a su autoridad circulasen libremente en sus estados e incluso en sus cortes. No sucede lo mismo en América. Mientras la mayoría se muestra dudosa, se habla; pero una vez que se pronuncia de manera irrevocable todos se callan, y amigos y enemigos se unen a su carro. La razón es muy sencilla: no hay monarca tan absoluto que pueda reunir en su mano todas las fuerzas de la sociedad y vencer las resistencias como puede hacerlo una mayoría revestida del derecho de hacer las leyes y ejecutarlas».

> ....

> «En América la mayoría traza un cerco formidable alrededor del pensamiento. Dentro de esos límites el escritor es libre, pero ¡ay de aquel que se atreva a salir de ellos! No es que tenga que temer un auto de fe, pero está expuesto a disgustos de toda clase y a persecuciones diarias. La carrera política se le cierra, pues ha ofendido al único poder que tiene la facultad de abrirla. Se le niega todo, hasta la gloria. Antes de publicar sus opiniones, el escritor creía tener partidarios; ahora que se ha descubierto ante todos, le parece no tener ninguno, pues aquéllos que le condenan se manifiestan en voz alta, y los que piensan como él, no teniendo su coraje, se callan y se alejan. El escritor cede, se

doblega por último bajo el esfuerzo diario, y vuelve al silencio, como si se sintiera arrepentido de haber dicho la verdad».

....

Los príncipes habían, por así decirlo, materializado la violencia; las repúblicas democráticas de hoy la han hecho tan intelectual, como la voluntad humana a la que pretenden sojuzgar. Bajo el gobierno absoluto de uno solo, el despotismo, para llegar al alma, hería groseramente el cuerpo, y el alma, escapando a esos golpes, se elevaba gloriosa sobre él. Pero en las repúblicas democráticas no es así como procede la tiranía; deja al cuerpo y va derecha al alma. El amo ya no dice: «O pensáis como yo, o moriréis»; sino que dice: «Sois libres de no pensar como yo; vuestra vida, vuestros bienes, todo lo conservaréis; pero desde hoy, sois un extraño entre nosotros. Conservaréis vuestros privilegios de ciudadano pero no os servirán para nada, pues si pretendéis el voto de vuestros conciudadanos, estos no os lo concederán, y si sólo solicitáis su estima, aun ésta habrán de rehusárosla. Seguiréis viviendo entre los hombres, pero perderéis vuestros derechos de humanidad. Cuando os acerquéis a vuestros semejantes, huirán de vosotros como de un ser impuro, e incluso los que crean en vuestra inocencia os abandonarán, para que no se huya asimismo de ellos. Id en paz, os dejo la vida, pero una vida peor que la muerte».

El tono grandilocuente, tan decimonónico, de Tocqueville puede que sea un tanto exagerado, pero apunta muy bien a ese fenómeno tan actual que consiste en ningunear y marginar al disidente. En estas consideraciones de Tocqueville está también la base de otro fenómeno contemporáneo, bien conocido, que es de «lo políticamente correcto». Ponerse en contra o, simplemente, poner en duda los dogmas de la mayoría supone asumir serios riesgos: no ya el encarcelamiento, pero sí la marginación, la reducción al silencio y la incorporación a las «listas negras» que elaboran los poderosos, no sólo los que desempeñan puestos políticos sino todos esos otros personajes que influyen en los ámbitos económicos, culturales, mediáticos... etc. Y, por supuesto, cuando hablamos de mayoría no nos referimos en exclusiva a la mecánica mayoría parlamentaria, sino a esa otra mayoría social que impone gustos e ideas o que se aferra a ciertos lemas simplistas, sin entrar en más análisis, como, por ejemplo, aquel «no a la guerra» de 2003-2004 que ha encubierto tantas indignidades y tanta miseria moral.

Defensor a ultranza de la libertad individual, Tocqueville creía necesario garantizar el derecho a discrepar, sin el que no hay una verdadera democracia. Un derecho que, en nuestras sociedades, a veces cuesta tanto poder ejercer. En esto, como en otras cuestiones, Tocqueville es similar a John Stuart Mill, su contemporáneo (Tocqueville nació el 29 de julio de 1805 y Stuart Mill en mayo de 1806) en cuyo *On Liberty* no sólo hay ya una crítica de la tiranía de la mayoría, sino la defensa más apasionada y razonada del derecho a discrepar, sintetizada en su famosa frase: «Si toda la humanidad, menos una persona, fuera de una misma opinión, y esa persona fuera de opinión contraria, la humanidad sería tan injusta impidiendo que hablase, como esa persona lo sería si teniendo poder bastante impidiera que hablara la humanidad». La condena de la tiranía de la mayoría, lleva aparejada, lógicamente, la defensa de la minoría, incluso la de esa minoría, la menor de todas las posibles, que es la de una sola persona contra el resto de la humanidad.

Tocqueville no llegó a prever ese otro fenómeno, tan propio de nuestra época, y especialmente en España, de las «mayorías artificiales» compuestas de diversas minorías heterogéneas que, a menudo, no tienen en común nada más que la voluntad compartida de oponerse a otra mayoría más homogénea. Estas mayorías artificiales, que en España podrían denominarse «al estilo Tinell», alteran totalmente y en profundidad las reglas del juego y socavan el sistema democrático desde dentro, sembrando el desconcierto y la desconfianza entre los ciudadanos. Cuando un partido –como sucede actualmente con el PSOE en España– está dispuesto a aliarse con los socios más insólitos con tal de conservar el poder, cediendo incluso en cuestiones de principio, instrumentando y poniendo las instituciones al servicio de sus intereses partidistas e incluso violando sin rebozo las más elementales normas del Estado de Derecho, la democracia se degrada hasta extremos que pueden hacer difícil e incluso imposible la recuperación. Ante una situación de ese tipo, es necesario peguntarse si se puede seguir llamando democracia un régimen de esas características. Más adelante volveremos sobre este asunto.

- *El despotismo en las sociedades democráticas*

Si el desarrollo de sus ideas sobre la tiranía de la mayoría aparece en la Primera *Democracia en América,* publicada en 1835, sus reflexiones sobre los peligros de la concentración del poder y sobre lo que denomina «el tipo de despotismo que deben temer las sociedades democráticas» ocupa los últimos capítulos de la Segunda *Democracia en América*, publicada cinco años después en 1840. Entiendo que esas ideas deben verse, por lo tanto, no como el fruto inmediato de su encuentro con la sociedad americana, sino como consecuencia de una reflexión aún más profunda y más prolongada. Durante esos cinco años el joven Tocqueville de treinta años se ha convertido en un hombre maduro, se ha casado, ha entrado en política como diputado por su distrito de Valognes, ha sido elegido académico de Ciencias Morales y Políticas. Además ha hecho un segundo viaje a Inglaterra e Irlanda y ha visitado Suiza. Viajes todos ellos en los que ha tomado multitud de notas que se han convertido después en nuevas publicaciones. Cuando redacta la Segunda *Democracia en América*, los Estados Unidos son ya casi un lejano telón de fondo, poco más que un pretexto, que le da pie para unas reflexiones mucho más generales sobre el futuro de esa democracia que todavía no ha llegado a Europa, pero que es el horizonte inesquivable del continente. El propio Tocqueville alude a esa reflexión más profunda a lo largo de los cinco años transcurridos entre las dos partes de la *Democracia en América*: «Un examen más detallado del asunto y cinco años de nuevas meditaciones –escribe al comienzo del capítulo sobre el despotismo en las naciones democráticas– no han disminuido mis temores, pero éstos han cambiado de objeto». Estas circunstancias dan a esas reflexiones un valor aún mayor, quizás, para quienes vivimos en sociedades democráticas «avanzadas» –por usar una discutible calificación– porque no resulta difícil concluir que Tocqueville hace gala en ellas de una insólita capacidad de previsión.

Como sabemos, a Tocqueville le preocupan extraordinariamente las relaciones entre libertad e igualdad y teme que la primera fenezca asfixiada por la segunda:

«La libertad se ha manifestado entre los hombres en épocas distintas y bajo formas diferentes; no está ligada de manera exclusiva con un determinado estado social, ni se encuentra sólo en las democracias. Por tanto, no puede constituir el carácter distintivo de los tiempos democráticos.

El hecho particular y predominante que los singulariza es la igualdad de condiciones sociales; la pasión principal que agita a los hombres en tales tiempos es la de la igualdad».

....

«Creo que los pueblos democráticos tienden naturalmente a la libertad; entregados a sí mismos, la buscan, la aprecian, y les duele grandemente que se les aparte de ella. Pero, por la igualdad, sienten una pasión insaciable, ardiente, eterna, invencible; quieren igualdad en libertad, y no pueden obtenerla así, la quieren incluso en esclavitud. Soportarán la pobreza, la barbarie, pero no soportarán a la aristocracia».

A partir de esa pasión por la igualdad se llega al individualismo, al que Tocqueville concibe como fruto de esa igualdad, para él tan inevitable como preocupante. Para él el individualismo «es una expresión reciente, que ha sido alumbrada por una idea nueva» [la igualdad]. «Nuestros padres –precisará– sólo conocían el egoísmo». Su explicación del individualismo democrático no tiene desperdicio:

«El individualismo es un sentimiento reflexivo y pacífico que predispone a cada ciudadano a aislarse de la masa de sus semejantes y a mantenerse aparte con su familia y sus amigos; de suerte que después de formar una pequeña sociedad para su uso particular, abandona a sí misma a la grande».

«El egoísmo seca la fuente de las virtudes; el individualismo, al principio, sólo ciega las de las virtudes públicas; pero a la larga ataca y destruye todas las otras, y acaba encerrándose en el egoísmo.

El egoísmo es un vicio tan viejo como el mundo, y pertenece a cualquier forma de sociedad.

El individualismo es propio de las democracias, y amenaza con desarrollarse a medida que las condiciones se igualan».

Lo que escribe Tocqueville en estos párrafos es de una enorme importancia e incluso gravedad. Los griegos, que son quienes primero formulan el ideal democrático, tenían muy claro que una democracia no podría sobrevivir sin que los ciudadanos, todos los ciudadanos, dedicasen su tiempo y sus esfuerzos a la *polis*, a la comunidad política que les asignaba cargos y funciones, incluso por sorteo, en aquellas primeras democracias directas, que decidían en el ágora las grandes cuestiones. En aquella sociedad, basada en la esclavitud y con una fuerte proporción de «metecos», extranjeros no ciudadanos, el ciudadano libre sólo podía ocuparse, honorablemente, de la contemplación, es decir, de la filosofía, o de la vida política, esto es de los asuntos de la *polis*. Pero este espíritu cívico ha desaparecido en las grandes democracias representativas modernas y el ciudadano se siente al margen de los asuntos políticos. Para eso se elige, y se paga, a los representantes elegidos. Mientras los políticos hacen política, el ciudadano, en pleno ejercicio de su individualismo, se ocupa de sus asuntos y su tiempo de ocio lo dedica a los placeres, sin agobiarse por los aburridos asuntos públicos que ve como «cosa de los políticos». Esta situación se agrava aún más en situaciones de prosperidad, hasta el punto de que se da una estrecha relación entre sociedades ricas y sociedades indiferentes a la política. Tocqueville, que vivía en una sociedad tan alejada todavía de los niveles de prosperidad que hemos alcanzado en nuestra época, ya preveía, sin embargo, algunas de las situaciones que hoy se han convertido en normales:

> «Cuando el afán por los goces materiales se desarrolla en uno de esos pueblos más rápidamente que la cultura y los hábitos de la libertad, llega un momento en que los hombres se encuentran como arrebatados y fuera de sí a la vista de esos nuevos bienes que están próximos a adquirir. Preocupados únicamente en hacer fortuna, no advierten el estrecho lazo que une la fortuna particular de cada uno de ellos con la prosperidad de todos. No es preciso arrancar a tales ciudadanos los derechos que poseen; ellos mismos los dejan escapar. El ejercicio de sus deberes políticos les parece un enojoso contratiempo que les distrae de su actividad. Si se trata de elegir a sus representantes, de prestar ayuda a la autoridad, de tratar en común la cosa pública, les falta tiempo; no pueden malgastar ese tiempo precioso en trabajos inútiles, en ocupaciones aptas para gentes ociosas, pero impropias de hombres graves y ocupados con los intereses serios de la vida. Esas gentes creen seguir la doctrina del interés, pero no se forman de ella sino una idea burda, y, para velar mejor por lo que ellos llaman sus asuntos, descuidan el principal, que es el de seguir siendo dueños de sí mismos».

Ponía en guardia Tocqueville a quienes apuestan sobre todo por la paz y el orden públicos en una reflexión que bien puede aplicarse a situaciones como la actual española, donde el Gobierno lleva a cabo una operación engañosa de engatusamiento general con el mal llamado «proceso de paz», al que se sacrifican bienes públicos de la máxima importancia, incluidos el propio Estado de Derecho y el mismo orden constitucional:

> «No tengo inconveniente en reconocer que la paz pública es un gran bien, mas no quisiera olvidar, sin embargo, que es a través del orden por donde todos los pueblos han llegado a la tiranía. Eso no quiere decir que los pueblos deban desdeñar la paz pública; pero no debe bastarles. Una nación que no exige a su gobierno más que el mantenimiento del orden ya quiere la tiranía en el fondo de su corazón; es esclava de su bienestar antes de que aparezca el hombre que efectivamente la encadene».

El capítulo dedicado al «tipo de despotismo que deben temer las naciones democráticas» tiene casi un tono profético. Nuestros contemporáneos no pueden sino comprobar que sus previsiones se han hecho realidad en nuestros días y que reflejan con una aterradora precisión la situación política de la España actual:

> «Parece que si el despotismo llegase a establecerse en las naciones democráticas de nuestros días, tendría otros caracteres [distintos de los de las sociedades antiguas]: sería más extenso y más suave, y degradaría a los hombres sin atormentarlos».
>
> ....
>
> «Quiero imaginar bajo qué rasgos nuevos se podría producir el despotismo en el mundo: veo una inmensa muchedumbre de

hombres semejantes e iguales que dan vueltas sin reposo sobre ellos mismos para procurarse placeres pequeños y vulgares, con los que llenan su alma. Cada uno de ellos, tomado aparte, es como extraño al destino de todos los otros: sus hijos y sus amigos particulares forman para él toda la especie humana; por lo que hace a sus conciudadanos, él está al lado de ellos, pero no los ve; les toca pero no les siente; no existe sino en sí mismo y para él solo, y, si bien tiene una familia, se puede decir que lo que ya no tiene es patria.

Por encima se alza un poder inmenso y tutelar, que se encarga exclusivamente de garantizarles sus placeres y de velar por su suerte. Es absoluto, detallado, regular, previsor y benigno. Se asemejaría a la autoridad paternal si, como ella, tuviese como objeto prepararles para la edad viril; pero, por el contrario, no persigue sino fijarlos irrevocablemente en la infancia; este poder quiere que los ciudadanos gocen, con tal de que sólo piensen en gozar. Trabaja de buen grado por su felicidad; pero en esa tarea quiere ser el único agente y el único árbitro; provee a su seguridad, prevé y garantiza la satisfacción de sus necesidades, facilita sus placeres, conduce sus principales asuntos, dirige su industria, regula sus sucesiones, divide sus herencias; ¿por qué no podría librarles enteramente de la molestia de pensar y del trabajo de vivir?»

....

«La igualdad ha preparado a los hombres a todas estas cosas: les ha predispuesto a sufrirlas y a menudo incluso a mirarlas como un beneficio».

....

«[Este poder] no destruye las voluntades, pero las ablanda, las doblega y las dirige; rara vez obliga a actuar, pero se opone sin cesar a que se actúe; no destruye, pero impide nacer; no tiraniza, pero mortifica, reprime, enerva, apaga, embrutece y, al cabo, reduce a toda la nación a rebaño de animales tímidos e industriosos, cuyo pastor es el gobierno».

Tocqueville, tras haber pintado este deprimente panorama, se plantea los posibles remedios. Y encuentra dos: la prensa y el poder judicial. Siempre, claro está, que ambos gocen de independencia respecto del poder establecido y que la primera esté basada en el pluralismo. Nuestro autor no pudo prever la sociedad mediática que es la nuestra, pero ya percibe que la prensa de entonces tenía una importante función de defensa de la libertad. Y lo mismo podemos decir del poder judicial.

«En nuestros tiempos, un ciudadano oprimido sólo tiene un medio para defenderse: dirigirse a la nación entera y si ésta permanece sorda, al género humano. Y sólo hay un medio de hacerlo: la prensa. De modo que la libertad de prensa es infinitamente más preciosa en las naciones democráticas que en todas las otras; sólo ella cura la mayor parte de los males que la igualdad produce. La igualdad aísla y debilita a los hombres; pero la prensa coloca al lado de cada uno de ellos un arma muy poderosa, del que el más débil y el más aislado pueden hacer uso. La igualdad quita a cada individuo el apoyo de sus allegados, pero la prensa le permite llamar en su ayuda a todos sus conciudadanos y a todos sus semejantes. La imprenta que ha impulsado los progresos de la igualdad, constituye uno de sus mejores correctivos».

....

«La servidumbre [individual] no será total si la prensa es libre. La prensa es, por excelencia, el instrumento democrático de la libertad.
Y algo análogo diré del poder judicial».

Es imposible no pensar que Tocqueville pecaba de ingenuidad cuando contemplaba el acceso a la prensa del individuo aislado y oprimido. Los grandes medios de comunicación, desde que él escribió, se fueron haciendo crecientemente inaccesibles, delimitando un espacio público en el que resulta muy difícil entrar y hacerse oír. Sólo en nuestra época Internet permite a cualquiera acceder al nuevo espacio público electrónico en el que el problema sería determinar hasta qué punto se puede oír una hipotética voz individual entre la enorme barahúnda de mensajes de todo tipo que se instalan en la red. Pero todo esto se aleja de nuestro análisis del pensamiento de Tocqueville sobre los riesgos que acechan a las sociedades democráticas modernas.

- *El futuro de la democracia liberal*

Tocqueville hablaba de una democracia imaginada o entrevista en su viaje a América, pero que todavía no había llegado a Europa. Ahora nosotros nos planteamos el futuro de la democracia liberal, que ha tenido en nuestro continente y en el mundo, una historia tan atribulada y compleja. Desde que Tocqueville escribió sus reflexiones, la democracia en Europa ha tenido lentos avances y dramáticos retrocesos. Sólo después de la II Guerra Mundial la democracia se convierte en un régimen normal en la mayor parte de Europa occidental. La otra parte del continente permanece sumida en el totalitarismo de las llamadas «democracias populares» e incluso en la parte occidental subsisten arraigados regímenes autoritarios que, como en Portugal o España, sólo se extinguen con la desaparición física y natural de los respectivos dictadores. Todo ello en un momento en el que, en el listado de Estados existentes en el mundo, sólo una minoría podían considerarse democráticos.

Tras la caída del Muro de Berlín y el hundimiento del comunismo en Europa, se aceptó como verdad irrefutable el triunfo de la democracia liberal y de la economía de mercado. Un triunfo que, con optimismo, se piensa que ya no tiene vuelta atrás. Fukuyama en su famoso artículo *¿El fin de la historia?* se convierte en el profeta de esta nueva situación que hace de la democracia liberal el dogma político de nuestra época y la única legitimidad aceptable. Pero si siempre ha existido la tendencia, por parte de dictaduras y regímenes autoritarios, a disfrazarse de democracias (recordemos, por ejemplo, la «democracia material» de Mussolini, la «democracia orgánica» de Franco o las «democracias populares» comunistas) en estos momentos este travestismo político se ha generalizado. El número de regímenes democráticos ha aumentado en las listas que publican instituciones como la Freedom House, pero un análisis más detallado de muchos de esos supuestos países democráticos no puede sino concluir en la más amarga decepción. Las técnicas del disfraz han mejorado mucho y la hipocresía de los regímenes no democráticos, que actúan de una manera muy distinta a como predican, se ha hecho más astuta y sofisticada. Ya decía La Rochefoucauld que la hipocresía es el homenaje que el vicio rinde a la virtud. Pensemos, por ejemplo, en el populismo, que arrasa en Iberoamérica y que nadie puede aceptar como democracia. Algunos autores norteamericanos han acuñado otros conceptos que tratan de dar cuenta de estos fenómenos tan típicos de estos comienzos del siglo XXI[17]. Tal es el caso de las llamadas «democracias iliberales» que no cumplen ni aceptan los derechos humanos o de las llamadas «democracias electorales», que rinden culto a las urnas, pero que carecen de todas o casi todas las señas de identidad de la democracia. Son regímenes supuestamente democráticos, que pasan por tales y se admiten como tales pero que, con un mínimo rigor sería imposible calificar como democracias liberales. Los ejemplos son incontables y los encontramos en todos los continentes.

A partir de esta decepcionante constatación, podríamos plantearnos la cuestión de si la democracia es un fenómeno excepcional en el tiempo y en el espacio, que sólo podría concebirse y realizarse a partir de la peculiar evolución del mundo occidental y de su sistema de valores, como defiende Philippe Nemo[18] o si, como Bush, Blair y, en el terreno del pensamiento[19], Sharansky, es un sistema que se puede extender a todo el mundo, como ya se pensaba en la Ilustración, a partir de la

---

[17] Vid. Fareed Zakaria: «The rise of illiberal democracy» en *Foreign Affairs*; november-december, 1997, pp. 22-43.

[18] Philippe Nemo: *¿Qué es democracia?* (Madrid: Gota a gota, 2006).

[19] Natan Sharansky: *The case for democracy*. (Nueva York. Public Affair, 2004). Hay traducción española de la editorial Gota a gota.

idea de que la naturaleza humana es igual en todas partes y los derechos humanos son universales. Ese era también el pensamiento del Presidente Wilson y sus famosos Catorce Puntos, aunque debe tenerse presente que muy pronto se sintió decepcionado. El 8 de abril de 1918 afirmaba: «Yo no lucho por la democracia, excepto para los pueblos que quieren democracia. Si no la quieren a mí no me importa (*is none of my business*)»[20]. En este sentido, cuando los occidentales hablamos de la democracia, con toda convicción y con no pocos argumentos, como un fenómeno universal, seguramente tendríamos que matizar, en el sentido de que los potencialmente y porque es la única respuesta –al menos así lo creemos nosotros– frente a la secular lucha de la humanidad contra todo tipo de opresión y contra cualquier clase de tiranía.

No es éste el lugar, en todo caso, para abordar la cuestión de si la extensión y difusión de la democracia vendría a ser algo así como «la nueva carga del hombre blanco» como en el siglo XIX se decía que lo era «la extensión de la civilización». Una serie de interesantes cuestiones habría que plantearse en ese contexto. ¿Estamos ante un colonialismo ideológico? ¿Se puede imponer la democracia por la fuerza? ¿Se aceptaría sin reservas el llamado derecho de injerencia humanitaria? Cuando se trata de establecer la democracia en Oriente Medio, ¿se hace por el bien de aquellos pueblos o porque la democracia garantizaría que allí no habría una actividad terrorista que se volvería contra Occidente?

---

[20] Cit. en John Dunn: *Democracy. A history*. (Nueva York: Atlantic Monthly Press, 2005), cap. IV. nota 7. p. 232.

Pero mucho más que la cuestión de la extensión de la democracia a las zonas del planeta que aún no la disfrutan –algo que en estos momentos, es de una candente actualidad– me parece del máximo interés, al hilo de las reflexiones de Tocqueville sobre los riesgos de la democracia, plantearnos la situación de la democracia en nuestros países occidentales, en los que no cuesta mucho trabajo detectar ya muchos de los aspectos negativos que ya apuntó Alexis de Tocqueville. Aspectos negativos que, se puede decir, son propios de todas las democracias maduras pero que, en cualquier caso, no dejan de ser factores de degradación del sistema, que pueden incluso llegar a socavar su legitimidad. Al reflexionar sobre las previsiones del escritor decimonónico quien esto escribe ha ido aún más atrás en la historia del pensamiento. En su análisis de los diferentes tipos de régimen político, Aristóteles, definió tres regímenes puros –monarquía, aristocracia, democracia, que él llamaba *politeia*)– pero insistió en que, cada uno de ellos, estaba sometido a un irremediable proceso de degradación o corrupción, en virtud del cual la monarquía se transformaba en tiranía, la aristocracia en oligarquía y la democracia en demagogia. Después de él, Polibio «inventa» el régimen mixto como remedio para la corrupción o degradación: introducir en un determinado sistema elementos de cada uno de los tres regímenes sería la clave para lograr la estabilidad. En realidad, eso es lo que se ha hecho en las democracias occidentales, en las que es patente la existencia de caracteres que las configuran como regímenes mixtos. En efecto, si bien en todas ellas predomina claramente el factor democrático, hay elementos que podrían denominarse «monárquicos» (el fuerte liderazgo de presidentes y primeros ministros) o «aristocráticos» (el papel de las oligarquías de los partidos, de los «barones» territoriales o de ciertos altos cuerpos de la Administración). A pesar de todo, es lícito preguntarse si no se está viviendo ya en nuestras sociedades un proceso paulatino y furtivo de evaporación de las señas de identidad democrática, cuyos principales síntomas –que coincidirían en buena medida con las previsiones que Tocqueville avanzaba hace más de 170 años y sin poder profundizar en ellas en este momento– podrían ser las siguientes:

1. La pérdida del discurso racional y de la aplicación de la lógica a la vida política, que ponderaron tanto los griegos como los ilustrados y que ha sido sustituido en nuestros días por planteamientos emocionales, por la apelación a pasiones elementales y por la simplificación de las cuestiones políticas hasta extremos increíbles, en aras de un reduccionismo electoralista que ha agostado la vida política democrática.

2. La inexistencia de un sentido cívico de preocupación por la *polis* y de servicio a la misma, esenciales en el modelo griego, que ha sido sustituido por el conformismo, la indiferencia y el egoísmo de que habla Tocqueville.

3. La degradación de la idea de gobierno de la mayoría que, en los antípodas de lo que propugnaba Tocqueville, es cada vez más crecientemente concebida como un poder sin límites, «capaz de hacerlo todo», como ya denunciaba él mismo. Un poder que no reconoce ninguna norma superior, por encima de su derecho positivo, en todo caso cambiable a capricho, según las exigencias del poder. En esta línea habría que incluir la formación de mayorías artificiales y mecánicas,

sobre la base de minorías diversas y heterogéneas, sin más objetivo que el de oponerse y marginar a la auténtica mayoría, sea ésta minoritaria o incluso absoluta. Desde la «fórmula Baleares» hasta el «pacto del Tinell», la presente situación española nos facilita muchos ejemplos de esta peligrosa tergiversación de los principios democráticos y de sus deletéreos efectos.

4. En estrecha conexión con lo anterior hay que aludir a otra grotesca alteración de las señas de identidad democráticas. Es bien sabido que en una democracia el principio básico es el gobierno de la mayoría, pero que, tan importante como este principio es el que exige el respeto de la minoría. Pero se llega a la aberración si, como consecuencias de pactos como los aludidos en el apartado anterior o como consecuencia de sistemas electorales poco meditados se atribuye a ciertas minorías territoriales, con peso exclusivo en partes muy concretas del territorio nacional, una presencia excesiva y abusiva en las instituciones nacionales.

5. También erosiona gravemente a la democracia el olvido de esa idea básica según la cual la principal función de la Constitución es la limitación del poder. De ahí se deduce que la Constitución no puede ser arbitrariamente utilizada, al servicio de intereses políticos concretos. La práctica de interpretaciones abusivas de la misma, claramente contrarias a su espíritu y, a veces, incluso a su letra, con la connivencia del Poder Judicial e incluso de las instancias constitucionales, la convierten en papel mojado y atentan gravemente a la legitimidad del sistema.

6. Otro riesgo que atenta a nuestras democracias es la evaporación del auténtico significado de la separación de poderes, tal y como la concibió Montesquieu, de modo que ha dejado de ser verdad que «el poder detenga al poder». Parlamentos en manos del partido que controla el Ejecutivo y que no dejan a la oposición más que un inútil «derecho al pataleo» y un Poder Judicial «parlamentarizado» en sus órganos de gobierno y «trufado» de elementos al servicio de intereses políticos, como consecuencia de terceros y cuartos turnos... etc., serían el testimonio de este crepúsculo de la separación de poderes. Todo ello justificaría la propuesta de Hayek: «Hay que volver a hacer lo que Monstesquieu hizo en el siglo XVIII».

7. La «ultramediatización» de la política, que obliga a sus actores a pensar en exclusiva en la repercusión mediática de sus tomas de posición, lo que conduce a la trivialización del discurso político, estructurado al servicio de un *homo videns* (Sartori) que sólo se queda en la superficie de los asuntos. Muy próximo a este papel de los medios, que ha permitido a algunos autores hablar de «la tiranía de la comunicación», está la función que desempeñan los sondeos de opinión, tantas veces manipulados o malinterpretados, que hacen vivir a los políticos en una idolátrica adoración de la opinión pública y un permanente temor a la encuestas.

8. La «ultrapersonalización» de la vida política sometida a las duras reglas del *star system* (Schwarzenberger) que se sitúa en los antípodas de la aspiración de los Padres Fundadores americanos: «Queremos un gobierno de leyes y no de hom-

bres». Los proyectos políticos desaparecen y el combate político queda reducido al enfrentamiento personal de unos líderes, a los que se valora no tanto por la oportunidad y coherencia de sus propuestas, como por su telegenia o por su capacidad para producirse ante las cámaras.

9. La profesionalización de las políticas, que ya no es un servicio a los ciudadanos por parte de otros ciudadanos sino el ejercicio del poder por parte de una casta sin más objeto que perpetuarse en sus posiciones. La democracia se convierte así, como preveía Schumpeter, en una competición entre equipos de políticos en busca del voto popular y del poder que de él se deriva. Este autor acababa definiendo a la democracia como *the rule of politician*.

Nuestra conclusión es que los peores enemigos de la democracia no son los externos, sino los internos y, en concreto, la evolución-degradación que ha llevado a nuestros sistemas democráticos hasta situaciones que son prácticamente idénticas a las que tan lúcidamente anticipó Tocqueville. Pero si el diagnóstico se nos antoja fácil mucho más complicado es determinar qué remedios se pueden proponer para evitar esta deriva negativa. Por lo pronto, entendemos que es indispensable volver a los principios, a todo ese acervo occidental que se inicia con el legado griego y que culmina en la Ilustración, y, en línea con Hayek, plantearse hasta qué punto las instituciones que se diseñaron en los siglos XVIII y XIX son adecuadas para la presente situación de nuestras sociedades mediáticas y de un mundo en trance de globalización.

Los ideales democráticos occidentales son los más nobles ideados por el hombre a lo largo de su azarosa historia. Pero para servir a esos ideales en el momento presente sobran actitudes rutinarias o repetitivas y son necesarias, por el contrario, innovaciones audaces que frenen las derivas negativas que Tocqueville previó tan lúcidamente.

TOCQUEVILLE FILÓSOFO POLÍTICO

Pierre Manent[*]

En los dos últimos años se han propuesto textos de Tocqueville en el programa de las oposiciones a catedrático de filosofía. ¿A qué se debe este tardío reconocimiento? ¿Podría ser que los expertos que presiden el tribunal que elabora los programas se hubieran dejado influenciar por la moda? ¿O es que, por el contrario, su interés obedece a revelar definitivamente la verdadera personalidad del aristócrata normando? Me gustaría responder a estos interrogantes.

---

[*] Profesor de la École des Hautes Études en Sciences Sociales (París). Cofundador de la revista Commentaire. Autor de *Tocqueville and the Nature of Democracy* (1993), *Histoire intellectuelle du libéralisme* (1994), *La cité de l'homme* (1998) *Les Libéraux* (2001) *Cours familier de philosophie politique* (2004), y *A World Beyond Politics?: A Defense of the Nation-State* (2006).

UN MUNDO TOTALMENTE NUEVO

En un primer momento, Alexis de Tocqueville se presenta ante nosotros como un ciudadano, un político y un hombre de Estado que hace frente a la ruptura de los tiempos. El orden antiguo había desaparecido; el orden nuevo no funcionaba bien. Si la inestabilidad y el desorden reinan en las instituciones, las almas son las primeras perjudicadas: «Todas las leyes de la analogía moral quedan abolidas»[1]. Para poder actuar y tomar medidas en la nueva sociedad moderna hay que conocerla. Pero, ¿qué quiere decir exactamente «conocer la nueva sociedad»? Ya existe una «ciencia política nueva» que disfruta de un prestigio sin igual, la de Montesquieu. Benjamin Constant se había identificado totalmente con las conclusiones de la ciencia política de Montesquieu: la «diferencia moderna» es la diferencia que aportan el desarrollo del comercio y la institución de una representación política normalizada. Por su parte, François Guizot, con su estilo totalmente personal, hacía suya y ampliaba esta ciencia sobre el «gobierno representativo».

Si lo comparamos con estos dos grandes liberales, Tocqueville comprende con más precisión el cambio de época que está acaeciendo. La novedad de la nueva era es más amplia y profunda de lo que piensan los que contemplan con satisfacción el proceso histórico que ha llegado por fin a la fase del «comercio» y de la «publicidad». Las conclusiones de la ciencia política liberal, las técnicas del gobierno liberal –separación de

---

[1] *Démocratie en Amérique*, t. I, Introduction, Gallimard, OC, 1961, p. 5.

poderes, neutralidad religiosa del Estado, representación, libertad comercial, etc.– no están a la altura de las dificultades inéditas, de los problemas impensables a los que debe hacer frente la humanidad a partir de ahora, y que desconoce totalmente. Algo absolutamente nuevo ha visto la luz: «Se impone una ciencia política nueva para un mundo completamente nuevo»[2].

Estas dificultades inéditas, estos problemas impensables tienen menos que ver con el gobierno en sí que con el elemento en el que funciona el gobierno y que le rodea, es decir, la nueva sociedad, esa sociedad que Tocqueville llama democrática.

LIBERALISMO Y SOCIOLOGÍA

Tocqueville es el último, por fecha de nacimiento, de la serie de grandes políticos y propagandistas liberales franceses de la primera parte del siglo XIX de los que acabo de nombrar dos de los más importantes. Pero al comprender que lo más importante y lo más interesante de la condición moderna está en la «sociedad», es necesario situarle en una serie distinta, la de los sociólogos. Es lo que hizo Raymond Aron, con un estilo que se ha convertido en clásico, en sus Etapas del pensamiento *sociológico*, en el que une el nombre de Tocqueville a la serie formada por Auguste Comte, Karl Marx y Max Weber.

---

[2] Ibid.

De esta forma, Tocqueville se inscribe al menos en dos series o «tradiciones»: por una parte en la de los hombres de Estado y propagandistas liberales y por otra en la de los sociólogos. Este vínculo entre la política liberal y la sociología que se da en la persona de Tocqueville, esta «unión personal», prueba, al menos como sugerencia empírica, que las dos no son incompatibles, algo que no se deduciría fácilmente debido al lastre de la disciplina sociológica, más interesada en identificar la «necesidad» social. Además, ambas series ya se solapaban en la obra de Montesquieu y lo harán también en la de Weber. De hecho, si la sociología suele estar alejada del liberalismo, la política liberal es necesariamente sociológica ya que la perspectiva, el fundamento liberal consiste en no perseguir el gobierno arbitrario de la sociedad en nombre de una supuesta idea sobre lo Verdadero, sobre el Bien, o sobre lo que es Justo, sino por el contrario en la idea de «dejarla ser», de dejar que se desarrolle libremente en función de sus intereses, en respetar sus derechos, en contar siempre con la opinión pública sin querer forzarla ni manipularla. La política liberal se empeña en distinguir o incluso separar de forma rigurosa el Estado de la sociedad: el conocimiento de la sociedad –es decir la sociología– es tanto la premisa como la consecuencia de la política liberal.

Pero como ya he mencionado, y a pesar de la brillantez de las obras de Montesquieu, Tocqueville y Weber, la sociología en sí misma, en su sesgo más fuerte, puede ser considerada antiliberal. Y esto no sólo se debe a la imposición epistemológica de identificar las «necesidades» causales. Más bien esta causalidad epistemológica deriva de una causalidad política más profunda. Al declarar que es bueno y justo «dejar libre» a la sociedad, dejar que se desarrolle por ella misma, el político liberal reconoce que la «sociedad» ostenta un valor, una autoridad superior a la de un gobierno libre. La sociedad «es superior» a la instancia política en la que sin embargo culminan las elecciones que formulan libremente los ciudadanos. El sociólogo sistematiza y «profesionaliza», me atrevería a decir, este juicio que se inscribe en el dispositivo propio al régimen liberal. Al considerar la sociedad de forma independiente, es decir distinta de la instancia política, el sociólogo ve en ella, de forma natural y necesaria, la *causa* primera de los fenómenos de la vida contemporánea. Tiende a considerar la instancia política como una «superestructura» sin consistencia ni significado propio, como un *efecto* de la causa social, de la causa que reside en la sociedad. Al estar encorsetada por las causas sociales, la libertad política pierde una parte considerable de su importancia. Por eso, muy a menudo los sociólogos han despreciado el liberalismo. Basta con mencionar a Comte y Marx. (Aunque afirmo que los sociólogos tienden a «despreciar» el liberalismo o las instituciones liberales, no quiero decir que sean absolutamente antiliberales como lo eran los autores «reaccionarios» que querían restablecer la legitimidad suprema del mandato político. Para Marx, como para Comte, aunque de forma diferente, las instituciones y los procesos liberales sólo son, por decirlo de alguna forma, un estado provisional, un efecto débil y engañoso del movimiento social que no tardará en absorberlos. Al final sólo reinará la sociedad con su nueva definición, habiéndose adecuado perfectamente la causa y los efectos).

En resumen, la política liberal suele implicar una devaluación del aspecto político, que la sociología tiende a extender y a radicalizar hasta conseguir la destrucción de la política liberal.

UNA SOCIOLOGÍA POLÍTICA

Los sociólogos que comparten ese desprecio por el liberalismo pueden llegar a concebir la sociedad y aquello que la pone en movimiento desde perspectivas muy diferentes. Para Marx, la sociedad moderna se define como una sociedad *capitalista*, que se basa en la propiedad privada de los medios de producción, mientras que para Comte, se define como una sociedad *industrial*, basada en la aplicación de la ciencia a la explotación de la naturaleza. Estas dos definiciones se centran en factores económicos, sociales o intelectuales pero en ningún caso políticos. Entonces, ¿qué convierte a Tocqueville, cuya particularidad específica, sin llegar a ser única, es la de ser al mismo tiempo un político liberal y un sociólogo, en un sociólogo liberal?

Tocqueville, al igual que sus colegas, sitúa a la sociedad, al «estado social» como causa. La sociedad es la Causa. Pero, ¿cómo define exactamente la sociedad moderna?

La define como democrática. Nos damos cuenta de forma inmediata de la originalidad de la definición tocquevilliana: el atributo esencial de la sociedad moderna pertenece al ámbito político, o al menos emana del lenguaje político. Tocqueville es un sociólogo muy particular que, al concebir la «democracia» como «estado social», define lo social en términos políticos.

Este uso tocquevilliano de los términos ha suscitado cierta perplejidad en los estudiosos. Sin embargo, es ese mismo uso tan particular, «nada riguroso», de los términos el que proporciona la clave de acceso al pensamiento de Tocqueville. Su sociología es incomparablemente «más política» que la de Marx o la de Comte: los términos políticos siguen teniendo sentido, aunque no su sentido habitual. La causalidad de lo social no encorseta, ni absorbe lo político como se produce en Marx o Comte. De hecho, a una misma «base social» –la «democracia»– pueden corresponderle dos regímenes políticos opuestos, uno democrático en el sentido común del término, el otro «despótico», pero despótico de una forma desconocida. Esta afirmación, bien conocida, desempeña un papel mucho mayor en Tocqueville que en la mayoría del resto de los sociólogos. Tocqueville es el sociólogo más político. Otra prueba más: para curar los males de la sociedad moderna, propone y recomienda sobre todo remedios políticos –no remedios económicos, sociales ni científicos, ni «culturales»– sino remedios políticos, aquellos en los que se fundamenta su idea del liberalismo.

DEFINIR LA IGUALDAD DE LAS CONDICIONES

¿Qué es el «estado social» democrático? Es la igualdad de las condiciones. ¿Qué es la igualdad de las condiciones? Ya en las primeras frases de la *Democracia en América*, Tocqueville afirma que la igualdad de las condiciones es un «hecho» que ejerce una «influencia prodigiosa» en el desarrollo de las sociedades, en tanto que «hecho generador», pero no define de forma más precisa en qué consiste. No está muy claro que vaya a darnos una definición en el resto de esta obra. Por el contrario, toda la *Democracia* será una explicitación, un desarrollo, un despliegue de esta tesis «factual» o «causal», de tal forma que Tocqueville nos explica de forma exhaustiva lo que hace o lo que produce la democracia sin llegar a ofrecer una definición clara de la misma, algo que por cierto no parece importarle demasiado. Nos muestra con una amplitud de miras y una sutileza maravillosas cómo la «democracia» transforma todos los aspectos de la vida humana, incluso los más personales e íntimos. Su obra cumbre es en este sentido un estudio sistemático de la causalidad de lo social. De hecho, Tocqueville nos parece «más sociólogo» que Marx, quien, a pesar de afirmar por ejemplo la dependencia general de la «superestructura» de la vida humana con respecto a la «infraestructura» de las relaciones de producción, no entra de forma precisa, y menos aún convincente, en los «detalles» que conforman el contenido de la vida, algo que Tocqueville comprende de forma tan extraordinaria.

Es cierto que, ya de por sí, Tocqueville llega muy lejos al definir la igualdad de condiciones como un «hecho», y un «hecho generador». En el cambio continuo de las cosas humanas que se produce en Europa, hay algo que permanece inmutable: la democracia como «revolución democrática», como igualación de las condiciones, que es el «hecho más ininterrumpido, más antiguo y más permanente de la historia»[3]. Lo que no cambia es cierto tipo de cambio. Lo que es permanente es la forma en la que cambian las cosas y la dirección que adoptan al moverse. Parece ser que el hecho generador no es tanto la igualdad en sí de las condiciones como la igualación de las

---

[3] Ibid., p. 1.

condiciones, el movimiento continuo hacia una igualdad cada vez mayor de las condiciones. Ahora bien, ¿qué término correspondería al movimiento, un término cuyo conocimiento nos permitiría definir la igualdad de condiciones?

Se puede decir que si Tocqueville no lo explica mejor es porque un lector normalmente formado no necesita de muchas explicaciones más. Todo el mundo sabe lo que es la igualdad de las condiciones porque todo el mundo sabe lo que significa lo contrario, es decir la desigualdad de condiciones cuando algunos, algunos «nobles», acaparan tierras, títulos y privilegios. La Revolución acaba de producirse en contra de aquello en lo que se había convertido el Antiguo Régimen, contra el «feudalismo», a favor de la abolición de los «privilegios»: todo esto es lo que da sentido a la igualdad de condiciones.

Pero ¿acaso está tan claro? Y en cualquier caso, ¿resulta suficiente? Es cierto que sabemos lo que es el Antiguo Régimen y la desigualdad de las condiciones. Pero definir la igualdad de las condiciones como la negación de la desigualdad de las condiciones, ¿es una definición clara, suficiente? ¿Se puede definir algo negando lo contrario, definir un «hecho» por la negación de otro «hecho»? Además, a pesar de la desaparición del Antiguo Régimen y de la instauración de la igualdad de condiciones, ésta continúa avanzando como si ese «hecho» todavía «estuviera por hacer». ¿Hacia qué término, hacia qué estado final nos lleva este movimiento? Incluso en los Estados Unidos, donde no hubo Antiguo Régimen, y que fue fundado a partir de la igualdad de las condiciones, se observa un movimiento incesante hacia una mayor igualdad, o hacia una igualdad más completa. Es en el Oeste americano donde la democracia ha «llegado al límite máximo»[4]. Tocqueville lo explica así: «En esos Estados, en cierto sentido fruto del azar, los habitantes llegaron ayer a la tierra en la que viven. Apenas se conocen y todos ignoran la historia del vecino de al lado. En este lado del continente americano, la población no sólo es ajena a la influencia de los grandes nombres y de las grandes fortunas, sino también a la aristocracia natural que se deriva de la ilustración y de la virtud[5]». Esperábamos una definición del término igualdad, de ese «último límite» que nos proporcionara por fin una especie de criterio sobre la igualdad de las condiciones. Pero, ¿con qué nos encontramos? Nos encontramos no con la descripción de una sociedad, sino con una dispersión de sus socios, una especie de di-sociedad. ¿Acaso será esta separación de los socios disociados la definición de la igualdad de las condiciones?

DEMOCRACIA Y ARISTOCRACIA

En cualquier caso, parece que el resorte del movimiento democrático es el rechazo, el ansia de huir de la «aristocracia», no sólo en Europa, que conoció un muy prolongado Antiguo Régimen, sino también en Estados Unidos, nacido según el principio de la igualdad. La interpretación tocquevilliana de la historia europea y del movimiento social contemporáneo reside

---

[4] Ibid., p. 50.
[5] Ibid.

en la polaridad entre igualdad y desigualdad de las condiciones, es decir entre «democracia» y «aristocracia». Por eso el lenguaje de la sociología tocquevilliana es el verdadero lenguaje de la política en su articulación primigenia, tal y como la vida política y la filosofía política la habían diseñado en Grecia.

Sin embargo, Tocqueville designa con estos dos términos dos realidades aparentemente diferentes de las que señalaron Platón y Aristóteles. Por «aristocracia» y por «democracia», Aristóteles designaba los dos regímenes políticos fundamentales de la ciudad, siendo el primero el gobierno de los «pocos» o de los «mejores», y el segundo, el gobierno de los «muchos», es decir de los hombres libres. La diferencia entre Tocqueville y los filósofos griegos se aclara cuando Tocqueville incluye los regímenes democráticos de las ciudades griegas, sobre todo del de Atenas, en el ramo de la «aristocracia». El motivo de esta clasificación está bastante claro: los ciudadanos de la Atenas democrática, relativamente numerosos en el contexto griego, sólo representaban un «pequeño número» de los habitantes de Ática. Ahora bien, ¿de qué sirve una clasificación o una tipología que sitúa a la Atenas de Pericles y a la Francia de Luis XIV o de Felipe Augusto en la misma casilla que la que corresponde a las «aristocracias»? ¿Es posible concebir cuerpos políticos más diferentes? Podríamos concluir diciendo que el lenguaje de Tocqueville revela cierta tendencia a la chapuza, por no decir cierta ineptitud.

De hecho, si nos fijamos en el estilo tocquevilliano a la hora de acuñar términos, comprendemos que por «aristocracia» y «democracia» nosotros entenderíamos ahora dos grandes «tipos antropológicos», dos grandes tipos de hombre, el hombre aristocrático y el hombre democrático. El primero aspira a las cosas altas, su alma se rige por el tropismo de lo «grande», le mueve la idea de la «grandeza» y de la «superioridad». El segundo da la espalda a la grandeza y rechaza la idea de superioridad; aspira a la igualdad porque su afecto primordial es el «sentimiento de la similitud humana». Según este razonamiento, tachar a la democracia ateniense de aristocracia no resulta tan extraño. No tanto por la evidencia aritmética según la cual el demos ateniense seguía siendo en cierto sentido unos «pocos», sino porque ese demos exigía participar en la ciudad aristocrática y compartía las concepciones «agonísticas» y el ideal de «honor» de los «pocos» en el sentido estricto, de los «eupátrides»[6].

Además, al relacionar estrechamente en su análisis las disposiciones del alma con las formas de la vida común, sobre todo en lo que respecta a las dos grandes formas de la aristocracia y de la democracia, Tocqueville vuelve con gran liberalidad (porque no los ha leído), pero con mucha fidelidad, a la intuición más genuina de Platón y Aristóteles, según la cual existe una correspondencia estrecha entre el orden de la ciudad y el orden del alma[7]. Al desarrollar con una inteligencia prodigiosa todos los aspectos de esta correspondencia, Tocqueville, hombre político liberal y sociólogo, pertenece de pleno derecho, sin quererlo, a la escuela de la filosofía política sobre la que se fundó la democracia ateniense.

---

[6] Ver Christian Meier, *La Naissance du politique*, Gallimard, 1995, p. 56-70.

[7] Ver *République*, 544d-545a.

JUSTICIA Y GRANDEZA

No hay duda de que existen muchas e importantes diferencias entre Platón y Aristóteles por un lado, y Tocqueville por el otro. Mencionaría dos. Por una parte, la clasificación de Tocqueville «se queda corta», por así decirlo: tan sólo incluye dos grandes «tipos», mientras que Platón y Aristóteles distinguían hasta seis regímenes políticos. A pesar de la sutileza de su análisis, su clasificación es más reducida que la de los filósofos griegos. Por otra parte, la clasificación que éstos hacen no sólo resulta descriptiva, sino que también realiza una evaluación en virtud de una escala que va de lo peor a lo mejor y de lo mejor a lo peor. Los filósofos griegos valoraban la vida política desde el punto de vista del «régimen mejor», y por tanto de la mejor vida humana. No se arredraban, como diríamos en la actualidad, ante los juicios de valor. Por el contrario, Tocqueville se limita a una «neutralidad axiológica». Al final de su gran obra, cuando ofrece «una visión general del tema», y por lo tanto un resumen de su extensa y escrupulosa comparación entre aristocracia y democracia, escribe: «Son como *dos humanidades* distintas. Cada una tiene sus ventajas y sus inconvenientes, sus cosas buenas y sus cosas malas. Así que hay que evitar juzgar a las sociedades que están naciendo mediante ideas que hemos deducido de las que ya no existen. Sería injusto, ya que estas sociedades, que difieren entre ellas de forma prodigiosa, *no pueden compararse*»[8].

Esta conclusión es bastante clara, pero nos deja algunas dudas. Y es que Tocqueville no es un sociólogo o un antropólo-

---

[8] *Démocratie en Amérique*, t. II, p. 338, soy yo quien subraya.

go moderno «postweberiano», para el que la humanidad, esencialmente «plástica», adopta tantas formas como «culturas» existen –y hay un número indefinido de ellas– y que evita cuidadosamente juzgar estas culturas no sólo al compararlas, sino también por sí mismas: tan sólo aspira a explicar su coherencia interna. En efecto, Tocqueville nos presenta una humanidad en tensión, por así decirlo, entre dos formas antropológicas y sólo dos. Y emplea el lenguaje propio de los juicios de valor en numerosas ocasiones y sin la más mínima duda. Muchos dirían ahora: sin la más mínima precaución. De hecho, unos párrafos antes del pasaje citado al hablar de la «neutralidad axiológica» podemos leer: «He querido exponer a la luz del día los riesgos que la igualdad entraña para la independencia humana, porque creo firmemente que esos riesgos no sólo son enormes, sino que también son los menos previstos que entraña el porvenir[9]. Y Tocqueville habla varias veces de los riesgos que la democracia entraña para la «grandeza humana». De forma más general, en su afirmación confluyen los dos registros opuestos y complementarios del elogio y de la reprobación, y aspira a guiar una acción política orientada por una «escala de valores» muy explícita. ¿Cómo relacionar un análisis político y moral tan seguro de sí mismo en sus evaluaciones, con una conclusión general tan incierta, tan «escéptica»? ¿Podríamos decir que en Tocqueville el político y el moralista están tan seguros de ellos mismos –seguros de lo que es bueno para el hombre contemporáneo– como tan indeciso se muestra el filósofo al afirmar lo que es bueno para el hombre en general? ¿Acaso Tocqueville conoce la enfermedad y el remedio, pero duda cuando tiene que dar una definición de la salud?

---

[9] Ibid., p. 335.

En la actualidad estas preguntas se han resuelto de la siguiente forma: Tocqueville era un político nacido en una antigua familia noble. Su razón se había decantado por la democracia, pero en el corazón seguía albergando cierta «nostalgia» aristocrática. De ahí procede una división interna y un pensamiento final que no las tiene todas consigo. Este tipo de retrato es plausible, está bien dramatizado y puede coincidir con algunas declaraciones de Tocqueville, pero no nos ofrece las respuestas que buscamos. En primer lugar, se olvida de que a pesar de que Tocqueville era en efecto un aristócrata normando por sus orígenes, por carácter y por vocación era un político y un hombre de Estado, y que ese carácter y esa vocación, para poder realizarse completamente, requerían la libertad política, inseparable de la democracia moderna. Su ambición más constante y más firme estaba íntimamente ligada a las nuevas posibilidades que ofrece la democracia moderna. En segundo lugar, se subestima gravemente al pensador que era Tocqueville al considerar que los juicios de su «razón», a favor de la democracia, se contraponían a alguna forma de «nostalgia». Un autor capaz de tamaña debilidad no merecería que le consideráramos una guía para la comprensión y la acción en el ámbito de la democracia moderna.

¿Cómo se puede explicar entonces su neutralidad declarada entre aristocracia y democracia, esas dos «humanidades distintas e incomparables»? Creo que su alma albergaba una tensión entre dos puntos de vista que definiría de la siguiente forma:

- por una parte está el punto de vista de la *justicia*. Desde esta perspectiva, no hay ninguna duda, la concepción moderna, democrática, de la libertad –la libertad como derecho igualitario– es la concepción justa. Hay que abandonar la concepción antigua, aristocrática, de la libertad como privilegio. Este juicio que emana de la «cabeza» también es un juicio que emana del «corazón»: Tocqueville, el «aristócrata normando», comparte su adhesión sustancial a la democracia al referirse a los hombres como «evidentemente iguales»;

- por otra parte está el punto de vista de la *grandeza*, o de la *independencia*, que también denomina *libertad*, pero que es una libertad que no es la «libertad igual»: aquí ya no se trata sólo de relaciones entre los hombres, sino de la cualidad del alma de cada uno de ellos, de su «tono», de su «altura» o de su «grandeza». En Tocqueville, como en Aristóteles, el punto de vista de la «magnanimidad» no se confunde, y a veces hasta puede ser contradictorio, con el de la «justicia». Para Tocqueville, el hombre capaz de «grandeza» corre un peligro muy especial en la democracia moderna.

LAS DOS DEMOCRATIZACIONES

La ambivalencia de Tocqueville en relación con la igualdad moderna no se deduce de su biografía sino de su pensamiento, y sobre todo de su forma de comprender la igualdad. Para desentrañarlo, no resultará del todo inútil una vuelta por Grecia.

Al igual que Europa, Atenas había atravesado un proceso de «democratización» cuya causa principal se debía a exigencias de tipo militar. Cuando necesitó a los ciudadanos más pobres, cuando «la muchedumbre de marineros» le dio la victoria en Salamina, Atenas abrió su régimen al «pueblo extremo»[10]. Los muchos reivindicaron la participación política a la ciudad, constituida hasta ahí por «los pocos». El pobre y el rico siguieron siendo lo que eran, pero el rico se vio obligado a obedecer al pobre cuando este último era magistrado. La «similitud» entre el rico y el pobre residía en el hecho de que ambos eran de forma alternativa «comandante» y «(co)mandado». La igualdad existente entre ellos emanaba directamente del orden político y pertenecía a ese orden.

La «igualdad de las condiciones» que caracteriza la democracia moderna es algo totalmente diferente. En primer lugar, no es el resultado de una participación más amplia en la vida cívica, de una mayor «politización». Por el contrario es el resultado de un largo proceso de «despolitización» de la que la monarquía absoluta fue el instrumento: «En Francia, los reyes han sido muy activos y muy constantes en su papel de niveladores»[11]. Lo propio de la democracia moderna en Europa, y particularmente en Francia, es la institución *previa* de un «plan de igualdad» por parte del Estado soberano. En la Revolución francesa, la reivindicación política y cívica es la obra de unos hombres saciados cuya experiencia colectiva decisiva es la experiencia de una igualdad no política a la vez reciente, imper-

---

[10] Ver Aristóteles, *Politique*, 1277b3, 1296a1, 1304a22-24.
[11] *Démocratie en Amérique, Introduction*, op. cit., p. 2.

fecta y amenazada. La democracia francesa es la reivindicación política y por lo tanto la reivindicación de la libertad, de una humanidad cuya pasión principal es, según la expresión de Tocqueville, la «pasión por la igualdad».

Todo esto tiene consecuencias importantes para la sociología política de Tocqueville. Es claro que la sociedad democrática resulta ser el «hecho generador», la causa de la vida democrática que describe Tocqueville, pero a su vez, esta causa se deriva de una institución política a la que se vincula una representación: la institución política es el Estado soberano y nivelador, ese Estado que elabora el «plan de igualdad»; la representación es por lo tanto la idea de la igualdad y de la similitud humana, junto con la pasión que la acompaña. De esta forma, es la institución política –una institución política «despolitizadora»– la que a su vez engendra el «hecho generador».

LA SOBERANÍA DEL PUEBLO Y LA FILOSOFÍA

La naturaleza política de la democracia moderna se convierte de forma explícita y solemne en protagonista cuando Tocqueville coloca al «dogma de la soberanía del pueblo» como causa primigenia: «En Estados Unidos, el dogma de la soberanía del pueblo no es en absoluto una doctrina aislada que no se corresponde con las costumbres ni con el conjunto de las ideas dominantes; por el contrario, se puede considerar como el último eslabón de una cadena de opiniones que abraza a la totalidad del mundo anglo-americano. La Providencia ha concedido a todos los individuos la capacidad de raciocinio necesaria para que puedan dirigir por sí mismos las cosas que sólo les interesan a ellos. Esta es la magnífica máxima sobre la que se levanta, en Estados Unidos, la sociedad civil y política: el padre de familia lo aplica para sus hijos, el señor a su servidumbre, la comunidad a sus administrados, la provincia a sus comunidades, el Estado a las provincias y la Unión a los Estados. Extendida al conjunto de la nación, se convierte en el dogma de la soberanía del pueblo.

De esta forma, en Estados Unidos, el principio generador de la república es el mismo que rige las acciones humanas»[12].

Mientras que al principio del primer tomo de la *Democracia*, la igualdad de las condiciones se definía como el «hecho generador», al final del volumen, es el dogma de la soberanía del pueblo el que surge como «principio generador». La causalidad social aparece como «hecho» y como «condición», mientras que la causalidad política es por supuesto más rica, más auténticamente humana, ya que rige desde el interior la mayoría de los actos humanos y que es inseparable de un «dogma», es decir de una opinión sobre el mundo humano que gobierna a todos sin que nadie esté autorizado a ponerla en cuestión.

Aristóteles describía la vida de la ciudad articulada en torno a la lucha entre las reivindicaciones de los «pocos» y los «muchos» para participar en el gobierno de la ciudad. En este sentido, la ciudad griega, a diferencia de la democracia moder-

---

[12] *Démocratie en Amérique*, t. I, p. 414.

na, «no tenía dogma». Se preguntaba a sí mismo: ¿quién gobierna? La democracia moderna se basa en un «dogma», ya que para ella sólo existe una reivindicación legítima, la de los «muchos» transformados en «todos los ciudadanos», excluyendo la legitimidad de las reivindicaciones de los «pocos»[13].

Tocqueville prolonga el interrogante de la filosofía griega en condiciones menos favorables a la filosofía debido a la institucionalización del dogma que acaba con la diferencia entre los «pocos» y los «muchos» bajo la autoridad de «todos» o de la «generalidad». Al establecer en su obra la confrontación entre «aristocracia» y «democracia», al declarar imposible de concluir el debate entre estas dos formas de humanidad, entre la grandeza y la justicia, reabre la pregunta que nuestra pasión dogmática había dado por cerrada de antemano. ¿Cómo negar el nombre de filósofo al sociólogo liberal que nos conduce fuera de la caverna social?

---

[13] Marx lo expresó de forma contundente: «El hombre declara *políticamente* abolido el derecho de propiedad desde el momento en que suprime el *censo* para la eligibilidad activa y pasiva, tal y como sucede en los estados norteamericanos» (*La cuestión judía*, Aubier-Montaigne, 1971, p. 71).

DE CREPÚSCULOS Y AURORAS: UNA LECTURA PICTÓRICA SOBRE TOCQUEVILLE

José María Lassalle[*]

> «Tenemos el arte para no morir a manos de la verdad»
> *Friedrich Nietzsche*

Hay en Tocqueville una nota de tensa confusión que lo aproxima psicológicamente al romanticismo. Concretamente al romanticismo pictórico. Una rasgadura trágica que vertebra su teoría. Una pulsión bipolar que hace difícil un análisis distanciado de su obra. Sobre todo si tenemos en cuenta la profunda

---

[*] Profesor de Sistemas Políticos Comparados de la Universidad San Pablo-CEU de Madrid. Colaborador del diario *ABC*. Ha sido profesor de Filosofía del Derecho de la Universidad de Cantabria y de la Universidad Carlos III de Madrid. Secretario de Estudios del Comité Ejecutivo Nacional del Partido Popular. Autor de *John Locke y los fundamentos modernos de la propiedad* (1999), *Isaiah Berlin: Una reflexión liberal sobre el otro* (ed.) (2002) y *Locke, liberalismo y propiedad* (2003). Miembro del Consejo Asesor del Instituto Cánovas del Castillo de la Fundación FAES.

sinceridad con la que el autor nos muestra esa herida desnuda por la que fluye su pensamiento y que resume la siguiente cita contenida en *La democracia en América:*

> «Creo que en los siglos democráticos que comienzan, la independencia individual y las libertades serán un producto del arte, la centralización será el gobierno natural».

Bajo esta poliédrica fisonomía existencial, Tocqueville hace honor a su visión artística de la libertad y construye una reflexión extraordinariamente plástica y sensitiva. Una visión que ahonda no sólo en las metáforas sino en una permanente articulación sensible de su discurso, envolviéndolo con una fina película pesimista que, sin embargo, no impide que siga atento al curso de los acontecimientos de una época en la que se entrecruzan paradójicamente los fenómenos históricos del crepúsculo y la aurora.

Tal es así que nuestro autor se presenta en ocasiones con el porte de un meditabundo filósofo que pasea al borde del abismo de un tiempo desgarradamente histórico. Un «aquí y ahora» temporal que evoluciona –por tomar prestado el análisis de Hegel– hacia un difícil equilibrio sintético entre un Antiguo Régimen en retirada y una pleamar revolucionaria que, a partir de 1789, hace inevitable que el oleaje democrático anegue paulatinamente todos los espacios de la convivencia pública, ya sea de naturaleza política, social económica o cultural.

> «Una gran revolución democrática se opera entre nosotros; todos lo ven, pero no todos la juzgan de la misma manera. Unos

la consideran como una cosa nueva y, tomándola por un accidente, esperan todavía poder detenerla; mientras otros la juzgan irresistible, porque les parece el hecho más continuo, más antiguo y más permanente que se conoce en la historia».

Fiel a esta línea de pensamiento esbozada al comienzo mismo de La democracia en América, Tocqueville avanza por el curso de los poco más de cincuenta años que vivió (1805-1859) como ese *Monje a orillas del mar* (1810) pintado por Caspar David Friedrich. En realidad, él mismo representa con su corta vida una de esas teselas cronológicas que, según el propio Tocqueville, conforman el mosaico de una milenaria historia de progresiva nivelación igualitaria, pues:

Monje a orillas del mar, Caspar David Friedrich *(1810)*

«a partir del siglo XI... de cincuenta en cincuenta años, no dejaréis de percibir que después de cada uno de esos periodos se ha operado una doble evolución... El noble habrá descendido... el plebeyo habrá sido elevado... Cada medio siglo los acerca... En cualquier lugar adonde dirijamos la mirada, observaremos la misma revolución que avanza en todo el universo cristiano...».

Por eso, la figura de Tocqueville se nos antoja irrumpiendo ante nuestros ojos con la melancólica factura que retrata Friedrich en su cuadro. De hecho, bien podría afirmarse que estamos ante una solitaria silueta colorista que deambula con paso lento bajo la acechante premura gris de una tormenta infinita. Con las manos a la espalda, Tocqueville parece mirar de reojo la negra fachada de la tempestad democrática que se avecina. Con pasos cortos inclina su cabeza apesadumbrado mientras dirige su atención hacia el suelo, como si temiera tropezar con los coloristas despojos de una época condenada a desaparecer, aplastada por el peso de las cortinas de lluvia que se insinúan en un horizonte que Friedrich no dudó en dibujar como un telón de tupida negritud en el que se espesan sucesivas oleadas de nubes.

Pero si analizamos con más detalle esta estampa y la ponemos en relación con la introspección psicológica que exhibe nuestro caminante, entonces, surge la duda. ¿Dónde se localiza realmente la tempestad? ¿No cabría aventurar un pulso interior que secuestra la lucidez atenta del paseante y hace que olvide lo que sucede más allá de su piel? ¿Acaso no hay algo en ese caminar que rememora la confusión psicológica de ese porte neurótico que exterioriza Hamlet cuando se pregunta a sí mismo sobre quién es, o no es?

«La experiencia me ha demostrado que en el caso de casi todos los hombres, y con toda seguridad en el mío, uno vuelve, más o menos a sus instintos fundamentales, y que sólo se hace bien lo que está conforme con sus deseos. Busquemos, pues, sinceramente dónde están *mis instintos fundamentales y mis principios serios*. Tengo por las instituciones democráticas un gusto cerebral, pero soy un aristócrata por instinto; es decir, que desprecio y temo a la muchedumbre. Amo con pasión la libertad, la legalidad, el respeto por los derechos, pero no la democracia. He aquí el fondo [de mi] alma... La libertad es la primera de mis pasiones. He aquí lo que es verdadero».

Esta larga reflexión de Tocqueville resume el flujo inconsciente de los pensamientos del caminante que describíamos más arriba. Nos la ofrece Luis Díez del Corral en su trabajo sobre nuestro pensador. El valor de sus palabras radica en que nos pone delante una especie de radiografía psicológica de los humores espirituales que recorrían el alma de Alexis de Tocqueville cuando contemplaba su época. Y, de paso, fijan la complejidad de su enmarañado intelecto de liberal atrapado dentro de los intersticios del laberinto emocional al que le abocaba el consecuencialismo democrático de sus cerebrales ideas teóricas.

Aquí es donde precisamente radica la grandeza tocquevilliana. En que nos encontramos con la silueta sombríamente democrática de un pensador que no oculta su luminosa frontalidad liberal. En este claroscuro teórico por el que discurre su reflexión política, Tocqueville anticipa la compleja arquitectura del mundo que edifica la revolución francesa y, a partir de ella, la tensión que sustenta una Modernidad que no podrá entenderse ya sin la argamasa que irrumpe como significante legitimador de las instituciones políticas y que, como vio tempranamente durante su viaje a los EE.UU., encuentra en el paradigma norteamericano su tubo de ensayo más genuino.

Y así, como en el cuadro que Turner tituló *El Temerario remolcado al dique seco* (1838), la reflexión de Tocqueville sobre la inevitabilidad de la revolución democrática adquiere los

El Temerario remolcado al dique seco, J.M.W. Turner (1838)

tintes de una especie de fatalidad gloriosa que sabe combinar con precisión la dorada dimensión crepuscular de un Claudio de Lorena con la perspectiva puntillosamente auroral de Canaletto. De este modo, la agitación cósmica que exhiben los torbellinos de aire y luz que envuelven la escena pintada por Turner se reabsorben mediante un equilibrio confuso que Tocqueville hace posible también a base de gradaciones cromáticas que se funden en un pensamiento sobre la democracia y la libertad en el que aventura lo siguiente:

> «El pasado no alumbra ya al futuro, el espíritu marcha en tinieblas. Sin embargo, en medio de ese cuadro tan vasto, tan nuevo, tan confuso, entreveo ya algunos trazos principales que se dibujan, y los indico...».

Fiel a esta percepción pictórica, Tocqueville no duda en mostrar esos trazos con la provocadora pulsión de quien se sabe dando una batalla perdida en dónde la ética y la estética están condenadas a solaparse polémicamente aunque, eso sí, guiadas por la duda metódica de quien es consciente, también, de que el progreso de la revolución igualitaria que describe nace de una estructura histórica que habla bajo la forma de una lengua milenaria que difícilmente puede ser silenciada:

> «¿Será prudente pensar que un movimiento social que viene de tan lejos podrá ser detenido por los esfuerzos de una generación?».

Pero ante esta incisiva y abrupta pregunta Tocqueville no se calla. Precisamente es a partir de este momento donde nuestro autor despliega su inteligencia y se lanza con orgullo a la aventura de sobrevolar el escenario de su época, rememorando aquello que decía Jules Boissière de que la «raza de los dioses no muere. En el crepúsculo de nuestro mundo se alzan todavía en luminosas efigies para volver a emprender entre la turba efímera las luchas de sus pasiones imperecederas». Y como si fueran estas palabras el epitafio que nunca llegó a grabarse en la sencilla cruz normanda que cubrió sus restos al morir, Tocqueville se decide a analizar con temple acerado la complejidad desconcertante del mundo que emergió de las pulsiones de la Ilustración y que dio pie a la instauración al otro lado del Atlántico del primer imperio democrático de la Humanidad.

Él, que por sus orígenes y su talento, podía haber sido una especie de Píndaro de su tiempo, nunca se plantea serlo. Ser poeta de la nobleza caída no le seduce. Nunca quiso añorar el pasado y, menos aún, petrificarse en él. De hecho, renuncia expresamente tanto a la poesía como a la reacción para elegir la ciencia y el liberalismo. Lejos, por tanto, de la trinchera antidemocrática de los De Bonald y De Maistre, pero provisto de una lucidez visionaria que recuerda en ocasiones a nuestro Donoso Cortés, nunca reclama la espada ni la dictadura para frenar el progreso de lo cuantitativo frente a lo cualitativo.

En este sentido, Tocqueville es un buen ejemplo de la clase dirigente que formaron los doctrinarios con filigrana de orfebrería política. Criatura de ellos, personifica lo mejor de una corriente del liberalismo que condujo bajo el *«juste milieu»* a la convulsa Francia hacia la prosperidad y el equilibrio después del terremoto napoleónico y el coma ultramontano que supuso el reinado de Carlos X. Salvando las distancias, su apostura política recuerda bastante a la de ese joven artista retratado por Géricault en *Jamar en su estudio* (1820) y que con mirada enérgica dirige su atención interrogativa hacia el observador mientras reclina elegantemente su cabeza sobre una mano.

Su aguda mirada crepuscular se desliza veloz sobre la superficie de los Estados Unidos perfilando con nitidez aventurera los volúmenes que se insinuaban en la temprana aurora democrática norteamericana. Lo hace, incluso, sin que se perciba en su trazo que le tiembla el pulso a pesar del estremecimiento que provoca en él la experiencia igualitaria que tiene delante y que, como en un cuadro de Thomas Cole, retrata el porte inquietante de un advenimiento incipiente en suspenso. No en balde su descripción de la sociedad norteamericana contiene la textura del asombro pesimista y la esperanza de una posibilidad ilusionada que, sin embargo, es capaz de emitir con la valentía romántica de quien, como Hölderlin, cree que «allí donde está el peligro crece lo que nos salva». Como explica en uno de los primeros borradores de La democracia en América:

> «Servirse de la democracia para moderar la democracia. Es la única salvación que nos queda abierta. Discernir los sentimientos, las ideas, las leyes que, sin ser hostiles a los principios de la democracia, sin tener una incompatibilidad natural con la democracia, puedan, sin embargo, corregir sus tendencias perjudiciales y, aún modificándola, incorporarse a ella. Fuera de ahí todo es alocado e imprudente».

Conforme a esta declaración de principios que hubieran suscrito Royer-Collard, Guizot y el resto de los doctrinarios, Tocqueville toma los pinceles, la paleta y las pinturas acumuladas durante sus cortos veinticinco primeros años de vida y junto a Gustave de Beaumont cruza el Atlántico. En la mañana del 11 de mayo de 1831 desembarcan en el puerto de Nueva York y se dan de bruces con la torsión exultante de la Modernidad europea implantada al otro lado del mundo y que disputa –palmo a palmo– su espacio a la titánica fortaleza que exhibe una Naturaleza aún virgen e indómita. Geógrafo de los nuevos tiempos agitados por la irrupción del mito nivelador que impuso la revolución francesa, Tocqueville anticipa sus efectos en la joven república norteamericana. En ella ve plásticamente lo que está por llegar: la apoteosis de la igualdad bajo el dominio mediático de la opinión pública. Es más, constata la metabolización estructural del igualitarismo en el cuerpo sano y fresco de una nación que está todavía por hacerse y destaca cómo se agita bajo la superficie de sus flujos democráticos la destrucción de todo sentido de la jerarquía y el canon.

Y así, como sucede en los cuadros de la Escuela Norteamericana del río Hudson, el pensamiento tocquevilliano discurre con pincelada sutil –pero rápida– por las vastedades solitarias del nuevo continente siguiendo la estela de los pioneros de una civilización democrática que se adapta a la piel de una geografía que nivela e insinúa bajo coordenadas físicas lo que luego habrá de llegar inevitablemente desde un punto de vista espiritual. Basta asomarse a la obra de Albert Bierstadt para comprenderlo. En *Emigrantes cruzando las llanuras* (1867) se percibe toda la fuerza épica de la Conquista del Oeste por parte de cientos de miles de familias que, llevadas por su audacia aventurera, extendieron el aliento de la libertad de una costa a otra del continente. (Natural Cowboys Hall Oklahoma). De hecho, en los EE.UU. nuestro autor logra palpar el tuétano igualitariamente atomizado que propende la cultura moderna desde que Hobbes siguiendo el esquema analítico cartesiano dedujo de la observación de la naturaleza humana que: «Pese a que en ocasiones no sea extraño toparse con hombres físicamente más poderosos o de inteligencia más viva que otros, la naturaleza ha creado a los hombres tan iguales en sus facultades corporales y espirituales que cuando se considera todo en su conjunto, la diferencia entre hombre y hombre no es en absoluto tan importante como para deducir de aquí que alguien pueda reclamar para sí un beneficio que otro no pueda exigir con el mismo derecho». Este presupuesto que conocía indudablemente Tocqueville, sumado a la constatación experimentada por él mismo de que estamos ante una sociedad que tiene introducida en su psique colectiva que «todos nacen iguales sin tener que luchar por ello», lo lleva a señalar en *Quince días en las soledades americanas* –el diario que sigue durante su viaje por los Grandes Lagos– el siguiente juicio de valor:

> «Nación de conquistadores, que acepta domesticar la vida salvaje sin dejarse nunca seducir por sus encantos, que sólo aprecia de la civilización y de las luces su utilidad para alcanzar el bienestar y que se adentra en las soledades americanas con un hacha y unos periódicos; gente que, como todos los grandes pueblos, persigue una sola idea y avanza hacia la adquisición de la riqueza, único fin de sus fatigas, con una perseverancia y un desprecio a la vida que uno estaría tentado de llamar heroísmo

si tal nombre se acomodara a algo distinto de la virtud. Pueblo nómada, al que no arredran ni ríos ni lagos, ante el cual caen los bosques y las praderas se sombrean, y que, una vez alcanzado el océano Pacífico, volverá sobre sus pasos para turbar y destruir la sociedad que ha dejado tras de sí».

Bajo estas coordenadas que configuran esquemáticamente las impresiones iniciales que acumuló nuestro autor durante su estancia trasatlántica, los años que median desde entonces hasta la publicación de las dos partes de *La democracia en América* –la primera en 1835 y la segunda en 1840– van decantando los bocetos traídos en su memoria. En contacto con la evolución democrática que experimenta la Monarquía burguesa de Luis Felipe de Orleáns y deseoso de dar forma definitiva a su obra, Tocqueville se muestra al público como una especie de pintor de taller que quiere dibujar perfiles exactos y levantar planos precisos de una realidad que elude ser captada lentamente al exigir una técnica rápida, impresionista, que apueste por la mancha de color debido a la celeridad de los acontecimientos europeos.

De ahí que la textura analítica de Tocqueville termine desembocando en un estilo definitivamente crepuscular en el que la contemplación del amanecer democrático insinuado en los EE.UU. se convierte en un espejismo que recuerda de nuevo a Turner, concretamente ese cuadro que tituló *Tormenta de nieve: Aníbal y su ejército atravesando los Alpes* y en el que el sol matutino parece velado por la negrura envolvente que produce una terrible confusión de direcciones contrapuestas y que ocupan progresivamente el espacio en medio de la composición, desplazando el eje de gravedad hacia un extremo que anula finalmente el protagonismo de la hazaña humana que se pretende pintar.

Al igual que el ejército de Aníbal, las huestes democráticas que tratan de forzar las cumbres del Antiguo Régimen guiados por el principio de que «hay más luz y cordura en muchos hombres reunidos que en uno sólo», incuban su derrota futura a manos del despotismo. En este sentido, *La democracia en América* muestra cómo los EE.UU. exhiben inconscientemente la factura de una potencialidad despótica que tan sólo podría evitarse mediante la vacuna de un vigoroso apetito de libertad individual. Y aún así, pensaba Tocqueville, el equilibrio siempre sería defectuoso debido a la erosión que genera esa tendencia igualitaria que tiende a subsumir las incómodas diferencias bajo la acción del principio –elevado a creencia colectiva– de que todos los hombres somos iguales y que, en realidad, no es más que un trasunto jurídico de la tesis de Locke de que todos los hombres nacen con una «mente en blanco» o, si se prefiere, desprovistos por igual de cualquier idea innata que los diferencie.

De hecho, hay que reseñar aquí que la igualdad es el «constructo» jurídico mediante el que la Declaración de Independencia norteamericana establece una hábil fórmula cohesionadora de la complejidad social. A través de un discurso igualitario de la vivencia de los derechos individuales, éstos se socializan y hacen posible que la opinión pública arroje un peso inmenso sobre el espíritu de cada individuo. Inmersa en una atmósfera hedonista que es coherente con el principio de búsqueda de la felicidad consagrado constitucionalmente como horizonte vital de cada individuo, el destino de la libertad se hace ingrato para quienes se oponen a las tendencias canónicas que establece la mayoría. Sobre todo porque, como advierte Tocqueville, deberán escuchar de boca de la opinión mayoritaria que:

> «...sois libres de no pensar como yo, pero desde este día sois un extranjero entre nosotros».

Para nuestro autor, la mayoría tiende a transformarse en una suerte de tiranía benevolente que achata progresivamente la calidad de la ciudadanía, propaga el conformismo y la apatía y, finalmente, homogeneiza dentro de una cosmovisión que frustra cualquier acción individual, de modo que la centralización del poder deviene como su consecuencia lógica y hasta necesaria. En este sentido, el cuadro que pinta Tocqueville es desolador:

> «Si imagino con qué nuevos rasgos podría el despotismo implantarse en el mundo, veo una inmensa multitud de hombres parecidos y sin privilegios que los distingan incesantemente girando en busca de pequeños y vulgares placeres, con los que contenten su alma, pero sin moverse de sitio. Cada uno de ellos, apartado de los demás es ajeno al destino de los otros; sus hijos y sus amigos acaban para él con toda la especie humana; por lo que respecta a sus conciudadanos, están a su lado y no los ve; los toca y no los siente; no existe más que como él mismo y para él mismo, y si bien le queda aún familia, se puede decir al menos que ya no tiene patria».

Así las cosas, la fisonomía de la democracia norteamericana revela para Tocqueville el perfil oculto de un despotismo que se esconde en las sombras del futuro: una especie de pesadilla en blanco y negro que recuerda el reverso ilustrado contenido en esas *Cárceles de la imaginación* tempranamente románticas que pinta Giovanni Battista Piranesi a mediados del siglo XVIII y que aplastan espiritualmente bajo descomunales geometrías abovedadas a los individuos que se arrastran temerosos a sus pies. Empequeñecidos y silentes se confunden unos con otros. Sin distinción alguna parecen absorbidos por la densa oscuridad que envuelve un entorno que propende a confundirlos dentro de una atmósfera opresiva y fría que ensombrece cualquier atisbo de humanidad. Algo que el mismo Piranesi metaforiza con mayor fuerza plástica, si cabe, de la mano de ese *Muelle de Adriano* que emerge con altura titánica mediante una acumulación de sillares rocosos que en número infinito se apilan como la piel de un Leviatán unificador. Lo sorprendente de esta visión de Piranesi-Tocqueville no es el hecho de que esta pesadilla despótica sea posible sino que la da, más bien, como algo probable. Su experiencia norteamericana es, en este sentido, determinante. El masivo individualismo corrosivo sobre el que se asienta la democracia estadounidense, sumado a la deriva igualitaria en torno al disfrute de sus derechos, aboca a un escenario en el que un atomizado cuerpo de ciudadanos aislados necesita un poder fuerte y único que se encargue de todos esos asuntos comunes de los que nadie quiere ocuparse. Tan sólo un contrapunto socializador en torno a unos poderes locales y un asociacionismo civil vigorizado por un aliento renovado de libertad individual podrían compensar esa tendencia que describe como estructural, de acuerdo con un principio que años después desliza como de pasada en *El Antiguo Régimen y la Revolución*, al afirmar con un regusto anticipadamente nietzscheano que:

«...todos los hombres se ven arrastrados por una fuerza desconocida que los conduce hacia la destrucción de la jerarquía».

Consciente con el paso de los años de que esta propensión resentida hacia la excelencia que flota en el fondo miasmático del alma humana irá en aumento, su percepción crepuscular se agudizará, ya que el crecimiento colectivo del bienestar acabará demandando en la opinión pública una atmósfera pantanosa de tranquilidad que haga posible a cualquier precio el deleite de los pequeños goces privados en los que se refugiarán al unísono la inmensa mayoría de los hombres.

De este modo, su pesimismo acaba exhibiendo sus particulares llagas: en su caso, una paleta analítica desbordada por claroscuros grumosos que parecen aprestarse para saltar sobre el rostro de cualquier lector despistado. Con todo y con eso, no le falta método y, sobre todo, vocación científica. Quizá este distanciamiento pascaliano frente a los objetos de su análisis es lo que refuerza finalmente su poder de seducción y su perdurabilidad. Esto, y el hecho de que no incurra nunca en el papel de una lacrimosa Casandra decimonónica, es lo que hace que Tocqueville siga siendo capaz de comunicarnos un soplo sincero de desesperación contenida que va siendo confirmada con el paso de las hojas del calendario de la Historia. Quizá por eso mismo sobrevive y, sobre todo, porque en lo más profundo de su ser sigue aleteando un rayo de tímida aurora, pues, si no, ¿cómo entender que concluya *El Antiguo Régimen y la Revolución* diciendo que las tendencias descritas no las definirá él como invencibles ya que su «objetivo principal al escribir este libro ha sido combatirlas»?

TOCQUEVILLE: HUMANISTA EN AMÉRICA, NACIONALISTA EN ARGELIA

José Manuel Romay Beccaría[*]

COLOQUIO SOBRE LA LIBERTAD

1. Introducción

Sólo por algunas de sus ideas, de sus «descubrimientos» en el campo de la sociología, Tocqueville merecería un lugar en la Historia del Pensamiento. Si se contempla el conjunto de su obra, la lucidez de sus análisis y lo certero de sus previsiones, ese lugar es excelso.

---

[*] Presidente del Consejo de Estado (2003-2004). Ministro de Sanidad y Consumo (1996-2000). Conselleiro de Agricultura, Ganadería y Política Forestal de la Xunta de Galicia (1990-1991) y de Sanidad y Servicios Sociales (1991-1996). Diputado en las legislaturas II, III y IV (1982-1989). Vicepresidente de la Xunta de Galicia (1982). Del Patronato de la Fundación.

El papel de la descentralización, de los gobiernos locales, la importancia de una vigorosa «sociedad civil» activa y exigente para mantener un orden de libertad –gobierno representativo, Estado de Derecho, economía de mercado y espacio público– han sido analizados y valorados por Tocqueville, como seguramente nadie lo había hecho antes mejor que él.

Su visión de las modernas sociedades democráticas y del valor esencial en ellas de la igualdad es admirable.

«Si de acuerdo con vuestro criterio –dice Tocqueville en *La democracia en América*–, el objeto principal del gobierno no es dar al cuerpo entero de la nación más fuerza o la mayor gloria posible, sino procurar a cada uno de los individuos que lo componen el mayor bienestar, y evitarle la miseria, entonces, igualad las condiciones y constituid el gobierno de la democracia. Y si ya no es tiempo de elegir, y una fuerza superior al hombre os arrastra, sin consultar vuestros deseos, hacia uno de los gobiernos, procurad por lo menos, obtener el mayor bien posible».

«Es democrática la sociedad, –añade nuestro autor– donde ya no perduran las distinciones de los órdenes y las clases, donde todos los individuos que forman la colectividad son socialmente iguales. La igualdad social significa que ya no hay diferencias hereditarias de condiciones y que todas las ocupaciones, todas las profesiones, todas las dignidades y todos los honores son accesibles a todos».

El Antiguo Régimen se basaba en la desigualdad, y si bien es cierto que en el mundo de la industria de la sociedad moderna, unos cuantos hombres muy opulentos contrastan notoriamente con una multitud miserable, esos hombres, a pesar de todo, a juicio de Tocqueville, no son capaces de constituir una verdadera aristocracia. «Existen ricos –nos dice– pero no existe la clase de los ricos».

Tocqueville, al igual que Marx, sintió una viva inquietud por dos cuestiones fundamentales de su época: la sociedad industrial y el capitalismo. Lo hace, sobre todo, con referencia a los Estados Unidos de América, que, como es bien sabido, constituye el modelo esencial de su magna obra *La democracia en América*. En ella, «frente a la visión apocalíptica y catastrófica del desarrollo del capitalismo que caracteriza el pensamiento de Marx –dice Aron– Tocqueville formulaba ya a partir de 1835 la teoría de lo que hoy llamaríamos el *Welfare State* o incluso el aburguesamiento generalizado. En todo caso, la suya era una visión serena de una sociedad donde cada uno posee algo y todos o casi todos están interesados en la conservación del orden social».

Los datos correspondientes a 1963, año en que Aron escribe, ponen de relieve la buena situación económica de los países de Occidente. La experiencia no parece darle la razón a Marx en materia económica, que fue precisamente la ciencia en la que destacó como uno de los hombres más sabios y eruditos de su tiempo. En cambio, Tocqueville –a pesar de la ignorancia, naturalmente relativa, que tenía en temas económicos, o tal vez gracias a ella–, da la impresión de que fue capaz de adivinar el futuro.

Gracias a su sentido común, o a su intuición, Tocqueville pensaba, sin tener pruebas sólidas al respecto ni haber hecho un análisis profundo de la cuestión, que una sociedad obsesionada por el ansia de bienestar será capaz de garantizar a la mayoría de los ciudadanos el estatuto moral y la situación económica de las clases medias. También vaticinó que una sociedad semejante se verá sacudida por reivindicaciones continuas y por múltiples conflictos de intereses, pero al mismo tiempo, se mostrará poco inclinada a las revoluciones porque, precisamente con ellas la mayoría tendría mucho que perder: «Lo que no pueda conseguir hoy, puedo conseguirlo mañana, y mis hijos obtendrán lo que a mí me es imposible obtener ahora». De esta forma, sin que esto constituya una paradoja exagerada, podemos atribuir a Tocqueville el mérito de haber presentado a mediados del siglo XIX, la sociedad inquieta pero pacífica en que vivían los occidentales, pocos años después de la Segunda Guerra Mundial.

Tocqueville pertenece a esa tradición de pensamiento que Dahrendorf recomienda «a esos intelectuales para los cuales el fin del socialismo significa que se ha abierto un abismo y que aún no pueden quitarse las ideas socialistas de la cabeza». Se trata de una traición «no ciertamente impresionante por su número, pero que cuenta con algunos individuos honestos que *han sido inmunes a las tentaciones de la fantasía, del dogma y de la utopía cuando éstas aún eran fuertes*. Dahrendorf incluye también a los *federalistas* Hamilton, Gray y Madison aunque seguro, les sorprendería ser llamados intelectuales, a Max Weber, a pesar de sus primeros comienzos en la órbita nacionalista, a Keynes, a Beveridge y a Raymond Aron. Yo me atrevería a incluir en esa lista a Octavio Paz, también, a pesar de su pasado, a Alain Peyrefitte, a Isaiah Berlin, a Ernst Gellner, a Vaclav Havel, a Giovani Sartori; y entre nosotros a don José Ortega, a Luis Díez del Corral y a Víctor Pérez-Díaz.

A partir de mis lecturas de autores que han conocido tan bien a Tocqueville como Raymon Aron, Luis Díez del Corral o Tzvetan Todorov, ofrezco a continuación algunas ideas claves de nuestro autor sobre el tema de este encuentro.

2. El método y los principios

El pensamiento de Tocqueville es siempre independiente y crítico. Nunca deja de pretender examinar las dos caras de la moneda. Sus principios firmes no se convierten nunca en dogmas. Si algún pensador antidogmático ha habido en la historia de las ideas políticas ha sido Alexis de Tocqueville. Para Tocqueville, fundamentalmente, *connaitre c'est chercher*.

No quiere ello decir, de ningún modo, como ya indicamos antes, que Tocqueville carezca de principios. Muy al contrario, los profesa y proclama con máxima pureza.

Tocqueville ve en la libertad el valor supremo de la existencia humana. «La libertad –afirma– es una cosa *santa*. Sólo hay otra cosa que merezca más este nombre: la Virtud. Pero, ¿qué es la virtud sino la elección *libre* de lo que es bueno?».

La libertad no es un don gratuito de las fuerzas anónimas de la historia sino que hay que lograr hazañosamente por el hombre su implantación o su supervivencia. La ley verdaderamente histórica es la relativa a la igualación progresiva de las condiciones en que viven los hombres.

La instauración de la libertad, tal como la entiende Tocqueville, supone vigilancia continua, esfuerzos incesantes, porque no es algo natural, sino un complicado artificio humano.

3. La libertad y el Antiguo Régimen

Nos equivocaríamos, por tanto, profundamente, si creyésemos que el Antiguo Régimen fue una época de servilismo y de dependencia. Reinaba mucha más libertad que en nuestros días; pero era un género de libertad irregular e intermitente, siempre contraída al límite de las clases, siempre ligada a la idea de excepción y de privilegio que permitía desafiar casi tanto a la ley como a la arbitrariedad, y que casi nunca llegaba a proporcionar a todos los ciudadanos las garantías más naturales y más necesarias. Pero aun así, reducida y deformada, la libertad siguió siendo fecunda. Fue ella la que, en los mismos tiempos en que la centralización se afanaba cada vez más por igualar, ablandar y difuminar todos los caracteres, conservó en un buen número de individualidades su nativa originalidad, su colorido y su relieve; la que alimentó en su corazón el orgullo de su personalidad y la que hizo predominar casi siempre sobre todas las pasiones, la pasión por la gloria. Gracias a ella se formaron esas almas vigorosas, esos genios orgullosos y audaces que pronto vamos a ver en acción y que harían de la Revolución francesa objeto a la vez de la admiración y del terror de las generaciones que la siguieron.

4. La igualdad fundamento de la libertad

La tesis de Tocqueville es entonces ésta: la libertad no puede estar fundada en la desigualdad; por lo tanto, la libertad puede ser asentada sobre la base de la libertad democrática de la igualdad de condiciones, y salvaguardada mediante una serie de instituciones cuyo modelo ha creído hallar en Norteamérica[1].

La libertad, privilegio del antiguo régimen, suscitó «genios orgullosos y audaces», pero esa libertad en sí misma era «desarreglada y malsana, preparaba a los franceses para derribar al despotismo, pero los convertía, quizá, en menos aptos que cualquier otro pueblo para crear la fuerza apacible y libre de las leyes». Por el contrario, en América, las instituciones libres nacieron con la sociedad y tuvieron por fundamento no el espíritu de privilegio y orgullo aristocrático, sino el espíritu religioso[2].

5. La libertad es la ausencia de arbitrariedad

La idea básica constitutiva de la noción de libertad es la ausencia de arbitrariedad. Cuando se ejerce el poder ateniéndose a las leyes, los individuos gozan de seguridad. Es necesario, como habría dicho Montesquieu, que el poder se oponga al poder. Y como todos los hombres participan de la soberanía, es

---

[1] R. Aron, *Las etapas del pensamiento sociológico* (Madrid: Taurus, 2004), p. 195.

[2] R. Aron, *Ensayo sobre las libertades,* (Madrid: Alianza Editorial, 1984), pp. 26-27.

necesario que quienes ejerzan el poder sean, en cierto modo, los representantes o los delegados de los gobiernos. Dicho de otro modo, es necesario que el pueblo, en tanto que ello sea materialmente posible, se gobierne a sí mismo.

Según la noción moderna, la noción democrática y, si puede decirse, la noción justa de libertad, cada hombre que haya recibido de la naturaleza las luces necesarias para conducirse, adquiere al nacer un derecho igual e imprescriptible a vivir independiente de sus semejantes, en todo aquello que le concierne sólo a sí mismo, y a organizar a su parecer su propio destino[3].

Hay una especie de libertad corrompida, cuyo uso es común a los animales y al hombre, que consiste en hacer todo cuanto apetece hacer. Esa libertad es enemiga de toda autoridad, padece inquietud con toda regla, con ella nos volvemos inferiores a nosotros mismos, es enemiga de la verdad y de la paz, y Dios ha creído deber elevarse contra ella. Pero existe una libertad civil y moral que extrae su fuerza de la unión y que el poder mismo tiene por misión proteger: la libertad para hacer sin temor todo cuanto es justo y bueno[4].

Lógicamente, esta definición es, por decirlo así, «en círculo». Debemos ser libres para hacer todo cuanto es justo y bueno. Pero, ¿quién determina lo que es justo y bueno? Esas fórmulas no adquieren un sentido preciso más que en el con-

---

[3] R. Aron, *Ensayo sobre las libertades,* (Madrid: Alianza Editorial, 1984), p. 22.
[4] *Id.*, pp. 29-30.

texto histórico, en el que cada cual sabe lo que el Estado tiene derecho a exigir, a prohibir, y, al mismo tiempo, lo que el individuo tiene derecho a reivindicar como esfera privada en la que reina él solo.

6. Las condiciones de la libertad

¿Cuáles son, en una sociedad democrática, las leyes más propicias para salvaguardar la libertad?

De acuerdo con la convicción permanente de los filósofos clásicos, Tocqueville exige que el Estado sea lo suficientemente grande para poder movilizar la fuerza necesaria desde el punto de vista de la seguridad, y lo suficientemente pequeño para que la legislación se adapte a la diversidad de las circunstancias y de los medios. Esta combinación sólo aparece en una Constitución federal o confederal. Tal es, a los ojos de Tocqueville, el mérito principal de las leyes sancionadas por los norteamericanos.

Un gobierno democrático no debe poseer formas tales que el pueblo pueda entregarse a todos los arrebatos pasionales y determinar las decisiones del gobierno.

La Constitución norteamericana ha previsto la división del cuerpo legislativo en dos asambleas, y establecido una presencia de la República que Tocqueville, en su época, consideraba débil, pero que es relativamente independiente de las presiones directas del cuerpo electoral o del cuerpo legislativo.

Tocqueville agrega otras dos circunstancias políticas, en parte constitucionales y en parte sociales, que contribuyen a la salvaguarda de la libertad. Una es la libertad de asociación, y la otra el uso que se hace de ella, la multiplicación de organizaciones voluntarias.

Tocqueville se ocupa finalmente de la libertad de prensa. Cree que esta libertad encierra inconvenientes de todo tipo, porque los periódicos se inclinan a abusar de ella, y porque es difícil que no degenere en licencia. Pero agrega, de acuerdo con una fórmula que se asemeja a la de Churchill a propósito de la democracia, que hay un solo régimen peor aún que la licencia en el periodismo: la supresión de dicha licencia. En las sociedades modernas, la libertad total es preferible a la supresión total de libertad. Y entre estas dos formas extremas, no hay otras intermedias.

Tocqueville cree que, en último análisis, las condiciones de la libertad son las costumbres y las creencias de los hombres (siendo la religión el factor decisivo de estas costumbres). A los ojos de Tocqueville, la sociedad norteamericana ha sabido fusionar el espíritu religioso y el espíritu de libertad. Si hubiéramos de buscar la causa única que hace probable la supervivencia de la libertad en EE.UU. y precario el provenir de la libertad en Francia, la encontraríamos según Tocqueville en el hecho de que la sociedad norteamericana reúne en sí el espíritu religioso y el de la libertad mientras que la sociedad francesa está desgarrada por la oposición entre la Iglesia y la democracia, o la religión y la libertad.

«Las instituciones que constituían a sus ojos la expresión y la garantía de la libertad –el papel de los ciudadanos en la administración local, las asociaciones voluntarias, el sostén recíproco del espíritu democrático y del espíritu religioso– han sobrevivido también a pesar de los progresos de la centralización y del refuerzo de la presidencia; refuerzo que, por otra parte, él había juzgado inevitable a partir del día en que la República tuviese que hacer frente a enemigos y debiese practicar una activa política exterior»[5].

7. Tocqueville y el nacionalismo

Hasta aquí el humanista de una pieza que es Tocqueville. Esa consistencia se quiebra, aunque sólo sea parcialmente, cuando el pensador se convierte en político, en hombre de acción.

Tocqueville está en contra de la esclavitud: «El hombre jamás ha tenido el derecho de poseer al hombre, y el hecho de la posesión ha sido siempre y todavía es, ilegítimo»[6]. «Esta odiosa institución [...] es [...] contraria a todos los derechos naturales de la humanidad».

Sin embargo, está a favor de las colonias. La libertad y la igualdad de los individuos son principios inviolables; pero no se puede decir lo mismo respecto a los Estados o a los pueblos:

---

[5] R. Aron, *Ensayo sobre las libertades*, (Madrid: Alianza Editorial, 1984), pp. 54 y 66.

[6] «Rapport», p. 54.

el dominio de los otros, ilegítimo en el plano individual, se vuelve aceptable a partir del momento en que se trata con las colectividades.

Los Estados, al igual que los individuos, tienen esferas en las cuales actúan en función, únicamente, de su voluntad (los derechos negativos); pero, a diferencia de los individuos, los estados no tienen por qué conformarse con un código que les atribuya derechos positivos, por la sencilla razón de que tal código no existe. En efecto, para que el derecho se pueda ejercer, es preciso, necesariamente, que exista un espacio social en el interior del cual la colectividad pueda imponer la aplicación de la ley (éste es, precisamente, el Estado de Derecho). Ahora bien, contrariamente a lo que dejan imaginar los sueños idílicos de los enciclopedistas, no existe la «sociedad general», un espacio social universal, provisto de gendarmes que garanticen la aplicación de una ley planetaria. La única regla de comportamiento internacional es, pues, la libertad, es decir, la ausencia de reglas (la «ley de la jungla»); lo cual equivale a decir que el único principio de comportamiento entre los estados es el nacionalismo. La moral universal se detiene en el umbral de las relaciones internacionales.

No obstante, Tocqueville no pierde del todo su proverbial clarividencia. En una situación de guerra, no todos los medios para lograr la victoria son igualmente aceptables. Aun cuando se acepte como hecho establecido la ausencia de una «sociedad de naciones» eficaz, se puede seguir recurriendo a la razón y a las normas racionales para controlar y restringir el uso de la fuerza.

A pesar de todo ello, cede a la tentación patriótica y nos dice: Señores, no se hace la guerra con sentimientos de filantropía. Cuando se quiere el fin, es preciso querer los medios. Yo preferiré siempre los intereses franceses a una absurda filantropía hacia aquellos extranjeros que les cortan la cabeza a nuestros soldados prisioneros o heridos». Las tropas de Baugeaud habían perseguido a los árabes insumisos, los habían encerrado en las grutas de Dahra y los habían exterminado asfixiándolos con humo.

Yo no creo, dice, que «el mérito propiamente del señor mariscal Baugeaud sea precisamente el de ser un filántropo: no, no creo eso; pero lo que sí creo es que el señor mariscal Baugeaud, en tierras de África, ha prestado un gran servicio a su país»[7]. He aquí que la matanza no sólo queda excusada, sino que es glorificada: lo que podría parecer un crimen contra la humanidad, pasa a ser un acto loable por el hecho de que se lleva a cabo al servicio de la nación. Tocqueville escribe en otra parte: «Creo que se deben emplear todos los medios para asolar a las tribus. No exceptúo más que aquellos que reprueban la humanidad y el derecho de las naciones»[8]; pero uno se pregunta qué podría significar esta última restricción, tras los ejemplos de lo que sí está permitido. ¿Acaso no es más que una fórmula retórica?

En su visita al continente americano, ve en la independencia el fin más elevado de cada pueblo: «nunca he estado tan

---

[7] «Intervention», p. 299.
[8] «Travail», p. 227.

convencido de que la desgracia más grande y más irremediable para un pueblo, es la de ser conquistado». De regreso a Francia hace la apología de la conquista de los otros.

El filósofo y sabio va a Norteamérica, un país extranjero; lo analiza y lo juzga en nombre de su «ética de la convicción», la cual es la del humanista: un derecho «natural», es decir, racional, fundado en la igualdad de derecho de los seres humanos. En cuanto al diputado y hombre de Estado, éste sostiene un discurso político: redacta informes, cartas, intervenciones en la Cámara que deben influir en la línea política del Estado; su marco de referencia es una «ética de la responsabilidad»: busca el bien de su país, no la conformidad a principios abstractos. La política no es la moral, ésta es la lección que se puede aprender de la yuxtaposición de estos diversos escritos de Tocqueville. La moral debe ser universal; la política no podría serlo. La «ética de la responsabilidad» como se dice aceptando la postura de Max Weber, es una política, no una ética. Ahora bien, una política humanitaria, en cierta forma, es una contradicción en los términos. Esto es cierto. Pero, ¿acaso esto quiere decir que se debe olvidar todo lo que se refiere a una de ellas cuando se practica la otra? Al establecer un divorcio radical entre moral y política, Tocqueville parece haber olvidado lo que su lucidez habitual no había dejado de hacerle sentir, y que formuló en términos de percepción (¡una más!): «Si [...] actuamos de tal manera que mostraremos que, a nuestros ojos, los antiguos habitantes de Argelia no son más que un obstáculo que es preciso apartar o pisotear; si envolvemos a sus poblaciones, no para levantarlas en nuestros brazos hacia el bienestar y la luz, sino para estrecharlas y ahogarlas en ellos, entre las dos razas se planteará la cuestión de vida o muerte. Argelia se convertiría tarde o temprano, créanme, en un campo cerrado, en una arena amurallada, en donde los dos pueblos tendrían que combatir sin piedad, y uno de los dos acabaría por morir». Tocqueville no puso atención a su propia advertencia, como tampoco lo hicieron sus contemporáneos; cien años más tarde estalló el combate sin piedad[9].

---

[9] T. Todorov, *Nosotros y los otros,* (Madrid: Siglo XXI, 1991), pp. 224, 231, 234, 236 a 240.

VIGENCIA DE TOCQUEVILLE EN EL DIÁLOGO ATLÁNTICO

Florentino Portero[*]

Quiero agradecer a FAES su amable invitación a participar en estas jornadas, más aún cuando yo soy el único de los presentes que no es un especialista en Tocqueville. Precisamente por eso, es mi intención abordar en esta intervención la vigencia de los debates provocados por el libro de Tocqueville, *La democracia en América*, en lo que es hoy el diálogo trasatlántico, o si se prefiere, la bronca trasatlántica, pues un profundo desencuentro viene caracterizando las relaciones entre ambas orillas del Atlántico, sobre todo desde la guerra de Irak, pero también de forma muy evidente desde el derrumbe del Muro de

---

[*] Profesor de Historia Contemporánea (Universidad Nacional de Educación a Distancia). Analista del Grupo de Estudios Estratégicos (GEES).

Este texto es la transcripción editada de la intervención del autor en el seminario «Libertad, igualdad, despotismo. En el bicentenario de Alexis de Tocqueville». Madrid, 12 y 13 de diciembre de 2005.

Berlín, la desintegración de la Unión Soviética y el inicio de una nueva etapa.

Desde esta perspectiva, partiendo del hecho de que soy un analista de Política Internacional, no de Historia de las Ideas, y de que la mayoría de los aquí presentes somos españoles, quiero concentrarme en pocos puntos, quizá sólo cuatro, que entiendo relevantes para acercarnos desde nuestra realidad a la formidable obra de Tocqueville.

El primer punto a destacar es el de su sorprendente vigencia, sobre todo teniendo en cuenta que Tocqueville no dedicó tanto tiempo a Estados Unidos. Era un hombre lúcido, un francés que formaba parte de la elite cultural y política, con muchos intereses, que supo anticipar muchas cosas, pero no podemos olvidar que él vio un Estados Unidos todavía naciente; faltaban aún por pasar muchísimas cosas para que fuera cuajando la nación que hoy conocemos. Faltaba incluso la propia ocupación territorial, quedaban décadas de guerras contra los indios, había muchísimo por hacer, pero él supo ver en aquel primer Estados Unidos elementos troncales, elementos esenciales, que nos ayudan todavía hoy a entender ese país.

En mi época, ya quizá un poco lejana, de joven profesor de Historia en el Reino Unido, una de las cosas que más me sorprendía era que mis colegas encargados de dar cursos sobre Estados Unidos exigieran como primera lectura a sus alumnos *La Democracia en América*. Yo conocía a muchos de esos profesores por la convivencia normal que se produce dentro de un *college* y les puedo asegurar que, casi sin excepción, eran simpatizantes del Partido Laborista. Las excepciones eran un militante del Partido Conservador, autor de una obra de referencia sobre el tema, y varios militantes socialistas. Doy por sentado que no debían sentir en el fondo mucha simpatía por la figura política e intelectual de Tocqueville. Pero no por ello dejaban de reconocer que la lectura de su obra era una vía directa para llegar al núcleo, al corazón del problema.

Por mi parte, también reconozco que, desde hace mucho tiempo, cuando un alumno o alguien me pide una primera lectura para acercarse a eso tan distinto y tan próximo que es Estados Unidos siempre recomiendo empezar por Tocqueville, porque para qué perdernos en manuales llenos de datos cuando alguien nos muestra en bandeja de plata exactamente lo fundamental, lo troncal.

Un segundo punto que quiero subrayar, digo subrayar y no tocar, porque James T. Schleifer lo ha hecho y con mucho detenimiento, es un tema que interesa bastante a los españoles, precisamente por lo mucho que nos sorprende. Me refiero al problema de la relación entre religión y política en Estados Unidos, tema al que Tocqueville dedica mucha atención y sobre todo algunos de sus mejores y más lúcidos párrafos. Los españoles, como europeos primero y sobre todo como católicos, hemos tenido una relación íntima con lo religioso. Durante siglos, nuestros gobernantes intentaron imitar el régimen perfecto, que no podía ser otro que el de la Santa Sede. El autoritarismo y posteriormente el absolutismo no son otra cosa que el remedo por nuestros gobernantes laicos del modelo perfecto de la Iglesia Católica.

El liberalismo nace inevitablemente de la tensión contra el Antiguo Régimen y contra el autoritarismo que recibimos de la experiencia de los siglos XVI, XVII y XVIII; y eso hace que, para nosotros, fundamentalmente para los que somos liberal-conservadores, siga muy presente que los avances que hemos logrado lo han sido, en gran medida, enfrentándonos a la Iglesia Católica. Ahora vivimos tiempos de sorprendente hermandad, liberal-conservadores y católicos estamos juntos y sabemos a dónde vamos y de dónde venimos. Esto, no podemos olvidarlo, es un fenómeno excepcional. Durante siglo y medio hemos estado persiguiéndonos los unos a los otros. Lo curioso es que el liberalismo no se explica sin el cristianismo.

El liberalismo es una expresión de los valores cristianos, pero esa expresión, durante un tiempo, más o menos hasta el Concilio Vaticano II, no fue del todo comprendida por la jerarquía. El hecho es que esa relación Iglesia-Estado es, en nuestra memoria histórica, compleja, sino traumática. Es una relación que ha sido problemática durante mucho tiempo. Y para nosotros, el liberalismo supone dejar muy clara la separación entre Iglesia y Estado. De ahí que el discurso político evite términos propios de la teología o del mundo religioso. Éste no es el caso de Estados Unidos, como Tocqueville describió en su momento y como James T. Schleifer nos ha recordado ahora con enorme precisión e inteligencia.

Estados Unidos es una nación de disidentes cristianos que huyen de un viejo continente corrupto para crear una nación de hombres moralmente sanos y libres, entendiendo que la libertad no es comprensible sin el carácter autónomo que el cristianismo concede al individuo. En el modelo norteamericano, lo religioso y lo político están fundidos, están intrínsecamente unidos, no se pueden separar. La Constitución norteamericana es una Constitución cristiana y el debate político norteamericano gira siempre en torno a principios y valores que sólo se pueden entender teniendo muy en cuenta cuál es, no sólo la Constitución formal, sino también la Constitución real de Estados Unidos. Este hecho marca una forma de entender la política. Retomando lo que decía el profesor Schleifer, este vínculo con la religión marca la importancia que se da al individuo en el modelo norteamericano desde fechas muy tempranas. Es el individuo responsable ante Dios, en la teología cristiana, quien se convierte en individuo responsable de sí mismo, capaz mejor que nadie de defender sus intereses ante el Estado, ante la comunidad. Es una visión política que parte previamente de una visión religiosa.

Un tercer tema que quiero abordar, derivado del anterior, es el problema de los valores en política. Nosotros, desde hace algún tiempo, estamos avanzando en una línea muy clara hacia el relativismo, que es una forma exagerada y radical de entender el liberalismo. Desde esta perspectiva nadie tiene del todo la razón, ésta debe encontrarse en un punto medio entre las posiciones de todos. Las cosas no son lo que parecen, la verdad no es tal, no hay valores absolutos, todo es relativo, todo es negociable, y puesto que todo es negociable, ya veremos el día de mañana cómo podemos resolver los problemas que surjan. Esto, en el plano de la historia del derecho, supone el fin tanto del derecho natural como del derecho consuetudinario frente al éxito del derecho positivo; sólo hay derecho positivo. Si nosotros hablamos con catedráticos de Derecho Constitucional de nuestro país nos sorprenderá lo difícil que es encontrar alguno que no sea estrictamente un positivista de estirpe germánica. Todo es un pacto, no hay nada más allá de lo acordado. ¿Por qué? Porque para nosotros no hay valores superiores, ni la tradición es un hecho determinante en nuestra vida. Sencillamente todo es negociable. Ése, desde luego, no es el caso de Estados Unidos. Como país anglosajón reconoce un importante papel al derecho consuetudinario y la Constitución supone una carta de principios y valores que informan el conjunto del cuerpo jurídico. Ellos no rechazan ni niegan su pasado, lo asumen, aprenden de sus éxitos y de sus errores y avanzan con decisión desde la fortaleza que les proporciona su propia historia. Ellos creen que hay cosas que son ciertas y otras que son falsas y no confunden el derecho a defender las propias ideas con que todos tengamos un poco de razón.

El cuarto y último aspecto al que me quería referir es el de la percepción europea de Estados Unidos. En el Viejo Continente siempre hemos sido proclives a interpretar EE.UU. en clave europea, de acuerdo a nuestras necesidades internas, sin darnos cuenta de que para entender correctamente a la sociedad norteamericana tenemos que tener en consideración tanto su historia colonial como el hecho revolucionario de su independencia y lo ocurrido en años posteriores. Al ignorar su historia y características, llegamos con facilidad a realizar afirmaciones que dicen más de nuestra ignorancia y prejuicios que de la realidad norteamericana. De ahí que los Estados Unidos sean para muchos —se ha escrito hasta la saciedad estos últimos años— la versión occidental del régimen de los ayatolás. Lo hemos leído y lo oímos a menudo en algunas cadenas de radio como la *Ser*. Desde esos medios se quiere trasladar el mensaje de que Estados Unidos es un país de fundamentalistas, un país de creyentes. Mientras que nosotros, los europeos, estamos varios pasos por delante en el proceso civilizador, porque ya hemos dejado de creer, porque estamos abiertos al multiculturalismo, porque hemos asumido el relativismo, la negociación permanente. Mientras ellos tienen, o creen más, en valores, nosotros tendemos a no creer más que en nuestros intereses inmediatos y entonces se produce un efecto al que ha hecho referencia James T. Schleifer, que es el efecto de modelo espejo, como citaba él concretamente.

Tocqueville plantea: ¿debe ser Estados Unidos un modelo o un espejo para el desarrollo del liberalismo? Dejando a un lado debates a lo largo del tiempo sobre si debe o no debe ser, el hecho es que en términos políticos cotidianos lo es, y lo es de forma irritante. Para todos aquellos que han creído en ideologías o programas políticos que afortunadamente han fracasado resulta inaceptable el éxito de Estados Unidos. ¿Por qué? Porque, como Gertrudis Himmerfald nos ha descrito en su último y brillante libro, Estados Unidos es el país de Occidente que mejor refleja el ideario liberal. Un ideario que en Francia no llegó nunca a aplicarse, que en Inglaterra ha ido evolucionando en otro sentido, y que sólo en Estados Unidos se sigue manteniendo en lo fundamental.

El triunfo del modelo norteamericano en convivencia, resolución de conflictos sociales, desarrollo económico, influencia y prestigio internacional es un insufrible espejo para muchos europeos que han rechazado desde siempre ese modelo. Para los europeos, desde más o menos los años veinte del siglo pasado, el liberalismo parlamentario es un régimen caduco y anacrónico. Los europeos optamos libremente por ser fascistas, falangistas, nazis y comunistas. Algunos, como los británicos, decidieron ser todavía fieles al régimen parlamentario, pero ya sabemos que son gente francamente extraña. En Europa hemos fracasado sistemáticamente en nuestros intentos de practicar el totalitarismo, con la vana esperanza de que el Estado resolviera nuestros problemas, vía comunista o vía fascista. Pero nos produce cierta molestia, cierta indignación, ver cómo al otro lado del Océano Atlántico las cosas siguen yendo bien, precisamente porque se han mantenido fieles a la democracia liberal.

A pesar de los desastres de Iraq y del huracán Katrina, Estados Unidos continúa creciendo casi al 4% anual, cuando nuestras economías andan en ratios francamente más bajos. Estados Unidos ve con optimismo su futuro; nosotros andamos perplejos. Ese efecto espejo inevitablemente se convierte en un problema no ya sólo de política exterior, sino sobre todo de política interior. Nos enfrenta a unos europeos contra otros, a unos españoles contra otros. Y no es casual; es que para muchos europeos, afortunadamente más de los que algunos piensan, el liberalismo sigue siendo la mejor opción. La creencia en los principios y valores tradicionales continúa siendo el mejor fundamento para establecer la convivencia. El sentido común y la experiencia práctica suelen ser mucho más lúcidos que la razón en estado puro. Y de ahí que inevitablemente exista tensión, exista debate, y Estados Unidos, por mucho que incomode a las embajadas norteamericanas en el Viejo Continente, se convierta en un tema de política interior.

TOCQUEVILLE, EN EL ESPACIO Y EL TIEMPO

Benigno Pendás[*]

Alexis de Tocqueville es tal vez el más elegante entre los pensadores políticos y el más sutil entre los defensores de la libertad. El último gran filósofo de la política en línea con la tradición clásica (D. Negro Pavón, 1971: XII), capaz de interpretar y mejorar a Montesquieu gracias a su trabajo sobre el terreno durante los 268 días que pasó en los Estados Unidos, entre el 9 de mayo de 1831 y el 20 de febrero de 1832. Era muy joven entonces: nacido en París el 29 de julio de 1805 (o, si se prefiere, el 11 de termidor del año XIII), bautizado pocos días después en Verneuil, acabó sus estudios de Derecho en París en 1825, viajó luego por Italia según la tradición aristocrática de *le grand tour* y cumplió, por tanto, 26 años durante su periplo americano. Eran tiempos de cambio generacional en la historia

---

[*] Letrado de las Cortes Generales. Profesor de Teorías y Formas Políticas, Universidad Complutense de Madrid. Miembro del Consejo Asesor del Instituto Cánovas del Castillo de la Fundación FAES.

de las ideas: Hegel muere en 1831 y Bentham, el maestro tan admirado por su amigo Mill, en 1832. Tocqueville, que comparte la mentalidad de los doctrinarios, se siente incómodo en el nuevo régimen de Luis Felipe. Desprecia en el fondo la mentalidad pequeño-burguesa propia de los nuevos tiempos. Acaso quien mejor define ese estado de opinión es el gran Royer-Collard: ya no existe la monarquía, sino una simple «república regia». Tampoco era feliz con la monarquía anterior, falsa restauración que impuso un régimen artificioso. No podía estar satisfecho del siglo que le tocó vivir. Demasiado joven para entender al Napoleón auténtico, tuvo tiempo en cambio para conocer y despreciar el régimen de su sobrino: después de su etapa como ministro de Asuntos Exteriores en el período republicano, el golpe de Estado de 1851 –el 18 de brumario de Luis Bonaparte, como dijera Marx– le aparta para siempre de la política activa. Así empieza el último capítulo de su vida, *un exilé de l'intérieur*, según su mejor biógrafo (A. Jardin, 1984: p. 439 y sigs.).

Observador inteligente y libre de prejuicios, el vástago de la aristocracia normanda veía confirmados todos sus temores. Al fin y al cabo, era el heredero de la penetrante psicología de Pascal, como explicó con brillantez el maestro Díez del Corral una tarde otoñal de 1965 en la Academia francesa de Ciencias Morales y Políticas (de la que Tocqueville fue en su día presidente), provocando la perplejidad del mismísimo Raymond Aron, que –según sus propias palabras– escuchó *avec un intérêt passionné* el despliegue argumental del profesor español (L. Díez del Corral, 1965; la intervención de Aron en pág. 80 y sigs.). Pocos meses antes, don Luis había leído su discurso de ingreso en la Academia homónima española, bajo el título «La mentalidad política de Tocqueville, con especial referencia a Pascal»). El mundo anglosajón permitió a nuestro autor escapar del tedio y de la ficción. Inglaterra, junto a su mujer y su amigo John Stuart, porque seguía siendo un estado social de «aristocracia» en sentido auténtico. América, porque era un estado social «democrático» de verdad, sin apariencias engañosas ni pretensiones insensatas. Regímenes puros todavía, al menos si se comparan con el modelo degenerado o corrupto –en el sentido aristotélico– de su propio país.

Como buen liberal, Tocqueville cree que el hombre despliega su libertad en el curso de la historia. No es una «hazaña» de la libertad, como diría más adelante B. Croce, pero tampoco es el resultado de fuerzas dialécticas al modo hegeliano. El sujeto es el individuo, no la Idea sublimada o su encarnación terrena en naciones o en clases sociales. El sentido común nos conduce a recibir una lección práctica: no somos del todo libres, ni por completo esclavos. Somos, en rigor, dueños de nuestro destino personal y colectivo dentro de un ámbito limitado, pero suficiente. Gracias a su buen sentido, no se siente obligado a concebir y predicar esas leyes inexorables de la historia, siempre fallidas. Se libra así del fracaso que acompaña sin remedio a todos los profetas sociales, incluidos Marx y Spengler. Tampoco tiene que inventar un *locus* imaginario que permita desviar hacia su terreno las incoherencias que la razón no acierta a explicar, a la manera del «genio maligno» cartesiano, la argucia de la razón del propio Hegel o –todavía a estas alturas– el «velo de la ignorancia» de Rawls. No le hace falta, porque no predice, ni provoca, ni exagera: observa desde una perspectiva inteligente y sutil, cuenta lo que ha visto y deduce relaciones entre hechos a cuyo tenor plantea tendencias generales, sin dogmatismo ni rigidez en las relaciones de causa a efecto. Primera y principal de esas tendencias: la seña de identidad de la época es la querencia social hacia la igualdad. Así pues,

> «El desarrollo gradual de la igualdad de condiciones constituye un hecho providencial y tiene las principales características de ello: es universal, es duradero, escapa constantemente a la potestad humana y todos los acontecimientos, como todos los hombres, sirven para su desenvolvimiento. ¿Sería sensato creer que un movimiento social que viene de tan lejos podría ser detenido por los esfuerzos de una generación?» (*La democracia en América*, Prólogo a la edición de 1848).

Y más adelante,

> «No es que los pueblos cuyo estado social sea democrático desprecien naturalmente la libertad. Al contrario, poseen un gusto instintivo por ella. Pero la libertad no constituye el objeto principal y continuo de su deseo: lo que aman con amor eterno es la igualdad» (*La democracia...*, libro I, parte primera, capítulo 3).

No se trata, por supuesto, de un reaccionario que añora desde la indignación o el resentimiento aquel tiempo que se ha ido sin remedio. Pero tampoco quiere renunciar al ejercicio legítimo de su derecho a la nostalgia. Por eso denuncia con vigor los males propios de ese estado más social que político que se llama democracia. En la advertencia preliminar al libro II formula una perfecta declaración de intenciones: «al no ser enemigo de la democracia, he querido ser sincero respecto a ella». Nunca se deja arrastrar por las convenciones injustificadas ni por los prejuicios arraigados. Desmitifica también a la Antigüedad clásica (en nombre de una cierta tradición germanista, como explica Díez del Corral, 1969), un planteamiento muy significativo que deberían tener en cuenta los nuevos republicanos y otros amantes de la democracia participativa que buscan antecedentes para todo en la *polis* griega o en la propia república romana. El liberal genuino (entusiasta, cómo no, de los clásicos) marca distancias con los antiguos respecto de la sumisión del individuo a la lógica implacable de la ciudad. Por eso simpatiza con Sócrates y busca por aquí y por allá algún rasgo de la libertad de los modernos en un territorio dominado por el *polités* o por el *cives*, símbolos cada uno a su modo de una forma política que ahora rescata el sector menos dogmático de la izquierda en nombre de ideologías participativas y deliberativas que rechazan la tesis liberal del gobierno democrático como selección de elites y agregación de intereses.

Tocqueville otorga a la política el lugar que merece frente al espíritu de una época que pretende reducirla a puntos de vista económicos o sociológicos. Los problemas políticos carecen de solución técnica, sólo pueden ser objeto de acuerdos o compromisos (B. de Jouvenel, 1963), acaso de un enfoque prudencial, basado en la experiencia y no en la razón abstracta. Huye, pues, del cientificismo, el peor de los males contemporáneos en el ámbito de las ciencias sociales, falsa religión de quienes son incapaces de reconocer la condición finita y limitada de la naturaleza humana. Como buen liberal, su adversario intelectual es la visión despótica del hombre y de la sociedad, esa misma que mucho tiempo después atribuye Karl Popper a los filósofos imbuidos desde Platón de un espíritu racionalista y totalizador. No hay, en efecto, leyes rígidas e inevitables. Tampoco existirá nunca esa sociedad perfecta a cuya construcción debe consagrarse a cualquier precio la vida real de muchos millones de seres humanos. Es la lucha del sentido común y del posibilismo contra los ideales suprahistóricos que han denunciado tantas veces pensadores como Aron, Hayek o Berlin, todos ellos discípulos de nuestro autor desde la distancia y el tiempo. Tocqueville no se hubiera sorprendido en exceso si hubiera podido leer la brillante dedicatoria de Popper en *The Poverty of Historicism*: «en memoria de los incontables hombres y mujeres de todos los credos, naciones o razas que cayeron víctimas de la creencia fascista y comunista en las leyes inexorables del Destino Histórico».

Recordemos algunos párrafos de *La democracia en América*, libro II, en el capítulo 6 de la segunda parte, donde se ocupa de las formas nuevas del despotismo y la tiranía, esas palabras «antiguas» que ya no convienen, porque «la cosa es nueva y resulta necesario tratar de definirla, puesto que no se la puede nombrar». Por cierto que G. Sartori, desde su acreditado sentido común, considera que la palabra que no llegó a encontrar Tocqueville era «totalitarismo». Existe «una masa innumerable de hombres semejantes e iguales que dan vueltas sin reposo sobre sí mismos» y, por encima de ellos, se alza un poder «inmenso y tutelar», que «reduce cada nación a no ser más que un rebaño de animales tímidos e industriosos cuyo gobierno es el pastor...». La conclusión es, sin duda, la mejor guía que puede ofrecer quien se limita a mostrar tendencias y no a dogmatizar sobre un futuro ineludible:

> «Las naciones de nuestros días no podrían hacer que las condiciones no sean iguales en su seno, pero depende de ellas que la igualdad las conduzca a la servidumbre o a la libertad, a las luces o a la barbarie, a la prosperidad o a la miseria» (*La democracia...*, II, parte cuarta, capítulo 8).

Acaso le produciría cierta sorpresa el debate contemporáneo sobre el Estado del bienestar, que él mismo predijo como realidad inherente a los tiempos democráticos. Acostumbrado el ciudadano a recibir prestaciones públicas en garantía de seguridad personal, valor supremo, ¿qué le van a ofrecer ahora? Sangre, sudor y lágrimas no sirven para ganar elecciones en tiempos de bonanza. Aquí surge la visión inteligente del observador que no se deja arrastrar por las pasiones. Siempre dependemos de nosotros mismos en el marco de las *mores* que presiden nuestra atmósfera social pero no impiden un ejercicio razonable de la libertad personal. Esas *mores* son prácticas vinculadas con creencias. Expresan un «ethos» que encauza y orienta las conductas con más intensidad que las normas jurídicas. No dependen directamente de las circunstancias físicas, de modo que constituyen un elemento disponible para la acción humana que no se justifica en términos materiales. Lo más importante: las *mores* permiten plantear la distinción entre las dos formas posibles de esa igualdad que es inherente a la democracia, esto es, la igualdad basada en el libre consentimiento o la igualdad basada en la subordinación a un déspota colectivo. En último término, conviene salvar los restos del naufragio: no se trata de erradicar las costumbres antiguas, sino de llevar a cabo un cuidadoso proceso de democratización y liberalización que permita su adaptación a los tiempos (de acuerdo con D. J. Maletz, 2005, un buen estudioso reciente). Acaso esta fórmula inteligente de adaptación sea la única vía posible para que no se pierda esa guerra cotidiana e invisible «contra los detalles», que tanto preocupaba al refinado aristócrata normando.

Volvamos a la historia de las ideas, a partir del famoso capítulo de Hayek sobre las dos tradiciones de la libertad, en *The Constitution of Liberty*. Aparece allí nuestro autor como pensador de primer rango dentro de la tradición «anglicana» (esto es, empírica, espontánea, vertebrada desde la sociedad civil) opuesta a la visión «galicana» (es decir, racionalista, constructivista, impuesta desde el poder), al margen –como es notorio– del origen nacional de unos y de otros. El liberalismo auténtico fluye por ese primer cauce, a partir del «Common Law» y la economía clásica, lejos de la mentalidad politécnica e ingenieril. Hay algo más. Hayek encabeza el referido capítulo con una hermosa cita de Tocqueville, que merece la pena leer con atención una y mil veces:

> «Nada es más fértil en prodigios que el arte de ser libre, pero nada es más arduo que el aprendizaje de la libertad (...) Se establece con dificultades, en medio de tormentas, viene precedida por discordias civiles y sus beneficios no pueden conocerse hasta que se hacen viejos» (*La democracia...*, libro II, parte segunda, capítulo 14).

Tocqueville vive entre dos mundos, como explica Sheldon S. Wolin en un libro reciente, brillante y a veces excesivo como todos los suyos (S. Wolin, 2004). Entre dos mundos, creo, tanto en el espacio como en el tiempo. Europa y América, perspectiva dual al alcance sólo de un observador privilegiado. Del viejo al nuevo mundo, desde el absolutismo, el mercantilismo y la sociedad estamental a la república federal, la economía de frontera y el individuo motivado por su derecho hacia «la búsqueda de la felicidad». La historia frente al progreso, el orden dinástico contra «We, the People...», el racionalismo abstracto cara a cara con el dato empírico contrastado por la experiencia. Porque la revolución no altera por sí misma los fundamentos del orden intelectual o, dicho de otro modo, la soberanía nacional no garantiza la libertad.

La tesis nuclear de *El Antiguo Régimen y la Revolución* es la continuidad del Leviatán político-administrativo más allá del cambio político en el sujeto titular de la soberanía. El monarca absoluto era rey por derecho divino, sucesorio y consuetudinario. Ahora, la nación es titular permanente, inalienable y «perpetuamente actual» del poder constituyente, como decía Sièyes. Pero nada ha cambiado respecto de ese poder omnímodo, donde importa más el sustantivo «soberanía» que el adjetivo «monárquica» o «nacional». De hecho, la sutileza política del liberalismo doctrinario le permite eludir el debate sobre la titularidad del mando originario e irresistible, sustituido por una incierta y poco comprometida «soberanía de la razón». En el fondo, es lo que han hecho los ingleses desde hace siglos: evitar la tiranía de las palabras para no caer en la trampa de ese peligroso lenguaje de la política que es por definición ambiguo y polisémico. Lo importante (de nuevo con Bertrand de Jouvenel, intérprete auténtico, en *Du Pouvoir*, 1973) es que podemos escribir una historia «natural» del crecimiento del poder. El éxito de la revolución (y también su fracaso, cuando cayó en el exceso) ha sido combinar la fuerza con la legitimidad. Los mismos actos que antes eran despóticos o arbitrarios pasan a ser legítimos, bajo el manto que todo lo cubre de la «voluntad general». En nombre de la nación soberana es aceptable cualquier restricción a la libertad. Más adelante, será fácil sustituir a un sujeto revolucionario por otro, llámese proletariado o de cualquier otro modo. Bien lo sabía Rousseau al plantear sin rodeos su célebre y demoledora paradoja: el que se aparta de la «volonté génerale» tendrá que «ser obligado a ser libre». Temible poder al que su buena conciencia le permite no reconocer límite de ningún tipo, a diferencia de un gobierno frágil e inseguro, dispuesto a restringir su ámbito de actuación a cambio de ganar legitimidad.

Como sus amigos doctrinarios, Tocqueville huye de semejante despliegue de la razón apasionada, una paradoja sólo en apariencia. Busca el justo medio y está dispuesto al compromiso, pero su espíritu elevado le impide caer en el resentimiento o el deseo de venganza. A veces parece seco y distante, pero no es así. La biografía citada de André Jardin termina con esta aguda reflexión:

> «L'oeuvre de Tocqueville n'est ni abstraite ni froide. On y retrouve la passion qui animait l'homme, contenue par un controlê tout classique de la pensée et du style. Cette passion c'est la vertu telle que l'entendaient les Anciens et Montesquieu, mais Tocqueville a,

du rôle du citoyen, la conception la plus haute: une contribution a l'oeuvre providentielle de la création qui, pour se poursuivre, fait appel au libre arbitre humain» (A. Jardin, 1984, p. 506)[1].

Hay que insistir en la idea de que la democracia es algo más que una forma de gobierno. Es una forma de la vida social, una tendencia hacia la nivelación o, si se prefiere, hacia el igualitarismo. Es, se ha dicho con razón, «la negación de la aristocracia» (I. Cremades Ugarte, 2005, pág. 187, uno de los pocos trabajos publicados entre nosotros con ocasión del bicentenario). Suprimir privilegios y distinciones, igualar las condiciones entre los hombres, buscar el modo de que las conductas sean uniformes... El gran peligro: que los hombres acaben por preferir, según la frase célebre del gran escritor que fue Tocqueville, «la igualdad en la servidumbre a la desigualdad en la libertad». Al fin y al cabo, la igualdad puede llegar a imponerse en la sociedad sin estar establecida en la vida política. Se puede tener el derecho a gozar de los mismos placeres, ejercer las mismas profesiones, acudir a los mismos lugares, en una palabra «vivir la misma vida y perseguir la riqueza por los mismos medios» sin tener derecho alguno a participar en el gobierno. Recuérdese que nuestro autor reprocha a la monarquía del Antiguo Régimen su política consciente a favor de la «nivela-

---

[1] «La obra de Tocqueville no es abstracta ni fría. En ella se encuentra la pasión que animaba al hombre, contenida por un control del todo clásico del pensamiento y del estilo. Esa pasión es la virtud, tal como la entendían los antiguos y Montesquieu. Pero Tocqueville tiene el concepto más elevado del papel del ciudadano: una contribución a la obra providencial de la creación que, para continuar, llama en su ayuda al libre arbitrio del hombre».

ción» social con el objetivo de humillar a la nobleza. Una política suicida, a la larga, por razones evidentes. Lo peor es el carácter plebeyo que asocia sin remedio a este nuevo estado social: degradación de la lengua, pérdida de los buenos modales, halago de las pasiones y del mal gusto... De ahí se desprenden consecuencias políticas muy relevantes: la masa satisfecha, «ausente o despistada», tiende a dejar el gobierno en manos de oportunistas y demagogos. Es el ambiente propicio para el desarrollo de la «tiranía de la mayoría», el concepto más valorado por el joven Mill en la famosa recensión de 1840 a *La democracia en América*, publicada en la *Edinburgh Review*. Menos mal, piensan los dos amigos, que la pasión por la igualdad tropieza siempre con una ley natural que determina la desigualdad de las inteligencias.

La sensibilidad de Tocqueville no siempre se manifiesta en sus obras más formales, sino que aparece con frecuencia en cartas, en escritos dispersos o en los *Souvenirs*, cada día mejor valorados. Sólo desde la percepción psicológica del personaje es posible entender un estado de espíritu que nada tiene que ver con el punto de vista del intelectual moderno, profesional de la razón pura en el sentido orteguiano. Hablamos de un hombre que lleva consigo el peso de la historia y de la tradición, pero que pretende salvar con dignidad los restos de un naufragio inevitable. Cuenta Díez del Corral (en su obra capital de 1989, p. 135) un episodio significativo de una forma de ser que pertenece a un tiempo llamado a desaparecer sin remedio:

«A medida que avanzaba en la vida, iba haciéndose más sensible a los encantos de su rincón normando. El *château* no sólo era el compendio de una tradición familiar, el punto de partida de su carrera política, el lugar más adecuado para el goce de la amistad y el intercambio de las ideas, sino también el centro de su actividad intelectual en los últimos años de su vida, aunque justamente por ello resultara imposible desarrollar profundos sentimientos de arraigo...».

A continuación, cita una carta inédita de Tocqueville a su mujer, tomada del libro de A. Jardin. Dice así el texto, fechado el 4 de mayo de 1858:

«No seremos reemplazados, me digo a mí mismo frecuentemente con tristeza... Formamos parte de un mundo que se va. Una vieja familia, en una vieja mansión de los padres, rodeada todavía de un respeto tradicional y de recuerdos caros no sólo para ella sino para las gentes a su alrededor, no son más que restos de una sociedad que se está convirtiendo en polvo y que muy pronto no dejará huellas. ¡Felices quienes pueden unir en su pensamiento el pasado, el presente y el futuro! Es una dicha que no pertenece a ningún francés de nuestros días, y pocos son ya los que pueden comprenderla».

Nada que ver con el punto de vista de los colegas con quienes comparte protagonismo en los capítulos sobre el siglo XIX que figuran en cualquier historia del pensamiento, con la extraña excepción –por cierto– de G. H. Sabine, incapaz de dedicar un epígrafe propio a este autor de primer nivel en su excelente *Historia de la Teoría Política*. Veamos algunos ejemplos. Hegel era un brillante profesor de Universidad, imbuido del espíritu racional de quien pretende demostrar por qué la lechuza de

Minerva sólo emprende su vuelo al anochecer. Bentham era un inglés de clase media, un personaje escrupuloso y austero que podría servir de modelo al Mr. Pickwick que describe Carlos Dickens. De la misma generación que nuestro autor, Pierre-Joseph Proudhon era hijo de campesinos con fuertes convicciones republicanas procedentes del Franco Condado, en el otro extremo de Francia. Otros mundos, otras sensibilidades.

El choque con la mentalidad americana habría desconcertado a cualquier analista menos perspicaz. Cuando Tocqueville y su colega Beaumont –también magistrado– llegan a los Estados Unidos para estudiar el sistema penitenciario, la joven república vive tiempos de expansión económica, social y territorial bajo la presidencia de Andrew Jackson. Domina el espíritu de los pioneros, el empuje de una nación de propietarios, la arrogancia de los Imperios que no están preparados para el fracaso. En último término, la ciudad de Dios en la tierra, la nueva Jerusalén construida sobre una colina, ciudad pura que se sitúa por encima del pecado y la perdición. Una sociedad que combina el mito del Antiguo Testamento con la utopía ilustrada, *the City of Haven*, que tampoco esta vez ha conseguido hacerse universal sino que necesita una tierra y una gente dispuesta a ponerla en práctica con el riesgo inevitable de hacerla suya en exclusiva y para siempre.

Estados Unidos ocupa una posición «honrosa, pero terrible», como es propio de una «república solitaria» que se enfrenta a un universo hostil, de acuerdo con la doctrina que proclama Thomas Jefferson en un célebre discurso. Son tiempos propicios para el «espíritu» de St. Louis, Missouri, la frontera entre la ley y el estado de naturaleza hobbesiano, entre el mundo conocido de las trece colonias originales y el viaje de las caravanas –entre verdades y leyendas– hacia la mítica California. Por cierto que el ilustre aristócrata francés no se deja engañar por las apariencias en cuanto al destino de los indígenas desplazados por el avance implacable de los blancos, anglosajones y protestantes. Después de reiterar todos los tópicos sobre la colonización española y su «leyenda negra», el comentario sobre la actitud de los americanos es también demoledor: han logrado exterminar a los indios «tranquilamente, filantrópicamente, legalmente», sin violar la letra de las leyes más sagradas de la humanidad.

Hay algo más que percepción sociológica en el estudio sobre la democracia americana y su carácter excepcional en el panorama universal de las formas de gobierno. Las instituciones ocupan también un lugar destacado en la obra magna de Tocqueville. Ante todo, reclama su atención el sistema presidencialista. Percibe, en efecto, el paralelismo entre el presidente de los Estados Unidos y el rey configurado por la monarquía orleanista, luego sublimado por Jellinek y otros clásicos de la Teoría del Estado en la Alemania recién unificada. Más adelante, el presidente de la frustrada república de Weimar sería calificado por Carl Schmitt como «monarca republicanizado» de la vieja monarquía que pretendía mantener un doble principio de legitimidad. El presidencialismo parte de la construcción doctrinal de una rígida separación de poderes. La Constitución norteamericana de 1787 vino a fijar en términos de ley escrita una etapa –luego superada– del gobierno de tipo parlamentario en la metrópoli inglesa: el monarca, convertido en las antiguas colonias de Nueva Inglaterra en presidente electo, asume el poder de dirección política y nombra sin trabas a sus ministros, que no constituyen un colegio en términos jurídicos, sin que el Congreso pueda intervenir en el cese de unos y de otros salvo por la vía del *impeachment*, de naturaleza puramente judicial.

De este modo, el sistema que Tocqueville analizó en plena etapa de formación ha conseguido el milagro de que cada uno de los poderes ofrezca el máximo rendimiento institucional. Gracias a su *leadership*, el presidente es el gobernante más poderoso que existe en una democracia. Sin contradicción alguna, el Senado es la cámara más influyente del mundo, capaz de vetar nombramientos o bloquear compromisos internacionales del más alto nivel. Otra cosa ocurre con la Cámara de Representantes, lastrada por el discreto perfil político de sus miembros y la fugacidad de su mandato, decisión consciente de los liberales y federalistas para frenar eventuales excesos de las mayorías populares. Por su parte, el Tribunal Supremo federal ostenta la primacía en cuanto a capacidad de adoptar resoluciones de alto contenido político entre todos los órganos jurisdiccionales conocidos. Hay algo más. En aquella «Unión indestructible de Estados indestructibles», la fuerza de la Unión, escasa al principio, ha crecido sin pausa desde la jurisprudencia creativa del juez Marshall en «McCulloc versus Maryland»; pero es innegable también que la personalidad de cada Estado ofrece un despliegue infinito de singularidades en todo tipo de políticas o en las materias más relevantes del derecho civil y penal. Más aún: en pleno éxito del régimen representativo, la democracia directa (referéndum, *recall*) y la elección popular de cargos públicos que en Europa se proveen por mecanismos burocráticos juegan un papel importante.

El secreto de la vida política norteamericana (como demuestra B. Manin, 1988; en especial, págs. 161 y sigs.) obedece a un giro decisivo de la teoría política democrática en los momentos capitales de la Revolución: «consentir el poder en lugar de ocupar cargos» fue la opción última de los prohombres reunidos en Filadelfia para definir el papel del pueblo. Aquellos «caballeros de educación, dinero y ocio», los Founding Fathers, quisieron que los representantes se situaran por encima de los representados en cuanto a talento, virtud y riqueza, sin perjuicio de que el gobierno fuera republicano o popular –y no aristocrático– porque el pueblo elige a sus gobernantes y la frecuencia de las elecciones les obliga a ser responsables ante sus electores. Algo queda hoy día de aquellos fundamentos originales. Senadores y representantes, *lobbies* al servicio de poderosos intereses socioeconómicos, jueces y titulares del poder mediático, todos ellos resisten mejor que sus homólogos europeos las consecuencias del Estado de partidos que amenaza en el viejo continente con reducir a pura formalidad vacía de contenido la normativa constitucional sobre la representación política y la prohibición del mandato imperativo.

Tocqueville describe con rigor el funcionamiento de las instituciones e intuye algunos de sus desarrollos de cara al futuro. No tiene rival a la hora de anticipar el futuro: los angloamericanos y los rusos, cada uno por su camino, están llamados cada uno de ellos a tener en sus manos los destinos de medio mundo (*La democracia...*, I, parte segunda, capítulo 10). Pero no siempre consigue liberar su espíritu de los prejuicios europeos que le inducen a una comparación permanente. Asume que el presidente es «el único y exclusivo representante» del poder ejecutivo, pero exagera al exponer los controles a que se ve sometido y, sobre todo, es víctima del síndrome racionalista que define la soberanía como el derecho de hacer las leyes. A su juicio, el rey de Francia marcha «de igual a igual» con las cámaras, mientras que el presidente actúa como un poder «inferior y dependiente». Lo hubiera visto con más claridad si no se hubiera sentido obligado a comparar. En cuanto al poder legislativo, el bicameralismo americano confirma en sus convicciones al liberal prudente que teme los excesos de la soberanía popular: dividir el poder y moderar sus efectos son razones convincentes en contra de quienes, como Benjamín Franklin, se inclinan por las ventajas de una asamblea única. La perspicacia política de Tocqueville se manifiesta sobre todo cuando hace referencia al poder judicial, cuya importancia es tan grande que no puede hablarse de él como si fuera un elemento secundario. En rigor,

> «Lo que un extranjero comprende con más dificultad en los Estados Unidos es la organización judicial. No hay, por decirlo así, acontecimiento político en el cual no se oiga invocar la autoridad del juez; se deduce de ello naturalmente que el juez constituye una de las primeras potencias políticas...» (*La democracia...*, I, parte primera, capítulo 6).

La mejor decisión de los americanos ha sido, según el magistrado francés, encerrar a la judicatura dentro del círculo en el que tiene que moverse. Es decir: «para que haya juez, es necesario que exista proceso, porque de lo contrario no tiene ocasión de intervenir. Más aún, se pronuncia sólo sobre casos particulares y no acerca de principios generales, de manera que no puede actuar más que cuando es requerido para ello, nunca por voluntad o iniciativa propias. La gran novedad que reconoce y matiza con precisión el fino jurista que fue Tocqueville es el control de constitucionalidad de las leyes. El análisis es impecable:

> «Cuando se invoca ante los tribunales de los Estados Unidos una ley que el juez considera contraria a la Constitución, puede rehusar aplicarla. Tal poder es el único privativo del magistrado norteamericano, pero de él deriva una gran influencia [...] Desde el momento en que el juez rehúse aplicar una ley en el proceso, esta pierde al instante una parte de su fuerza moral. Quienes hayan sido lesionados por ella quedan advertidos de que existe un medio de sustraerse a la obligación de obedecerla: los procesos se multiplican y la ley cae en la impotencia». (*La democracia...*, I, parte primera, capítulo 6).

La defensa inteligente del control concreto de la constitucionalidad viene acompañada de una crítica radical del control abstracto, anticipando –con algún exceso– el modelo kelseniano que mucho más adelante llegará a imponerse en Europa:

> «Los norteamericanos han confiado a sus tribunales un inmenso poder político, pero al obligarlos a no atacar a las leyes más que por medios judiciales han disminuido mucho los peligros de tal poder [...] Si el juez hubiese podido atacar a las leyes de manera teórica y general, si pudiera tomar la iniciativa y censurar al legislador, habría entrado ostentosamente en la escena política, convirtiéndose en el campeón o en el adversario de un partido..., pero cuando el juez censura una ley en un debate oscuro hurta, en parte,

la importancia del ataque a las miradas del público. Su sentencia no tiene por finalidad más que atacar un interés individual, la ley no se siente lesionada más que por casualidad..., no resulta destruida, su fuerza moral disminuye pero su efecto material no se suspende... Sólo poco a poco y bajo los golpes repetidos de la jurisprudencia, al fin sucumbe...» (*La democracia...*, en el mismo lugar).

Matiza después el entusiasmo inicial: incluso a su pesar, el juez norteamericano ha sido llevado al campo de la política, en particular –reconoce más adelante– el Tribunal Supremo federal, «cuyas atribuciones son casi enteramente políticas, aunque su constitución sea enteramente judicial». En todo caso, pueden más las virtudes que los defectos de un sistema que el viajero no deja de admirar desde la visión propia de un magistrado constreñido por los principios inherentes al modelo continental europeo:

«Encerrado dentro de sus límites, el poder concedido a los tribunales norteamericanos de pronunciarse acerca de la inconstitucionalidad de las leyes constituye una de las más poderosas barreras que se hayan levantado jamás contra la tiranía de las asambleas políticas» (*La democracia...*, también en el mismo lugar).

El impacto del federalismo americano sobre la historia de las ideas políticas es fácil de comprender. Quiebra el dogma monolítico de la soberanía y carece de antecedentes doctrinales sólidos, acaso con la excepción de Altusio. Tocqueville lo explica con su precisión habitual:

«Se trataba de dividir la soberanía de tal manera que los diferentes Estados que formaban la Unión continuasen gobernándose por sí mismos en todo lo que se relacionase sólo con su prosperidad interior sin que la nación entera, representada por la Unión, dejase de constituir un cuerpo y de proveer a todas sus necesidades generales. Cuestión compleja y difícil de resolver» (*La democracia...*, I, parte primera, capítulo 8).

La preferencia de nuestro autor (girondino consecuente y receloso, por tanto, del centralismo jacobino) se inclina hacia el autogobierno local y estatal frente a la expansión de los poderes de la Unión. De hecho, dedica un capítulo casi entero a justificar la necesidad de estudiar lo que sucede en los Estados particulares antes de hablar del gobierno común. Es conocida su doctrina del municipio como entidad natural, aunque no tiene sentido la interpretación iusnaturalista que muchos comentaristas deducen del tenor literal de las palabras. En rigor, su antipatía por el poder absoluto, sea monárquico o republicano, es el fundamento de una preferencia indiscutible por la división vertical de poderes. En efecto,

«La centralización alcanza cómodamente, es verdad, a someter las acciones exteriores del hombre a cierta uniformidad que se termina amando por sí misma, con independencia de las cosas a las cuales se aplica, como esos devotos que adoran a la estatua, olvidando la divinidad que representa. La centralización consigue sin dificultad imprimir una marcha regular a los asuntos corrientes, regentar sabiamente los detalles de la policía social, reprimir los ligeros desordenes y los pequeños delitos, sostener la sociedad en un *statu quo* que no es propiamente ni una decadencia ni un progreso, mantener en el cuerpo social una suerte de somnolencia administrativa que los administradores tienen la costumbre de denominar el buen orden y la tranquilidad pública. Sobresale, en una palabra, en impedir, no en hacer. Cuando se trata de mover profundamente la sociedad o de imprimirle una marcha rápida, su fuerza le abandona» (*La democracia...*, I, parte primera, capítulo 5).

A partir de aquí se articulan esas novedades singulares que nuestro autor descubre en la vida americana y traslada, entre la sorpresa y la complacencia, a sus intrigados lectores europeos. Así, la importancia determinante de las asociaciones: «después de la libertad de actuar solo, la más natural al hombre es la de combinar sus esfuerzos con los de sus semejantes y de actuar en común...». Lo que sería un grave peligro en otros países, es natural y positivo en aquella sociedad sin traumas. Porque,

«En Norteamérica, los ciudadanos que forman la minoría se asocian, en principio, para comprobar su número y debilitar así el imperio moral de la mayoría; el segundo objetivo de los asociados consiste en exponer y, de esta manera, descubrir, los argumentos más adecuados para impresionar a la mayoría, pues abrigan siempre la esperanza de atraerse a esta última y de disponer, en consecuencia, en su nombre de su poder...» (*La democracia...*, I, parte segunda, capítulo 5).

La forma de ser que distingue a los americanos frente a la Europa de los prejuicios sociales y políticos les permite incluso gozar de esos derechos que Tocqueville contempla con la desconfianza propia del liberal decimonónico: los partidos políticos («un mal inherente a los gobiernos libres») y la libertad de prensa («la amo mucho más por la consideración de los males que impide que por los bienes que produce»). También la religión, signo distintivo de una nación de fuerte raigambre puritana, se adapta en los Estados Unidos a las exigencias ineludibles de las pasiones democráticas. En este sentido:

> «El principal fin de las religiones es purificar, reglamentar y restringir el deseo demasiado ardiente y excesivo de bienestar que sienten los hombres en las épocas de igualdad; pero creo que harían mal en tratar de dominarlo enteramente y destruirlo. Nunca conseguirán separar a los hombres del amor a las riquezas, pero bien pueden persuadirlos a no enriquecerse sino por medios honrados...» (*La democracia...*, II, parte primera, capítulo 5).

Hasta aquí la descripción brillante de una condición más social que política, la pasión por la igualdad, que constituye la seña de identidad de los tiempos democráticos. Las instituciones y los hábitos sociales y mentales de los americanos están impregnados del espíritu de la época. El estado social determina las opiniones, altera las pasiones y los sentimientos, inspira el lenguaje, marca las metas que se persiguen y configura los modelos que se pretende imitar. Con sus oportunidades y con sus servidumbres, ésta es la realidad y a ella tenemos que adecuar nuestra conducta. Si dejamos a su libre albedrío el despliegue de las pasiones, Tocqueville nos advierte (como luego Mill, Ortega y algunos otros) de que el hombre de los siglos democráticos es propenso a aceptar un despotismo blando que le garantice la seguridad y el bienestar. La lucha por la libertad se convierte así en una obra de civilización. En efecto,

> «Una resolución al problema de la democracia entraña encontrar un lugar dentro de ella para la libertad, la excelencia, el resurgimiento de la virtud pública y la posibilidad de la grandeza [...]», porque «la paradoja fundamental de la democracia, tal como la interpreta Tocqueville, es que la igualdad de condiciones sea compatible tanto con la tiranía como con la libertad» (M. Zetterbaum, en Leo Strauss y J. Cropsey, 1993, pp. 718 y 723).

El segundo centenario del nacimiento de Alexis Charles Henri Maurice Clérel de Tocqueville es un estupendo pretexto para reflexionar una vez más sobre las relaciones y conflictos entre la libertad y la igualdad, problema eterno de la filosofía política desde Pericles a nuestros días.

NOTA BIBLIOGRÁFICA

— CREMADES UGARTE, Ignacio (2005): «Alexis de Tocqueville, historiador de la libertad posible». *Foro*, nº 2, págs. 177-200.
— DÍEZ DEL CORRAL, Luis (1965): «La mentalidad política de Tocqueville, con especial referencia a Pascal». Real Academia de Ciencias Morales y Políticas. Madrid.
— DÍEZ DEL CORRAL, Luis (1965): «Tocqueville et Pascal». *Revue des Travaux de l`Academie des Sciences Morales et Politiques*. París.

- DÍEZ DEL CORRAL, Luis (1969): «La desmitificación de la Antigüedad clásica por los pensadores liberales, con especial referencia a Tocqueville». Fundación Pastor de Estudios Clásicos. Madrid.
- DÍEZ DEL CORRAL, Luis (1989): *El pensamiento político de Tocqueville*. Alianza. Madrid.
- JARDIN, André (1984): *Alexis de Tocqueville*. Hachette, París.
- JOUVENEL, Bertrand de (1963): «Teoría pura de la política». *Revista de Occidente*. Madrid.
- JOUVENEL, Bertrand de (1974): *El poder*. Editora Nacional. Madrid.
- MALETZ, Daniel J. (2005): «Tocqueville on Mores and the Preservation of Republics». *American Journal of Political Science*. Vol. 49, n°1, págs. 1-15.
- MANIN, Bernard (1989): *Los principios del gobierno representativo*. Alianza. Madrid.
- NEGRO PAVON, Dalmacio (1971): Introducción a la edición (abreviada) de *La democracia en América*. Aguilar. Madrid.
- SARTORI, Giovanni (1988): *Teoría de la democracia*. Alianza. Madrid.
- WOLIN, Sheldon S. (2001): *Tocqueville between two Worlds. The Making of a Political and Theoretical Life*. Princeton University Press. Princeton.
- ZETTERBAUM, Marvin (l993): «Alexis de Tocqueville» en Leo STRAUSS y J. CROPSEY, *Historia de la Filosofía Política*, Fondo de Cultura Económica. México.

Las citas textuales de La democracia en América proceden de la traducción citada de D. NEGRO PAVON. La edición más completa en castellano, a cargo de E. NOLLA, Aguilar, Madrid, 1989, dos volúmenes.

BIBLIOGRAFÍA

SOBRE LA *DEMOCRACIA* Y EL VIAJE A AMÉRICA DE TOCQUEVILLE

La democracia en América
La edición más completa es la publicada por Eduardo Nolla en París: Libraririe Philosophique J. Vrin, 1990. Esta edición contiene extensos fragmentos inéditos del manuscrito, los borradores, la correspondencia y las notas de Tocqueville, con un 60% de texto más que la edición tradicional.
Hay traducción española de Eduardo Nolla en Madrid: Aguilar, 1990.

El viaje a América
La obra clásica que reconstruye el viaje de Tocqueville y Beaumont es la de George W. Pierson, *Tocqueville and Beaumont in America*. Nueva York: Oxford University Press, 1938. Este libro es hoy muy difícil de encontrar. Existe también una edición abreviada por Dudley C. Lunt, *Tocqueville in America*. Nueva York: Doubleday, 1959 y varias reimpresiones.

La redacción de *La democracia en América*

James T. Scheifer ha reconstruido cuidadosamente la redacción de la obra de Tocqueville en su *The making of Tocqueville's «Democracy in America»*. Indianápolis, Indiana: Liberty Fund, 2000. Hay traducción española en Méjico: Fondo de Cultura Económica, 1984.

Biografías

La biografía más completa es la de André Jardin, *Alexis de Tocqueville*. París: Hachette, 1984. También en Hachette-Pluriel, 1986.

Acaba de aparecer una nueva biografía por Hugh Brogan, *Alexis de Tocqueville: A Life*. New Haven, Connecticut: Yale University Press, 2006.

ESTUDIOS CRÍTICOS

En español

— Luis Díez del Corral, *El pensamiento político de Tocqueville*. Madrid: Alianza Editorial, 1989.

— José María Sauca Cano, *La ciencia de la asociación de Tocqueville*. Madrid: Centro de Estudios Constitucionales, 1995.

En inglés:

— Roger Boesche, *The Strange Liberalism of Alexis de Tocqueville*. Ithaca, Nueva York: Cornell University Press, 1987.

- Aurelian Craiutu, *Liberalism Under Siege*. Lanham, Maryland: Lexington Books, 2003.
- Seymour Drescher, *Tocqueville and Beaumont on Social Reform*. Nueva York: Harper & Row, 1968.
- Edward T. Gargan, *De Tocqueville*. Nueva York: Hillary House Publishers, 1965.
- Saguiv A. Hadari, *Theory in Practice. Tocqueville's New Science of Politics*. Stanford, California: Stanford University Press, 1989.
- Michael Hereth, *Alexis de Tocqueville. Threats to Freedom in Democracy*. Durham, North Carolina: Duke University Press, 1986.
- Alan Sidney Kahan, *Aristocratic Liberalism*. New Brunswick: Transaction Publishers, 2001.
- Laura Janara, *Democracy Growing Up. Authority, Autonomy and Passion in Tocqueville's «Democracy in America»*. Albany, Nueva York: State University of New York Press, 2002.
- Peter A. Lawler, *The Restless Mind: Alexis De Tocqueville on the Origin and Perpetuation of Human Liberty*. Lanhan, Maryland: Rowman & Littlefield, 1993
- Joshua Mitchell, *The Fragility of Freedom*. Chicago: Chicago University Press, 1995.
- R. R. Palmer, *The Two Tocquevilles. Father and Son*. New Jersey: Princeton University Press, 1987.
- Cheryl Welch, *De Tocqueville*. Nueva York: Oxford University Press, 2001.
- Sheldon S. Wolin, *Tocqueville Between Two Worlds*. Princeton: Princeton University Press, 2001.

En francés:

— Agnès Antoine, *L'impensé de la démocratie*. París: Fayard, 2003.
— Serge Audier, *Tocqueville retrouvé*. París: Librairie philosophique J.Vrin et Éditions de l'EHESS, 2004.
— Pierre Birnbaum, *Sociologie de Tocqueville*. París: PUF, 1970.
— Raymond Boudon, *Tocqueville aujourd'hui*. París: Odile Jacob, 2005.
— Jean-Claude Lamberti, *Tocqueville et les deux démocraties*. París: PUF, 1983.
— Pierre Manent, *Tocqueville et la nature de la démocratie*. París: Julliard, 1982.

En italiano:

— Anna Maria Battista, *Studi su Tocqueville*. Florencia: Centro Editoriale Toscano, 1989.
— Dino Cofrancesco, *Introduzione a Tocqueville e altri saggi*. Milán: Marzorati, 1969.
— Francesco M. De Sanctis, *Alexis de Tocqueville, 1805-2005*. Nápoles: Editoriale Scientifica, 2005. 2 vols.
— Nicola Matteucci, *Alexis de Tocqueville*. Bolonia: Il Mulino, 1990.

Obras colectivas

— *L'actualité de Tocqueville*. Caen: Centre de Publications de l'Université de Caen, 1991
— *Alexis de Tocqueville. Livre du centenaire, 1859-1959*. París: C.N.R.S., 1960.

- *Analyses et réflexions sur... Tocqueville. De la Démocratie en Amérique*. París: Édition Marketing, 1985.
- Laurence Guellec, editora, Tocqueville et l'esprit de la démocratie. *The Tocqueville Review / La Revue Tocqueville*. París: Presses de la Fondation nationale des sciences politiques, 2005
- Peter A. Lawler, editor, *Tocqueville's Defense of Human Liberty*. Nueva York: Garland, 1993.
- Eduardo Nolla, editor, *Liberty, Equality, Democracy*. Nueva York: New York University Press, 1992.

Colección FAES Fundación para el análisis y los estudios sociales

- El futuro de España en el XXV aniversario de la Constitución. Un coloquio
  —Varios autores—

- Hacia una consolidación jurídica y social del programa MAB
  —Jesús Vozmediano—

- España, un hecho
  —Varios autores. Coord. José María Lassalle—

- Identidad cultural y libertades democráticas
  —Varios autores. Coord. Luis Núñez Ladevéze—

- La integración europea y la transición política en España
  —Varios autores—

- El desafío de la seguridad
  —Varios autores. Coord. Ignacio Cosidó—

- El poder legislativo estatal en el Estado autonómico
  —Enrique Arnaldo, Jordi de Juan—

- Iniciativa privada y medio ambiente: al éxito por la práctica
  —Carlos Otero—

- En torno a Europa
  —Varios autores. Coord. Fernando García de Cortázar—

- El modelo económico español 1993-2003. Claves de un éxito
  —Varios autores. Coord. Fernando Bécker—

- Retos de la sociedad biotecnológica. Ciencia y ética
  —Varios autores. Coord. César Nombela—

- Raymond Aron: un liberal resistente
  —Jean-François Revel, Nicolas Baverez, Alessandro Campi, Enrique Aguilar
  y otros. Coord. José María Lassalle—

- El fraude del buenismo
  —Andrés Ollero, Xavier Pericay, Miquel Porta, Florentino Portero.
  Coord. Valentí Puig—

- La Fuerza de la Identidad
  —Marcello Pera—

- Globalización y reducción de la pobreza
  —Xavier Sala-i-Martin—

FUERA DE COLECCIÓN

- La Revolución de la Libertad
  Presentaciones de José María Aznar, Ana Palacio, José María Lassalle
  —Helmut Kohl, Bronislaw Geremek, Giovanni Sartori, Nicolas Baverez, Carlos Alberto Montaner, Jesús Huerta de Soto, Francis Fukuyama, Guy Sorman, André Glucksmann, Richard Perle, Joseph Weiler, Christopher deMuth—

INFORMES FAES

- OTAN: Una Alianza por la Libertad
- Por un Área Atlántica de Prosperidad
  —Francisco Cabrillo, Jaime García-Legaz, Pedro Schwartz—
- Análisis de los efectos económicos de las perspectivas financieras 2007-2013 de la Unión Europea para las Comunidades Autónomas españolas.
  —Rafael Flores de Frutos, Juan José Rubio Guerrero, José Félix Sanz Sanz, Santiago Álvarez García—
- Los Indicadores del Cambio. España, 1996-2004.
  —Varios autores. Coordinador: Jaime García-Legaz—

COLECCIÓN FAES FUNDACIÓN PARA EL ANÁLISIS Y LOS ESTUDIOS SOCIALES
INSTITUT CATALUNYA FUTUR

- Reflexions al voltant de la formació
  —Diversos autors—
- Política cultural i de comunicació: del teatre a la televisió
  —Diversos autors—

PAPELES DE LA FUNDACIÓN

N° 1   La financiación de los partidos políticos
       —Pilar del Castillo—

N° 2   La reforma del Impuesto sobre Sociedades
       —Francisco Utrera—

N° 3   La conclusión de la Ronda Uruguay del GATT
       —Aldo Olcese—

N° 4   Efectos del control de los arrendamientos urbanos
       —Joaquín Trigo—

Nº 5	Una política de realismo para la competitividad —Juan Hoyos, Juan Villalonga—
Nº 6	Costes de transacción y Fe Pública Notarial —Rodrigo Tena—
Nº 7	Los grupos de interés en España —Joaquín M. Molins—
Nº 8	Una política industrial para España —Joaquín Trigo—
Nº 9	La financiación del deporte profesional —Pedro Antonio Martín, José Luis González Quirós—
Nº 10	Democracia y pobreza —Alejandro Muñoz-Alonso—
Nº 11	El planeamiento urbanístico y la Sociedad del Bienestar —Manuel Ayllón—
Nº 12	Estado, Libertad y Responsabilidad —Michael Portillo—
Nº 13	España y la Unión Monetaria Europea —Pedro Schwartz, Aldo Olcese—
Nº 14	El gasto público y la protección de la familia en España: un análisis económico —Francisco Cabrillo—
Nº 15	Conceptos básicos de política lingüística para España —Francisco A. Marcos—
Nº 16	Hacia un Cuerpo de Ejército Europeo —Gabriel Elorriaga Fernández—
Nº 17	La empresa familiar en España —Aldo Olcese, Juan Villalonga—
Nº 18	¿Qué hacer con la televisión en España? —Luis Núñez Ladevéze—
Nº 19	La posición del contribuyente ante la Administración y su futuro —Elisa de la Nuez—
Nº 20	Reflexiones en torno a una política teatral —Eduardo Galán, Juan Carlos Pérez de la Fuente—
Nº 20 Anexo	Los teatros de Madrid, 1982-1994 —Moisés Pérez Coterillo—
Nº 21	Los límites del pluralismo —Álvaro Delgado-Gal—

Nº 22	La industria de defensa en España —Juan José Prieto—
Nº 23	La libertad de elección en educación —Francisco López Rupérez—
Nº 24	Estudio para la reforma del Impuesto sobre Sociedades —Juan Costa—
Nº 25	Homenaje a Karl Popper —José María Aznar, Mario Vargas Llosa, Gustavo Villapalos, Pedro Schwartz, Alejo Vidal-Quadras—
Nº 26	Europa y el Mediterráneo. Perspectivas de la Conferencia de Barcelona —Alberto Míguez—
Nº 27	Cuba hoy: la lenta muerte del castrismo. Con un preámbulo para españoles —Carlos Alberto Montaner—
Nº 28	El Gobierno Judicial y el Consejo General del Poder Judicial —José Luis Requero—
Nº 29	El Principio de Subsidiariedad en la construcción de la Unión Europea —José Mª de Areilza—
Nº 30	Bases para una nueva política agroindustrial en España —Aldo Olcese—
Nº 31	Responsabilidades políticas y razón de Estado —Andrés Ollero—
Nº 32	Tiempo libre, educación y prevención en drogodependencias —José Vila—
Nº 33	La creación de empleo estable en España: requisitos institucionales —Joaquín Trigo—
Nº 34	¿Qué Unión Europea? —José Luis Martínez López-Muñiz—
Nº 35	España y su defensa. Una propuesta para el futuro —Benjamín Michavila—
Nº 36	La apoteosis de lo neutro —Fernando R. Lafuente, Ignacio Sánchez-Cámara—
Nº 37	Las sectas en una sociedad en transformación —Francisco de Oleza—
Nº 38	La sociedad española y su defensa —Benjamín Michavila—

N° 39 Para una promoción integral de la infancia y de la juventud
—José Vila—

N° 40 Catalanismo y Constitución
—Jorge Trías—

N° 41 Ciencia y tecnología en España: bases para una política
—Antonio Luque, Gregorio Millán, Andrés Ollero—

N° 42 Genealogía del liberalismo español, 1759-1936
—José María Marco—

N° 43 España, Estados Unidos y la crisis de 1898
—Carlos Mellizo, Luis Núñez Ladevéze—

N° 44 La reducción de Jornada a 35 horas
—Rafael Hernández Núñez—

N° 45 España y las transformaciones de la Unión Europea
—José M. de Areilza—

N° 46 La Administración Pública: reforma y contrarreforma
—Antonio Jiménez-Blanco, José Ramón Parada—

N° 47 Reforma fiscal y crecimiento económico
—Juan F. Corona, José Manuel González-Páramo, Carlos Monasterio—

N° 48 La influencia de los intelectuales en el 98 francés: el asunto Dreyfus
—Alejandro Muñoz-Alonso—

N° 49 El sector público empresarial
—Alberto Recarte—

N° 50 La reforma estructural del mercado de trabajo
—Juan Antonio Sagardoy, José Miguel Sánchez Molinero—

N° 51 Valores en una sociedad plural
—Andrés Ollero—

N° 52 Infraestructuras y crecimiento económico
—Juan Manuel Urgoiti—

N° 53 Política y medios de comunicación
—Luis Núñez Ladevéze, Justino Sinova—

N° 54 Cómo crear empleo en España: Globalización, unión monetaria europea y regionalización.
—Juan Soler-Espiauba—

N° 55 La Guardia Civil más allá del año 2000
—Ignacio Cosidó—

Nº 56   El gobierno de las sociedades cotizadas: situación actual y reformas pendientes
—Juan Fernández-Armesto, Francisco Hernández—

Nº 57   Perspectivas del Estado del Bienestar: devolver responsabilidad a los individuos, aumentar las opciones
—José Antonio Herce, Jesús Huerta de Soto—

Nº 58   España, un actor destacado en el ámbito internacional
—José M. Ferré—

Nº 59   España en la nueva Europa
—Benjamín Michavila—

Nº 60   El siglo XX: mirando hacia atrás para ver hacia delante
—Fernando García de Cortázar—

Nº 61   Problemática de la empresa familiar y la globalización
—Joaquín Trigo, Joan M. Amat—

Nº 62   El sistema educativo en la España de los 2000
—José Luis González Quirós, José Luis Martínez López Muñiz—

Nº 63   La nación española: historia y presente
—Fernando García de Cortázar—

Nº 64   Economía y política en la transición y la democracia
—José Luis Sáez—

Nº 65   Democracia, nacionalismo y terrorismo
—Edurne Uriarte—

Nº 66   El estado de las autonomías en el siglo XXI: cierre o apertura indefinida
—Fernando García de Cortázar—

Nº 67   Vieja y nueva economía irregular
—Joaquín Trigo—

Nº 68   Iberoamérica en perspectiva
—José Luis Sáez—

Nº 69   Isaiah Berlin: Una reflexión liberal sobre el "otro"
—José María Lassalle—

Nº 70   Los temas de nuestro tiempo
—Fernando García de Cortázar—

Nº 71   La Globalización
—Fernando Serra—

Nº 72   La mecánica del poder
—Fernando García de Cortázar—

N° 73   El desafío nacionalista
          —Jaime Ignacio del Burgo—

FUERA DE COLECCIÓN

- Razón y Libertad
  —José María Aznar—

- Política y Valores
  —José María Aznar—

- Un compromiso con el teatro
  —José María Aznar—

- Cultura y Política
  —José María Aznar—

Papeles del Instituto de Ecología y Mercado

N° 1   Repoblación forestal y política agrícola
          —Luis Carlos Fernández-Espinar—

N° 2   El agua en España: problemas principales y posibles soluciones
          —Manuel Ramón Llamas—

N° 3   La responsabilidad por daño ecológico: ventajas, costes y alternativas
          —Fernando Gómez Pomar—

N° 4   Protección jurídica del medio ambiente
          —Raúl Canosa—

N° 5   Introducción a la ecología de mercado
          —Fred L. Smith—

N° 6   Los derechos de propiedad sobre los recursos pesqueros
          —Rafael Pampillón—

N° 7   Hacia una estrategia para la biodiversidad
          —Jesús Vozmediano—

N° 8   Caracterización de embalses y graveras para su adecuación ecológica
          —Ramón Coronado, Carlos Otero—

N° 9   Conocer los hechos, evitar la alarma
          —Michael Sanera, Jane S. Shaw—

N° 10   Política ambiental y desarrollo sostenible
          —Juan Grau, Josep Enric Llebot—

N° 11   El futuro de las ciudades: hacia unas urbes ecológicas y sostenibles
          —Jesús Vozmediano—

FUERA DE COLECCIÓN

- Mercado y Medio Ambiente
  —José María Aznar—

ESSAYS IN ENGLISH

- Cuba today: The slow demise of Castroism. With a preamble for Spaniards
  —Carlos Alberto Montaner—

- Tribute to Karl Popper
  José María Aznar, Mario Vargas Llosa, Gustavo Villapalos, Pedro Schwartz, Alejo Vidal-Quadras—

- The boundaries of pluralism
  —Álvaro Delgado Gal—

- In praise of neutrality
  —Fernando R. Lafuente, Ignacio Sánchez Cámara—

- Democracy and poverty
  —Alejandro Muñoz-Alonso—

- The legal protection of environment
  —Raúl Canosa—

- Politics and freedom
  —José María Aznar—

- The Genealogy of Spanish Liberalism, 1759-1931
  —José María Marco—

- Strengh of Identity
  —Marcello Pera—

- The Spanish Economic Model, 1996-2004. A Silent Revolution.
  —Lorenzo Bernaldo de Quirós, Ricardo Martínez Rico—

REPORTS IN ENGLISH

- NATO: An Alliance for Freedom.

- A case for an open Atlantic Prosperity Area
  —Francisco Cabrillo, Jaime García-Legaz, Pedro Schwartz—

Colección Veintiuno (Fondo editorial de la Fundación "Cánovas del Castillo")

1.- El fundamentalismo islámico (Varios Autores)
2.- Europa, un orden jurídico para un fín político (Varios Autores)
3.- Reconquista del descubrimiento (Vintilia Horia)
4.- Nuevos tiempos: de la caída del muro al fin del socialismo
    (E. de Diego/L. Bernaldo de Quirós)
5.- La Galicia del año 2000 (Varios Autores)
6.- España ante el 93. Un estado de ánimo (Varios Autores)
7.- Los años en que no se escuchó a Casandra (Juan Velarde Fuertes)
8.- El impulso local (Francisco Tomey)
9.- La lucha política contra la droga (Gabriel Elorriaga)
10.- La Unión Europea cada semana (Carlos Robles Piquer)
11.- El Descubrimiento de América. Del IV al VI Centenario (Tomo I) (Varios Autores)
12.- El Descubrimiento de América. Del IV al VI Centenario (Tomo II) (Varios Autores)
13.- El discurso político. Retórica-Parlamento-Dialéctica (Alfonso Ortega y Carmona)
14.- Empresa pública y privatizaciones: una polémica abierta (Varios Autores)
15.- Lenguas de España, lenguas de Europa (Varios Autores)
16.- Estudios sobre Carl Schmitt (Varios Autores)
17.- El político del siglo XXI (Luis Navarro)
18.- La profesionalización en los Ejércitos (Varios Autores)
19.- La Defensa de España ante el siglo XXI (Varios Autores)
20.- El pensamiento liberal en el fin de siglo (Varios Autores)
21.- Una estrategia para Galicia (Gonzalo Parente)
22.- Los dos pilares de la Unión Europea (Varios Autores)
23.- Retórica. El arte de hablar en público (Alfonso Ortega y Carmona)
24.- Europa: pequeños y largos pasos (Carlos Robles Piquer)
25.- Cánovas. Un hombre para nuestro tiempo (José María García Escudero)
26.- Cánovas y la vertebración de España (Varios Autores)
27.- Weyler, de la leyenda a la historia (Emilio de Diego)
28.- Cánovas y su época (I) (Varios Autores)
29.- Cánovas y su época (II) (Varios Autores)
30.- La España posible (Enrique de Diego)
31.- La herencia de un Imperio roto (Fernando Olivié)
32.- Entorno a Cánovas. Prólogos y Epílogo a sus Obras Completas (Varios Autores)
33.- Algunas cuestiones clave para el siglo XXI (Varios Autores)
34.- Derechos y Responsabilidades de la persona (Varios Autores)
35.- La Europa postcomunista (Varios Autores)

36.- Europa: el progreso como destino (Salvador Bermúdez de Castro)
37.- Las claves demográficas del futuro de España (Varios Autores)
38.- La drogadicción: un desafío a la comunidad internacional en el siglo XXI (Lorenzo Olivieri)
39.- Balance del Siglo XX (Varios Autores)
40.- Retos de la cooperación para el Desarrollo (Varios Autores)
41.- Estrategia política (Julio Ligorría)

Colección Cátedra Manuel Fraga

I. Lección Inaugural (Lech Walesa)

II. Repercusiones internacionales de la Unión Monetaria Europea (Anibal Cavaco Silva)
Los Ministros-privados como fenómeno europeo (John Elliott)

III. Reflexiones sobre el Poder en William Shakespeare (Federico Trillo-Figueroa)
Socialismo, Liberalismo y Democracia (Jean-François Revel)

IV. Relaciones entre España e Italia a lo largo del siglo XX (Giulio Andreotti)
Guerra Humanitaria y Constitución (Giuseppe de Vergottini)

FUERA DE COLECCIÓN

- Manuel Fraga. Homenaje Académico (Tomos I y II)
- Obras Completas de Antonio Cánovas del Castillo (13 volúmenes)

Cuadernos de formación Veintiuno
Serie Azul:

1.- El socialismo ha muerto (Manuel Fraga)
2.- Libertad, Constitución y Europa (José Mª Aznar)
3.- La rebelión liberal-conservadora (Jesús Trillo-Figueroa)
4.- Administración única (Mariano Rajoy)
5.- Economía, corrupción y ética (Ubaldo Nieto de Alba)
6.- No dos políticas sino dos éticas (José Mª García Escudero)
7.- Sobre la codificación de la ética pública (Jaime Rodríguez-Arana)
8.- Un hombre de Estado: Antonio Cánovas del Castillo
(Mario Hdez Sánchez-Barba/ Luis. E. Togores)

9.- Etica, ciudadanía y política (Varios Autores)
10.- La filosofía económica de Julien Freund ante la Economía moderna
(Jerónimo Molina Cano)
11.- Un Homenaje Académico a Manuel Fraga
(Textos de J. Mª Aznar, C. J. Cela y Otros Autores)
12.- Derechos y Deberes del Hombre (Varios Autores)
13.- Homenaje a Manuel Fraga. Dos sesiones académicas (Varios Autores)
14.- El nuevo debate educativo: libertad y empresa en la enseñanza (Enrique de Diego)
15.- Cánovas del Castillo: el diseño de una política conservadora
(Mario Hernández Sánchez-Barba)
16.- El modelo Aznar-Rato (Juan Velarde Fuertes)
17.- El empleo en España (Varios Autores)
18.- El futuro de la economía española. El modelo Aznar-Rato va a más
(Juan Velarde Fuertes)
19.- Política familiar en España (Varios Autores)
20.- La calidad en la enseñanza: valores y convivencia (Varios Autores)

Serie Naranja:

1.- Los incendios forestales (Varios Autores)
3.- La lucha contra la pobreza. La verdad sobre el 0,7 % y el 1% (Varios Autores)
4.- Cuestiones de defensa y seguridad en España: una perspectiva militar
(Varios Autores)
5.- Administración única: descentralización y eficacia (Jaime Rodríguez-Arana)

FAES
FUNDACIÓN PARA EL ANÁLISIS Y LOS ESTUDIOS SOCIALES

PATRONATO

PRESIDENTE: José María Aznar
VICEPRESIDENTE: Ángel Acebes

VOCALES

Esperanza Aguirre, Francisco Álvarez-Cascos,
Carlos Aragonés, Javier Arenas,
Rafael Arias-Salgado, José Antonio Bermúdez de Castro,
Miguel Boyer, Jaime Ignacio del Burgo,
Pío Cabanillas, Pilar del Castillo,
Gabriel Cisneros, Miguel Ángel Cortés,
Gabriel Elorriaga, Javier Fernández-Lasquetty,
Antonio Fontán, Manuel Fraga, Gerardo Galeote,
Luis de Grandes, Juan José Lucas,
Pedro Antonio Martín,
Rodolfo Martín Villa, Jaume Matas, Ana Mato,
Abel Matutes, Jaime Mayor Oreja,
Mercedes de la Merced, Jorge Moragas,
Alejandro Muñoz-Alonso, Eugenio Nasarre,
Marcelino Oreja, Ana Palacio,
Ana Pastor, José Pedro Pérez-Llorca,
Josep Piqué, Mariano Rajoy, Rodrigo Rato*,
Alberto Recarte, Carlos Robles Piquer, José Manuel Romay,
Luisa Fernanda Rudí, Javier Rupérez,
Soraya Saénz de Santamaría, Alfredo Timermans,
Isabel Tocino, Baudilio Tomé,
Federico Trillo-Figueroa, Juan Velarde,
Alejo Vidal-Quadras, Celia Villalobos,
Eduardo Zaplana, Javier Zarzalejos

SECRETARIO GENERAL: Javier Fernández-Lasquetty

*Rodrigo Rato está, en la actualidad, en suspensión voluntaria de sus funciones

FAES Fundación para el Análisis y los Estudios Sociales
c/ Juan Bravo 3 - C. 28006 Madrid
Teléfono: 91 576 68 57   Fax: 91 575 46 95
www.fundacionfaes.org
e-mail: fundacionfaes@fundacionfaes.org